信州文史

第一辑·人物

政协上饶市信州区委员会 编

中国文史出版社

CHINA CULTURAL AND HISTORICAL PRESS

图书在版编目（CIP）数据

信州文史 . 第一辑，人物 / 政协上饶市信州区委员
会编 . -- 北京：中国文史出版社，2019.1

ISBN 978-7-5205-0734-9

Ⅰ.①信… Ⅱ.①政… Ⅲ.①文史资料—上饶②人物
—列传—上饶 Ⅳ.① K295.63 ② K820.856.3

中国版本图书馆 CIP 数据核字（2018）第 256543 号

责任编辑：李晓薇

出版发行：中国文史出版社
地　　址：北京市西城区太平桥大街 23 号　邮编：100811
电　　话：010 – 66173572　66168268　66192736（发行部）
传　　真：010 – 66192703
印　　装：三河市华东印刷有限公司
经　　销：全国新华书店
开　　本：710mm×1000mm
印　　张：18
字　　数：301 千字
版　　次：2019 年 1 月第 1 版
印　　次：2019 年 1 月第 1 次印刷
定　　价：68.00 元

序

历史，蕴育着一个民族源远流长的精气神韵；

历史，钩沉出一个社会共同守护的价值理念；

历史，延续着一方水土代代相传的血脉基因。

在中共上饶市信州区委、区人民政府的关心和社会各界的大力支持下，经过文史工作人员的辛勤努力，《信州文史》这一地方历史文化刊物迎着新年的节拍与读者见面了。这是政协上饶市信州区第五届委员会编辑、出版的第一辑文史资料，标志着区政协文史资料工作迈出了新步伐，结出了新成果。

信州，"牙闽控越"，史称"江东望镇"，是一块古老而又年轻的热土。这里历史悠久、文化灿烂、山川秀美、倦旅开颜。其政治、军事、人文、教育等方面均有着丰富的文史遗存。如何让历史文化资源得到有效保护、挖掘、传承和利用，是新形势下文史工作的新任务。政协上饶市信州区第五届委员会秉承更好发挥文史功能的夙愿，积极搭建文史研究平台，不断探索与新时代相适应的文史工作思路和手段，为信州文化的发展与繁荣贡献智慧。

《信州文史》按信州人物、信州名胜、信州瑰宝等专题予以编撰。本辑《信州文史》以信州人物为创刊号，收集整理了唐宋以来在信州出生、生活的历史人物以及任职官员传记考述。他们中，既有生于斯或居于斯的往哲先贤陆羽、辛弃疾、娄谅、杨时乔等，又有过往于信州的文人墨客朱熹、曾几、朱彝尊等，也有我们生活中耳熟能详的知名人士张恨水、王克敌、姚金娜等，他们在信州历史进程中留下了浓墨重彩的一笔。走进他们的心灵深处，与他们共尝酸甜苦辣，共历人生沉浮，共觅人生真谛，共阅世间冷暖。我们的生命为历史的甘露所滋养，经历了一次次神圣的洗礼，在雄浑的命运交响乐中向远方舒展、延伸。

"雄州雾列，俊采星驰"。今日信州，迎着中华民族伟大复兴举目可望的曙光，沿着改革开放40年来闯出的新路，乘着贯彻落实中共十九大精神的东风，载着"高铁枢纽"的荣光，干在实处，走在前列，正奋力书写新时代的壮丽诗篇。我们深信，今后定将涌现出更多的时代精英和信州人物，带着信州人特有的睿智、奋进、勇毅和坚韧，在新一轮改革开放大潮中大显身手，大展才干，让信州这个"诚信之州，美好之城"明天更美好！

是为序。

上饶市信州区政协党组书记、主席

目 录
CONTENTS

【信州名人】 …………………………………… **001**

茶圣陆羽及其在信州的茶务活动 ………… 003

朱熹与辛弃疾交游考论 ………… 020

辛弃疾信州寺庙游观考述 ………… 033

曾几信州生活研究 ………… 048

信州文坛盟主韩元吉 ………… 054

辛弃疾与信州带湖 ………… 063

宋状元徐元杰悲壮的一生 ………… 074

宋朝名臣余尧弼 ………… 085

娄谅与他的家族 ………… 096

明代大学士郑以伟 ………… 107

黄道周广信抗清及殉节考 ………… 114

【信州职官】 …………………………………… **123**

唐代至今庙祀的信州刺史刘太真 ………… 125

刚直不阿的信州知州王自中 ………… 133

宁死不屈的伯颜不花的斤

    ——元朝信州达鲁花赤 ………… 142

清正廉洁 风范永存

    ——记上饶地委书记黄永辉 ………… 146

两袖清风只为民

    ——怀念我的父亲李明 ………… 156

【信州艺苑】 ·························· 167

从信州走向文坛
　　——张恨水生平与创作道路 ·········· 169

思致隽逸　绵密郁勃
　　——信州文人画家黄起凤 ·········· 176

画品当须人品立　画意还凭诗意传
　　——饶草荣先生及其书画艺术 ·········· 184

忆霜红老人 ····························· 191

忆恩师胡润芝先生 ······················· 198

我的父亲黄永勇 ························· 207

上饶民歌演唱家——姚金娜 ················ 213

【信州理学】 ·························· 219

朱子信州门生陈文蔚 ····················· 221

杨时乔理学思想浅探 ····················· 231

【信州学术】 ·························· 239

程兆熊与信江农专的创办 ················· 241

明人夏言与稼轩词比较刍议
　　——以夏辛二人退居信州所作词为中心 ···· 255

信州风物好，倦旅亦开颜
　　——朱彝尊游信州诗作考略 ·········· 270

后　记 ······················· 278

【信州名人】

茶圣陆羽及其在信州的茶务活动

吴长庚

　　饮茶是中华民族的传统习惯，流传已达两千多年。在长期的历史发展中，人们种茶、制茶、售茶、烹茶、品茶；待客以茶，馈赠以茶，饮宴以茶，竞赛以茶，祭祀用茶；以致于设官有茶，专卖有茶，税政有茶，换马有茶，文人学士品茗论诗，交流论茶，且著为《茶经》《茶录》《茶品》《茶约》，形成茶道，积淀为浓厚深远的茶文化。遗憾的是，当我们试图深研茶史，遍查六经等古籍，却发现甲骨文无茶字，钟鼎文无茶字，先秦诸子书中都没有茶字。降而遍查汉籍如《史记》《汉书》《说文解字》，亦并无茶字。如此看来，茶之为习，其源不古乎？

　　唐代的陆羽是中国茶文化历史上第一人，称"茶圣"。他曾在信州侨寓三年，在城北茶山寺种茶、品茶，改定《茶经》，留下历史佳话。

一、我国茶文化的历史发展

　　如果我们把先秦两汉看作是茶的探索期，那么，茶的起源应当从魏晋南北朝始，至唐代陆羽《茶经》既出，则标志着茶事之兴，茗饮之盛，已达到较为普及的阶段。唐德宗始兴茶税，南唐时设立茶官，宋代是茶事发展的崭新阶段，上至皇帝，下及百官文人雅士，无不"雅尚相推，从事茗饮"，宋徽宗作《大观茶论》，称近世"采择之精、制作之工、品第之胜、烹之妙，莫不盛造其极"。自唐以下，即有茶马之政，即以官茶换取北方之马，史称"以马易茶""大为边助"。宋神宗在青海、甘肃、四川、西藏等地行茶马法，明洪武间置茶课司，特设茶马司。清代延续其政。

正如魏了翁所言："古者宾客相敬之礼，自享燕食饮之外，有间食、有稍事……有六清以致饮、有瓠叶以尝酒、有旨蓄以御冬……见于《礼》见于《诗》则有挟菜副口烹葵叔苴之等，雄葱芥韭、蓼菫粉滫、滫瀡蒲蒩笋无不备也，而独无所谓茶者，徒以时异事殊，字亦差误。"所以前代记载茶事均极少。张淏《云谷杂记》有云："饮茶不知起于何时，欧阳公《集古录跋》云茶之见前史，盖自魏晋以来有之。"（《续茶经》卷下之二）当然，魏晋以前也非绝无，如《晏子春秋》载："婴相齐景公，时食脱粟之饭，炙三弋五卵茗菜而已。"汉王褒《僮约》，有前云"烹鳖烹茶"，后云"阳武买茶"之载。三国时吴主孙皓每飨宴无不竟日，大臣韦曜不能饮，或密赐茶荈以当酒。从这些零星的记载可知，当时虽知饮茶，亦仅少数人为之，远未若后世之盛。所以，比陆羽略晚的裴汶也著《茶述》，谓"茶起于东晋，盛于今朝。其性精清，其味浩洁，其用涤烦，其功致和"。

唐代是中国饮茶史上一个创造性的时代。其标志有三，一是历史上第一部《茶经》出现，天下益知饮茶，遂致尚茶成风；二是形成了茶肆茶铺等市场，并与北方游牧民族茶马交换；三是国家初步形成茶法茶政，征收茶税。《唐书·陆羽传》载："羽嗜茶，著经三篇，言茶之源、之具、之造、之器、之煮、之饮、之事、之出、之略、之图尤备，天下益知饮茶矣。"陆羽字鸿渐，一名疾，字季疵。复州竟陵人。他一生跑遍了江南各地，于德宗贞元初（785—786）从江南太湖之滨来到信州上饶隐居。之后不久，即在城西北建宅凿泉，种植茶园。《广信府志》载："陆鸿渐宅在府城西北茶山广教寺。昔唐陆羽尝居此，号东冈子。刺史姚骥尝诣所居。凿沼为溟之状，积石为嵩华之形。隐士沈洪乔葺而居之。《图经》羽性嗜茶，环有茶园数亩，陆羽泉一勺为茶山寺。"因井水清澈，滋味鲜纯，素有盛誉。后人为纪念"茶圣"陆羽开井品茗的功绩，遂命名为"陆羽泉"。

陆羽一生著述甚丰，而独《茶经》三篇，盛传于世，自此以后天下益知饮茶，遂成风气。如《膳夫经手录》云："茶古不闻食之，……至开元天宝之间，稍稍有茶，至德大历遂多，建中以后盛矣。"又载当时人"累日不食犹得，不得一日无茶也"。①

茶马交换是指从唐代兴起的以茶换马贸易活动。唐肃宗至德元年（756）至乾元元年，在蒙古的回纥地区驱马茶市，开创了茶马交易的先河。封演《封氏闻见记》谓："（饮茶）……始自中地，流于塞外。往年回鹘入朝，大驱名马市茶而归，亦足怪焉。"蒙古人驱名马换茶，是出于生活的需要，而中国茶叶输入外蕃，亦开始于唐。蒙古人嗜好中国之茶与食肉的生活习俗有关。《宋史·职官志》云："（宋哲宗）元符末，程元邵言，戎俗食肉饮酪，故茶而病于难得，专以蜀易上乘。"《明史·食货志》谓："蕃人嗜奶酪，不得茶，则困以病，故唐、宋以来，行以茶易马法，用制羌、戎。"因此，从唐代开始，境内的茶叶便以马帮运至塞外，从而形成茶马古道。

德宗建中年间，赵赞始兴茶税，茶之法始讲。（《续茶经》卷下之二）又《封氏闻见记》："茶，南人好饮之，北人初不多饮。开元中，太山灵岩寺有降魔师大兴禅教，学禅务于不寐，皆许饮茶。人自怀挟，到处煮饮。从此转相仿效，遂成风俗。起自邹、齐、沧、棣，渐至京邑城市，多开店铺煎茶卖之。不问道俗，投钱取饮。其茶自江淮而来，色额甚多。"②这些记载，说明茶禅结合也始于唐代，唐代饮茶风气之盛，于此可见一斑。

如果我们把唐代称作茶文化的自觉时代，那么，到了宋代，茶文化就进入了一个更高级阶段和艺术化的新阶段。宋太祖赵匡胤就是嗜茶之士，他在宫廷设立茶事机关，用茶已分出等级。茶仪已成为礼制，赐茶成为皇宠仪节。在文人士大夫阶层，出现了专业品茶社团及有官员组成的"汤社"、佛教徒的"干人社"等，文人品茶斗茶、写诗作画，并著《茶录》《品茶要录》《宣和北苑贡茶录》《东溪试茶录》等专著多部。在下层民众中，茶文化更是生机活泼，邻里迁徙要"献茶"、宾客来要敬"元宝茶"，定婚时要"下茶"，结婚时要"定茶"，同房时要"合茶"，祭奠时要"点茶"。民间斗茶风起，形式高雅、情趣无限的斗茶，是宋人品茶艺术的集中体现，是以竞赛的形态品评茶质优劣的一种风俗。

宋徽宗著《大观茶论》，把饮茶品茗推向高雅的时尚，曰："茶之为物，

---

① 杨晔：《续谈助》卷五，丛书集成初编本，北京，中华书局，1985。
② 封演：《封氏闻见记·饮茶》卷6，《四库全书》电子版。

擅瓯闽之秀气，钟山川之灵禀，袪襟涤滞，致清导和，则非庸人孺子可得而知矣。冲澹闲洁，韵高致静，则非遑遽之时可得而好尚矣。"又于诸茶品中独推出建溪贡茶，谓"龙团、凤饼，名冠天下。而壑源之品，亦自此而盛"。又称："缙绅之士，韦布之流，沐浴膏泽，熏陶德化，咸以雅尚相推，从事茗饮。故近岁以来，采择之精，制作之工，品第之胜，烹点之妙，莫不盛造其极。"可见，宋代茶风已进入上层社会，成为文人士大夫高雅的象征。

另外，社会需求的增加自然带来茶叶生产的发展，李日华《六研斋笔记》说，茶事于唐末未甚兴，不过幽人雅士手撷于荒园杂秽中，拔其精英，以荐灵爽，所以饶云露自然之味。至宋设茗纲，充天家玉食，士大夫益复贵之，民间服习浸广，以为不可缺之物，于是营植者拥溉孳粪，等于蔬薮，而茶亦隤其品味矣。[1]其实，营植者用农家肥料种植茶叶，并不会降低茶叶的品味。近世施用化肥，尤其施用农药，才带来茶品的下降。

宋代的茶马互市得到进一步完善，并形成定制，朝廷设置了"检举茶监司"，专门管理茶马交易事务。北宋初，内地以铜钱向羌胡少数民族购马，而羌胡则以卖马的铜钱铸造兵器，这必然威胁到宋朝边境的安全。因此，太平兴国八年，宋朝正式禁止以铜钱买马，改用布帛、茶叶、药材等物交换，为使边贸有序进行，专门设立茶马司，其职责"掌榷茶之利，以佐邦用；凡市马于四夷，率以茶易之"。在当时，茶马互市也是制约羌胡的一种重要方式。由于羌胡以游牧养殖为主，以肉食为生，因而对茶叶十分依赖，茶能解毒去病，可以消解油腻、有助消化。因此，茶叶的供给，就在一定程度上限制了他们的生活。所以，茶叶自宋以来不但成为中原王朝与西北和西南地区的藏族之间的大宗经贸产品，而且也成为与藏族之间保持友好关系的物质手段。"茶马互市"对维护宋朝在西南地区的安全与稳定起到重要作用，是两宋王朝具有战略意义的重要治边政策。其次，通过茶马贸易，还满足了两宋王朝对战马的需要，为朝廷巨额的军费开支开辟了有效途径。

元代疆域扩大，蒙古族入主中原，官府废止了宋代实行的茶马治边政策。元世祖至元六年始立茶场使司，十七年又置茶都转运司于江州，总江淮荆湖

---

① 陆廷灿:《续茶经》卷上之一。

福建之税。十九年于江南官为置局，令客买引，然其法屡变。成宗元贞元年罢其税，元统元年江、浙、湖南、江西、湖、广皆复立茶转运使。

明代继续实行茶马交易政策。记载这一时期马政的，有杨时乔的《马政纪》十二卷。时乔字宜迁，号止庵，江西上饶人。嘉靖乙丑进士，官至吏部侍郎，谥端洁。"是书记载有明一代马政，上起洪武元年，下至万历二十三年，分十有二门：一曰户马，二曰种马，三曰表马，四曰寄养马，五曰折粮，六曰兑马，七曰挤乳、御用、上陵、出府，并附给驿马，八曰库藏，九曰蠲恤，十曰政例，十一曰草场，十二曰各边镇、行太仆寺、苑马寺、茶马司马。于因革损益，各悉原委。马政莫详于明，亦莫弊于明。时乔目击其艰，身亲其事，故虽哀集案牍之文，而所言深重时病，其条理悉具。"[①]

明制茶政有官茶有商茶，皆贮遵易马。官茶间征课钞，商茶输课略如盐制。初，太祖令商人于产茶地置茶纳钱请引，明朝规定茶商先向朝廷纳税，领取"引票"，凭引票来安化采购，按规定重量压成包，再运往西北销售，所以称之为"引茶"，又称官茶。而这时代产茶之地已经遍布江南，如南直隶之常、庐、池、徽、浙江之严、衢、绍，江西之南昌、广信、饶州、南康、九江、吉安，湖广之武昌、荆州、长沙、宝庆四州。成都之重庆、嘉、定、夔、泸，皆盛产茶叶。明政府于这些地方设置茶局批验，所称较茶引不相当即为私茶。后复于诸产茶地设茶课司，定税额，其禁私茶之法自每年三月至九月，月遣行人四员，巡视河州、临洮、碉门、黎雅，往来旁午。至宣宗宣续十年，乃定三月一遣。又设茶马司于秦、洮、河、雅诸州，主以茶易马之政。又于成都诸处置茶仓，令商人纳米中茶。后至专遣御史巡察，竟与盐法同云。世宗嘉靖三年，御史陈讲以商茶低伪，悉征黑茶。地产有限，乃第茶为上中二品。[②]

清代，尤其是乾隆以后，"茶马互市"作为一种重要制度逐渐从历史的地平线上淡出，取而代之出现了"边茶贸易"制度。由于交通和经济的发展以及汉藏交流的增加，进入茶马古道沿线的商品已不止是茶叶。虽然藏族对茶叶的需求仍有增无减，但对其他产品如丝绸、布料、铁器以及生产生活资料等商品的需求也开始大幅度增加；而内地对藏区的皮革、黄金以及虫草、贝

---

① 《四库全书总目》卷八十二。
② 《钦定续通志》卷一百五十五，《四库全书》电子版。

母等珍贵药材也有更大需求。于是，汉藏之间的贸易范围大为扩大，由"茶马古道"开辟的民间贸易更加繁荣。尤其到清咸丰年间，地方马场奉命裁撤，各地军队所需马匹统归自购，官府设置的茶马交易随之中止，延续400余年的茶马互市交易自此告终。

二、陆羽生平

陆羽（733-804年），字鸿渐，一名疾，字季疵。唐复州竟陵人。

陆羽是个弃儿，不知所生。唐玄宗开元二十一年（733），在复州竟陵（今湖北天门县），一个新生不久的婴儿被抛弃在竟陵龙盖寺西郊一座小桥。这个弃儿有幸被龙盖寺住持僧智积禅师拾得，并把他收养长大。《自传》有云："始三岁弢露，育乎竟陵大师积公之禅院。"他无名无姓，不知所来。只是根据事发当地，故《新唐书》以其为复州竟陵人。他的《自传》有"上元辛丑岁，子阳秋二十有九"，上元辛丑岁是唐肃宗上元二年，即公元761年，这年陆羽29岁，他的生年就是据此推算出来的。

他的姓名是从占卦得到的，《新传》说他长大后曾以《易》自筮，得《蹇》之《渐》，其《辞》曰："鸿渐于陆，其羽可用为仪。"乃以陆为氏，名羽而字鸿渐。《新传》说"既长以易自筮"，没说长大到多少岁，估计不会到成年以后，因而这个"自筮"应是在智积禅师指导下进行的。但这个记载恐怕不可信。据《因话录》卷三有云："竟陵龙盖寺僧，姓陆，于堤上得一初生儿，收育之，遂以陆为氏。"又《太平广记》卷二〇一引《传载》同。可见，陆羽实际上是从龙盖寺僧智积公之俗姓而得陆姓。《因话录》的作者是赵璘，赵璘的外祖父柳中庸与陆羽"交契至深"（事见《因话录》卷三），其言应当是可信的。

同时，我们还可以找到例证：与陆羽同时代的颜真卿、潘述、戴叔伦都称陆羽为陆三，颜、陆、潘有《水堂送诸文士戏赠潘丞联句》诗，长城丞潘述有注云："潘丞上陆三。"戴叔伦亦有《赠陆三》《劝陆三饮酒》等诗，均指陆羽。陆羽既有行第，自当有兄弟。其兄弟当为陆僧之诸侄（参见储仲君、陈耀东《唐才子传》笺注《陆羽》条）。可见，陆羽从养父智积僧之姓是可信的。但"以易自筮"之说，恐也不能轻易否定。因为，除了陆姓来自养父外，他的名"羽"以及字"鸿渐"均出自《渐》卦的爻辞，不能说二者没有关系。

陆羽的教育经历也颇曲折。身处佛门，陆羽接受的自然是佛学教育。但陆羽并不愿皈依佛门，耻从削发。《自传》对此记载较详。说他自幼学属文，而智积禅师却要教他佛书出世之业，陆羽却以释氏弟子"终鲜兄弟，无复后嗣，染衣削发，号为释氏，使儒者闻之，得称为孝乎，羽将授孔圣之文可乎？"他希望学习孔圣之文。禅师耐心劝说，且坚"执释典不屈"，而陆羽也"执儒典不屈"。这使禅师很生气，让他"历试贱务。扫寺地，洁僧厕，践泥污墙，负瓦施屋，牧牛一百二十蹄"。陆羽并不因此气馁屈服。寺中无纸学字，他便以竹画牛背为字。他日，问字于学者，得张衡《南都赋》，他虽不能尽识其字，却危坐展卷，若成诵状。积公知道后，恐其浸染外典，失教日旷，又把他禁闭寺中，令芟剪草莽，还派年长者管束。陆羽因为默念所习之字，常懵然若有所遗。管束者以为慵惰而鞭之，羽叹曰："岁月往矣，奈何不知书！"呜咽不自胜。眨眼三年，陆羽12岁，觉得寺中日月难度，趁便逃出了龙盖寺，到一个戏班子里学演戏，做了优伶。《自传》说他"有仲宣孟阳之貌陋，相如子云之口吃"，其相貌丑陋，说话又有些口吃，但却幽默机智，演丑角极为成功，后来还编写了三卷笑话书《谑谈》。天宝五年（746），河南尹李齐物贬竟陵太守，《自传》有云："时河南尹李公齐物出守见异，捉手拊背，亲授诗集，于是汉沔之俗亦异焉。"可见他曾受知于李齐物，得其"捉手拊背，亲授诗集"，学习了诗词文集。又据颜真卿《李公（齐物）神道碑铭》云："拜河南尹……为飞语所中，公遂贬竟陵郡太守。时陆羽鸿渐随师郡中，说公下车召吏人戒之曰：'官吏有簠簋不修者，僧道有戒律不精者，百姓有泛驾蹶弛者，未至之前，一无所问，而今而后，义不相容。'数年间，一境大变，熙然若羲皇之代矣。"（《文忠集》卷六）按颜真卿的记载，李齐物到郡伊始，约法三章，是听从陆羽游说的结果。汉沔之俗能得到改易，也出于陆羽之始说。

他十四岁离开了伶党，负书于火门山邹夫子别墅，开始较集中地阅读儒家经典。天宝十一年（752），礼部郎中崔国辅贬竟陵司马，陆与之游处三年。天宝十四年十一月甲子日（755年12月16日），身兼范阳、平卢、河东三节度使的安禄山发动节度使之士兵及同罗、奚、契丹、室韦、突厥等民族组成十五万士兵，号称二十万，在范阳起兵。天宝十五年占领了长安、洛阳，进入安史之乱的最高峰。至德元年（756），因避"安史之乱"，陆羽渡江南下，辗转至越中。上元元年（760），隐居于浙江吴兴苕溪之旁，闭关读书，不杂非类。与名僧释皎然为缁素忘年之交，谈宴永日，自称桑苎翁。陆羽在吴兴居住时间较长，他在这里受到湖州刺史颜真卿的推重，品茶论诗，相得甚欢。颜真卿为陆羽在吴兴杼山建三癸亭，后又把他推荐给朝廷。

很可惜，《陆文学自传》所载仅止于上元二年（761），那时陆羽才29岁。

陆羽在唐代已属名人，唐权德舆称他"以词艺卓异为当时闻人"，且一生交游极广，与他同时代的颜真卿、权德舆、孟郊、潘述、戴叔伦、皇甫冉、皇甫曾、刘长卿、李季兰、崔辅国、道士吴筠、僧皎然等都与之交往甚密，多有诗歌唱和。这些零星资料都是陆羽生平的记录。记载陆羽生平最主要的文献有"三传"，一是《全唐文》收录陆羽所撰文三篇，其中有记录自己生平的《陆文学自传》，见于前述。二是《新唐书·隐逸传》有陆羽传，三是《唐才子传》中的《陆羽传》。此外，一些地方史志也都有其事迹记载，《全唐诗》中收有与他相关的诗作。这为我们今天研究陆羽，提供了丰富而真实的依据。本文将依据这些资料，对陆羽生平作些探讨。

陆羽29岁以后的事，《新唐书本传》虽有记载，但也极简略。如说他在上元初（760）隐于苕溪时，闭门著书，或独行野中，诵诗击木，徘徊不得意，或痛哭而归。又载："久之，召拜太子文学，徙太常寺太祝，不就职。贞元末卒。"可见他在这一时期，虽"徘徊不得意"，但经过多年，还是得到朝廷两次征召。先是召拜太子文学，唐高宗始置太子文学四人，玄宗开元中改为三员，位正六品下，这是在宫中辅导太子学习文学的官员，虽权不大，但前途深远。陆羽却没有应征。第二次改以太常寺太祝征召，太常寺是唐朝政府中掌管礼乐的最高行政机关，太祝主神祠，处天人之际，以言告神，在祭祀中迎神送神，以事鬼神，祈福祥，求永贞。位正九品上，他也没有到职。陆羽没有参加过科举考试，似乎也不热衷功名，不计较品级。他的被征召显然出自他的名声和影响，其中自然有颜真卿等官员的推荐。但他都没有应征到职。陆羽为什么不进官场？这原因大概有几方面：一是时代正处安史乱中，朝廷也在动乱之中，他本为避乱而隐居苕溪，不愿意进入朝廷。直到代宗广德元年（763），乱平，他已隐居十三年。二是闭门著书。他所著之书是否即是《茶经》，虽不能肯定，但也应在其中。《自传》中已有《茶经》一书的记录可证。三是自身缺陷。《新传》说他"貌侻陋，口吃而辩"，是说相貌丑陋，语言结巴。这确实限制了他的官场发展。

既不入官，他的后半生便游居各地，种茶品茶。大概于德宗贞元间（785—786）从江南太湖之滨来到信州上饶隐居。在信州城西北建宅凿泉，种植茶园。《江西通志》引《明一统志》有载：陆鸿渐宅"在府城西北，唐陆羽尝居此，号东冈子。刺史姚骥尝诣其所居，凿沼为溟渤之状，积石为嵩华之形。后隐士沈洪乔葺而居之。"《续茶经》亦引《名胜志》载："唐陆羽宅，在上饶县东五里。羽本竟陵人，初隐吴兴苕溪，自号桑苎翁，后寓新城时又号东冈子。刺史姚骥尝诣其宅，凿沼为溟渤之状，积石为嵩华之形。后骥士沈洪乔葺而居之。"文中都提到信州刺史姚骥。清乾隆《广信府志·寓贤》也记载："陆羽，字鸿渐……寓居信城北三里，自号东岗子。刺史姚骥钦慕其风，频就访焉。鸿渐性嗜茶，环居种茶，因号茶山。"又载："羽性嗜茶，环有茶园数亩，陆羽泉一勺，为茶山寺。"陆羽寓居上饶的时间，诸载皆不明确。姚骥担任信州刺史也可肯定在这期间。按上文所载，姚骥频繁就访陆羽，应不止

陆羽泉

是喝茶论诗，还帮助了陆羽建造庭院，所谓"凿沼为溟渤之状，积石为嵩华之形"，是说帮助他开凿了池塘，还堆筑了假山。诗人孟郊在贞元元年曾到上饶访陆羽，写作了《题陆鸿渐上饶新开山舍诗》，应是见证了陆羽新建的或正在建造中的山舍。由此可知，陆羽在信州城北建造了房舍，开凿了池塘，堆积了假山，且有茶园数亩。而刺史姚骥对陆羽在上饶"环居种茶"的建设是提供了帮助的。

陆羽旧居今已无存，唯有他开凿的一口水井，因井水清澈，滋味鲜纯，素有盛誉。后人为纪念"茶圣"陆羽的功绩，遂命名为"陆羽泉"，至今犹存。

三、陆羽的著作

据《新传》载，陆羽隐苕溪，"阖门著书"。《唐才子传》也载"著书甚多"。《陆文学自传》则详细记载了自己所著的书目：

> 自禄山乱中原，为《四悲诗》，刘展窥江淮，作《天子未明赋》，皆见感激当时，行哭涕泗。著《君臣契》三卷、《源解》三十卷、《江表四姓谱》八卷、《南北人物志》十卷、《吴兴历官记》三卷、《湖州刺史记》一卷、《茶经》三卷、《占梦》上中下三卷，并贮于褐布囊。

按其所载，这些书"并贮于褐布囊"，可见尚为手稿，或为初稿。可惜的是，上述诸书，除《茶经》外，其余至北宋时便已湮灭无存了，见于欧阳修《集古录跋尾》卷八。

又李维桢《茶经序》云："羽所著《君臣契》三卷、《源解》三十卷、《江表四姓谱》十卷、《占梦》三卷不尽传，而独《茶经》，岂他书人所时有，此其觭长易于取名耶？太史公曰：'古者富贵而名磨灭不可胜数，唯倜傥非常之人称焉。'鸿渐穷阨终身，而遗书遗迹，百世下宝爱之，以为山川邑里重其风，足以廉顽立懦，胡可少哉？"

此外，《自传》未载，而见于他书所载的著作还有一些，陆羽还曾撰《湖州图经》，据顾况《湖州刺史厅壁记》："其旧纪，吏部李侍郎舒撰；其图经，竟陵陆鸿渐撰。"(《全唐文》卷五二九）他还参与编修颜真卿主编之《韵海镜源》。《新唐书·艺文志》三记录陆羽所著《茶经》三卷、《警年》十卷。《宋史·艺文志》还载陆羽有《穷神记》《顾渚山记》《抒山记》《吴兴志》等多种。可惜这些书亦多亡佚。

《新唐书本传》谓陆羽曾"诏拜太子文学，徙太常寺太祝，不就职"，此事或为颜真卿所推荐，其准确年代已不可考。

四、陆羽移居上饶时间考略

关于陆羽曾居上饶种茶一事，《新唐书本传》《陆文学自传》《唐才子传》均失载。清乾隆版《广信府志》入《寓贤》传，有载云：

> 陆羽字鸿渐，一名疾，字季疵，复州竟陵人，有文学。上元初隐居苕溪，自号桑苎翁，闭门著书，召拜太子文学，徙太常寺太祝，不就。寓居信城北三里，自号东岗子。刺史姚骥钦慕其风，频就访焉。鸿渐性嗜茶，环居植茶，因号茶山。尝著《茶经》三篇。鬻茶者陶羽形，目为茶圣祀之。

上述记载当然太简略，尤其是时代，说"上元初"隐居苕溪，"上元"是唐肃宗的年号，上元初应指上元元年（760），"上元"只有两年。上元后是宝应，也只两年，再后为唐代宗广德（2年）、永泰（2年）、大历（14年）、建中（4年），此后是唐德宗兴元（1年）、贞元（785—805年）共计21年。这其间二十多年，陆羽的行踪所在，都没有明确的时间记载。

陆羽何时移居上饶？现在能找到的线索是孟郊的诗。唐诗人孟郊于贞元元年（785）至上饶，写有《题陆鸿渐上饶新开山舍诗》，见《孟东野集》卷五。诗题既讲陆羽上饶"新开山寺"，那陆羽迁来也应当为时不久，我们大约确定在贞元元年，应当不错。又《舆地纪胜》卷二一《江南东路信州人物门》亦载："唐太子文学陆鸿渐居于茶山，刺史姚钦（按，钦当为骥）多自枉驾。"姚骥任信州刺史的时间也在贞元间。由此可知，陆羽移居上饶应不晚于贞元元年（785）。

陆羽在上饶居住多久？也不见史载。但据唐权德舆《萧侍御喜陆太祝自信州移居洪州玉芝观诗序》可知，陆羽后来又从上饶移居洪州（今南昌），时间则不迟于贞元四年（788）。这首诗有一篇较长的序言，题中"萧侍御"指御史萧瑜，"陆太祝"即陆羽，朝廷曾以"太常寺太祝"征召，故称。《诗序》云：

> 太祝陆鸿渐以词艺卓异，为当时闻人。凡所至之邦，必千骑郊劳，五浆先馈。尝考一亩之宫于上饶，时江西上介殿中萧侍御公瑜权领是邦，相得甚欢。会连帅大司宪李公入觐于王，萧君领廉察留府，太祝不远而至。

按《礼记·儒行》："儒有一亩之宫"，后因以"一亩宫"称寒士的简陋居处。文中先说陆羽"词艺卓异"，已属"当时闻人"，凡其所往，都深受欢迎。"五浆"典出《庄子·列御寇》，郭象注："言其敬己"，成玄英疏："十家卖饮而五家先遗。"用以比喻受到过分的尊敬。说陆羽"尝考一亩之宫于上饶"，即言其曾陋居上饶。当时萧瑜正权领洪州牧，在南昌做官，非常高兴陆羽从信州移居到洪州，与萧瑜相得甚欢，唱和成秩。这天，正值大司宪李公（指李兼，时任江西观察使）将入觐于王。萧瑜款留府上，设宴饯行，而陆羽不远而至。此诗序既为权德舆所记，则权德舆与萧瑜、李兼、陆羽之相聚当属亲身所历，而权德舆在贞元五年初即已奉母丧归葬润州。所以，他们的相聚应在贞元四年（788）。据此，我们推定，陆羽离信州而移居洪州，时间当不晚于贞元四年年底。

这样，我们可以基本肯定陆羽在上饶留居的时间为贞元元年至四年，即公元785至788年。

五、《茶经》创作的年代

《茶经》既见于《陆文学自传》，那么他的成书就不会晚于上元二年（761）。《新传》载："上元初，更隐苕溪，自称桑苎翁，阖门著书。"所载略同。《唐才子传》仅言"著书甚多"，而无年代。因为上元二年陆羽只有29岁，以这等年纪似乎不大可能写出《茶经》，所以后人多存疑问，而有不同的解说。

今人一般认为《茶经》完成于公元780年，即陆羽47岁时。他们认为，根据《茶经》的丰富内容和凝练的文字来看，似非青年时期所能胜任。由此，他们列出了一个阶段和过程：

公元756年，陆羽时年24岁，与友人到各大茶区考察，观察和学习茶农的经验和方法；

公元760年，陆羽回湖州，对收集到的茶事资料进行分析整理，开始了《茶经》的著述工作。

公元765年，陆羽根据32州、郡的实际考察资料及数年来的研究成果，完成《茶经》初稿。

公元780年，陆羽在朋友帮助下，呕心沥血数十载，完成《茶经》著述，并正式刻印。

整部《茶经》共用时27年。《茶叶全书》便持此看法："陆羽晚年处境甚佳，为唐皇所器重。以后为了寻求生活的玄奥，至七七五年成为一隐士，五年后即出《茶经》一书，八〇四年逝世。"

上述研究结论，考虑了史料记载和自我分析，似乎较合理，但也明显缺乏证据。说陆羽"至七七五年成为一隐士"，更与《新传》"上元初（760）更隐苕溪"相违。由于资料缺乏，今天我们要准确确定《茶经》成书年代恐已无可能。但我们确实也有分析的可能。

也有人认为《茶经》成书于764年，认为陆羽《自传》言"上元初，更隐苕溪，闭门著书"，是说开始动笔撰写，未必在当年就可以完成。这种理解也无可非议。而《茶经》"四之器"说到煮茶风炉，在炉脚上铸有古文"圣唐灭胡明年铸"七字。灭胡是指唐王朝平定安禄山史思明叛乱的年份，在763年。"灭胡明年"当指到第二年，也就是764年。既然书中记录了764年的事，那么推断《茶经》成书时间是公元764年以后，也是有道理的。

又根据李季卿大历初"宣慰江南"时，召请常伯熊煮茶，对常很欣赏，有人推荐陆羽，请陆羽来后，李不能以礼相待，使陆羽气恼，"更著《毁茶论》"。这种逆反的心态，似乎也可证明，《茶经》在767年（大历二年）到768年期间，已在社会上流传开了。

唐人著书，毕竟不似今人，结集出版很容易。陆羽著书，是"并贮于褐布囊"，留待机会再刻版印刷的。所以他有充分的时间作修改补充。如果说《茶经》初成书于764年，时陆羽31岁，此后，又在品茶、种茶的实践中积累了丰富的经验，而对《茶经》有所补充完善，是令人信服的。实际上陆羽居住苕溪之后，住处时常变动，又时常外出，并非闭门著书。从皎然、皇甫冉和李冶等人赠诗中即可看出。陆羽外出从事研究茶叶的时间很多，遍游了江苏苏州、无锡、南京、丹阳、宜兴和浙江的长兴、杭州和绍兴嵊县等地，以后又到江西上饶种茶、品泉。对茶叶采制、饮用和茶事深入研究和实践，因而积累了丰富的茶事知识。更重要的是在湖州时，得到颜真卿的支持和皎然的帮助，获得大量的文献资料，这些都为《茶经》的完善提供了帮助。

因此，我们推定，陆羽《茶经》初稿成于上元二年间（761年，29岁）以后又经过不断修改补充完善，在上饶三年的种茶（785—788）体验，完成《茶经》全书。

六、论历代对茶圣陆羽的评价

当我们对茶的历史发展有了清晰的了解之后，再回过头来考察陆羽在茶史上的地位时，那感觉、那意义应当就不一样了。从先秦到两汉，茶叶虽然被发现，但它不过如其他植物一样，具有药物功能，并没有成为全民族的饮食习惯。汉唐五百年间，虽有零星记载，亦未能形成风气。自陆羽著《茶经》，其文传之后世，饮茶之事才发生根本性的变化。因为《茶经》的传世，才形成了茶道，才极大地提升了饮茶的文化品位，又为社会创造了新的经济价值。

何为茶道？至今《汉语大词典》中都没有茶道的权威性解释。而很多研究者也都试图用自己的理解来定义茶道。笔者认为，茶道是中华民族千百年饮茶过程中积淀的文化观念，是一种以茶为中心的生活礼仪、文化心态和境界追求。它通过沏茶、赏茶、饮茶，以和谐气氛，增进友谊，促进交流，美心修德。《茶经》中所包括的茶艺、茶品、茶仪、茶具、茶法、茶论等方面的论述，为茶道的高雅化提供了文化内涵。

茶道是谁首创的？是陆羽。陆羽开创了茶道，又经过后人的不断增广润色、完善补充，而形成民族传统。《封氏闻见记》云："楚人陆鸿渐为《茶论》，说茶之功效并煎茶、炙茶之法，造茶具二十四事，以都统笼贮之，远近倾慕，好事者家藏一副。有常伯熊者，又因鸿渐之论广润色之，于是茶道大行，王公朝士无不饮者。"（卷六《饮茶》）从现存的文献资料来看，最早的"茶道"一词，可能就算皎然的《饮茶歌诮崔石使君》一诗所载了。其句有"孰知茶道全尔真，唯有丹丘得如此"之说。据《陆文学自传》所载，陆羽居吴兴苕溪时，"与皎然上人为忘年之交"。赞宁《高僧传》卷二九亦谓皎然"以陆鸿渐为莫逆之交"。可见，皎然提出"茶道"的命题，应当是和他与陆羽的交往直接相关的。《封氏闻见记》成书于8世纪末，这说明，至迟在8世纪下叶的唐朝中期，"茶道"这一新的文化现象就已经产生或存在了。

茶道的内容，是陆羽《茶经》奠定基础，又经后人补充完善的。毫无疑问，《唐书·陆羽传》谓"羽嗜茶，著经三篇，言茶之源、之具、之造、之器、之煮、之饮、之事、之出、之略、之图尤备"，这十项内容应当就是当时茶道的主要内容。陆羽具此开创之功，所以历代对陆羽在茶史上的贡献推崇极高，比于后稷之种植五谷，称为开山之祖。明人卢之颐说：

> 昔人以陆羽饮茶比于后稷树谷，然哉！及观韩翃谢赐茶启云："吴主礼贤，方闻置茗。晋人爱客，才有分茶。"则知开创之功，虽不始于桑；而制茶自出，至季疵而始备矣。嗣后，名山之产，灵草渐繁，人工之巧，佳茗日着，皆以季疵为墨守，即谓开山之祖可也。
> （《本草乘雅半偈》卷八）

季疵是陆羽的字，《茶经》中，对茶叶采制之具、煎茶之器、制茶之法、烹饮之法，皆分类而详论。陆羽初隐居于吴兴苕溪，自号桑苎翁。所以这里说"开创之功虽不始于桑（陆羽），而制茶自出，至季疵而始备"。其后，茶叶品类渐多，制作更巧，皆以《茶经》为归，故奉陆羽为开山之祖，诚所当然。

其实早在晚唐时期，当时的文人学者就已经高度评价了陆羽的社会贡献，大概在陆羽之前，烹茶与煮菜并无区别，至陆羽之后，烹茶之法始区分出来，见于《皮日休集·茶中杂咏诗序》："自周以降及于国朝茶事，竟陵子陆季疵言之详矣。然季疵以前称茗饮者，必浑以烹之，与夫瀹蔬而啜者无异也。季疵之始为经三卷，由是分其源，制其具，教其造，设其器，命其煮，俾饮之者除痟

而去疴，虽疾医之未若也。其为利也，于人岂小哉。"（《续茶经》卷下之三）

对陆羽当时的烹茶之法，唐代就已经有了认识。明卢之颐《本草乘雅半偈》卷八记载了一个故事，很有意思：

> 竟陵大师积公嗜茶，非羽供事不乡口。羽出游江湖四五载，师绝于茶味。代宗闻之，召入内供奉，命宫人善茶者烹以饷师，师一啜而罢。帝疑其诈，私访羽，召入，翌日赐师斋，密令羽供茶，师捧瓯，喜动颜色，且赏且啜，曰：此茶有若渐儿所为者。帝由是叹师知茶，出羽相见。（《四库全书》电子版）

竟陵寺智积禅师是陆羽的养父，喝惯了陆羽泡的茶。羽走后竟绝不喝茶。唐代宗召入奉茶，命宫人善茶者烹之，而师一饮而罢，不置可否。帝很怀疑，派人访陆羽召入，密使供茶。禅师捧瓯而喜动于色，一边品茶一边说：此茶很像鸿渐儿所泡。由是代宗感叹其知茶，令其父子相见。这则故事清楚地表明，陆羽改进的泡茶法，已为社会所接受，能为大众所区分了。

当然，能更深刻认识陆羽茶道的社会价值的，还属宋人。陈师道《茶经序》便说：

> 夫茶之著书自羽始，其用于世亦自羽始，羽诚有功于茶者也。上自宫省下逮邑里，外及异域遐陬，宾祀燕享预陈于前，山泽以成市，商贾以起家，又有功于人者也，可谓智矣。

陈师道认为陆羽的功绩有两方面，一是有功于茶，他为茶著书，崇为经典，使茶从诸草木中凸显出来，广泛饮用于社会。二是有功于人，他在最广泛的人类社会中，即从宫廷到乡里，从通都大邑到异域荒漠，人们在延宾祭祀宴飨等场合都预为献茶陈茶；他使山里百姓有了进入市场的商品，他使商贩多了一条致富的途径。后来，陆羽的竟陵同乡，明人鲁彭《刻茶经序》，又对此作了补充：

> 夫茶之为经，要矣，兹复刻者便览尔。刻之竟陵者，表羽之为竟陵人也。按羽生甚异，类令尹子文。人谓子文贤而仕，羽虽贤卒

以不仕。今观茶经三篇，固具体用之学者，其曰伊公羹、陆氏茶，取而比之，实以自况，所谓易地皆然者，非欤？厥后茗饮之风行于中外，而回纥亦以马易茶，由宋迄今，大为边助，则羽之功，固在万世，仕不仕奚足论也。

鲁彭从陆羽贤而不仕立论，认为《茶经》三篇便自具"体用之学"，"陆氏茶"遍行中外，易地皆然。就连回纥也以马易茶，由宋至今。这就在客观上为国家边境的安宁，做出了杰出的贡献。以此而论，陆羽之功，功在万世，至其自身之仕与不仕，又何足论哉？这就在人生事功的高度，对陆羽做了更充分的肯定。

（作者简介：吴长庚，原上饶师范学院教授）

朱熹与辛弃疾交游考论

张小丽 ①

作为处于南宋时期同一时代的"双子星座"，朱熹与辛弃疾，一个被陈亮称为"以听上帝之正命" [1] 的"人中之龙" [2]，一个被誉为"足以荷载四国之重"的"一世之豪" [3]；一个是投身教育、穷研理学的一代儒宗，一个是叱咤风云、善战疆场的百世奇杰。这样的两个人竟会结成莫逆之交，似乎令人不可思议。梁启勋先生说："先生（辛弃疾）交游虽广，但择友甚严。唯与朱晦翁、陈同甫二人交情最笃……" [4] 可见，二人不仅是朋友，而且情谊深厚，有口皆碑。

朱熹与稼轩的交游以切磋政事的同僚关系始，以肝胆相照的挚友终，二人也时相诗词唱和，砥砺学问，感情随着交往的深入日益加深。

一、政事讨论：何以利民

朱熹与稼轩相识于信州。邓广铭先生《辛稼轩年谱》谓："稼轩与朱熹相识始于何时，概无可考" [5]，此说值得商榷。谢水华、程继红认为，朱、辛二人初次相识当在淳熙五年（1178） [6]，这个说法笔者颇为认同。据束景南《朱熹年谱长编》，这年八月，时朱子第十一次出闽，道经铅山紫溪，往弋阳哭迎好友刘珙之柩 [7]。而本年夏秋之际（约七月），稼轩恰从朝中代张栻出为湖北转运副使，八月仍在上饶 [8]。《朱子语类》卷一百十一《论民》云："福建赋税

---

① 张小丽（1977—），江西崇仁人，文学博士，上饶师范学院文学与新闻传播学院副教授。主要从事唐宋文学研究。

犹易办，浙中全是白撰，横敛无数，民甚不聊生，丁钱至有三千五百者。人便由此多去计会中使，作宫中名字以免税。向见辛幼安说，粪船亦插德寿宫旗子。某初不信，后提举浙东，亲见如此。"[9]据朱熹《辛丑延和奏劄三》"方具辞免之间，忽于九月二十二日恭被改除之命"[10]，朱熹于淳熙八年（1181，农历辛丑年）九月方改除提举浙东常平茶盐，《语类》中"向见辛幼安说""后提举浙江，亲见如此"云云，则说明在淳熙八年之前他们二人已经结识并曾见面。很明显，朱、辛于淳熙五年初次见面时讨论的就是福建尤其是浙江的赋税问题，而稼轩透露的信息，为后来提举浙东常平茶盐的朱熹所证实。

朱、辛二人虽已相识，可称朋友，但当遇上公事时，朱熹可是秉公执法，毫不含糊的。淳熙八年（1181）春天，时任江西安抚使的稼轩用商船贩运牛皮（牛皮是当时朝廷明令禁止买卖的军用物资），船经九江，被当地官员知南康军朱熹截获，闹得好不尴尬。在写给友人黄灏的信中，朱熹详细讲述了事情的经过：

> 辛帅之客舟贩牛皮过此，挂新江西安抚占牌，以帘幕蒙蔽船窗甚密，而守卒仅三数辈。初不肯令搜检，既得此物，则持帅引来，云"发赴浙东总所"。见其不成行径，已令拘没入官。昨得辛书，却云"军中收买"。势不为已甚，当给还之，然亦殊不便也。因笔及之，恐传闻又有过当耳[11]。

> 因听到消息后稼轩及时去信疏通解释，朱熹虽然颇感无奈，最终还是放行了。但是为了防止讹传，却又把这件事情告诉了友人。牛皮事件对朱、辛双方来讲都有些尴尬，却并未影响他们此后的交往。

淳熙八年（1181）冬十一月，稼轩改除两浙西路提点刑狱公事。十二月，因谏官王蔺劾奏其"奸贪凶暴，帅湖南日虐害田里"[12]，落职罢新任，随即退居上饶带湖。这年冬天，朱熹入都奏事经上饶，曾顺道参观了带湖别墅（应该没有与稼轩见面），"以为耳目所未尝睹"[13]。

淳熙十五年（1188）四月，朱熹以江西提刑入京奏事，再经上饶，与闲居在家的稼轩见面。二人交流了政事经验，朱熹还毫不客气地指出稼轩为政时存在轻躁、不能克私的弱点。

绍熙三年（1192）春，起为福建提点刑狱后，稼轩重新踏入仕途。绍熙四年（1193）秋九月，加集英殿修撰，知福州，兼福建安抚使。绍熙五年（1194）秋七月，"以臣僚言其残酷贪饕，奸脏狼藉"[12]，罢帅任，主管建宁府武夷山冲佑观。自绍熙三年春至绍熙五年秋这近三年的时间里，稼轩守福建，朱熹闲居建阳，由于建阳恰处在临安—信州—福州这条稼轩赴任还朝路线的中途，因地利之便，两人得以频频见面。

绍熙三年春，稼轩被起任福建提点刑狱。朱熹听闻后十分高兴，特走札致贺；稼轩以启通问，朱熹再答以启。朱熹书、稼轩启均已亡佚，今仅存朱熹启，文云：

> 光奉宸纶，起持宪节。昔愚民犯法，既申震詟之威；今圣上选贤，更作全安之计。先声攸暨，庆誉交兴。伏惟某官，卓荦奇材，疏通远识。经纶事业，有股肱王室之心；游戏文章，亦脍炙士林之口。轺车每出，必著能名；制阃一临，便收显绩。兹久真庭之逸，爱深正宁之思。当季康患盗之时，岂张敞处闲之日？果致眷渥，特畀重权。歌《皇华》之诗，既谕示君臣之好；称直指之使，想潜消郡国之奸。第恐赐环，不容暖席。熹苟安祠禄，获托部封。属闻斧绣之来，尝致鼎祔之问。尚烦缛礼，过委骈缄。虽双南金，恐未酬于郑重；况一本蓣，亦奚助于高明？但晤对之有期，为感欣而无已[14]。

文中"卓荦奇材""疏通远识""经纶事业""脍炙士林之口"诸语是对稼轩才识、事业、文章的极高评价，说明朱熹此时对稼轩极为推重。"当季康患盗之时，岂张敞处闲之日"，则表明朱熹对稼轩此次福建任职有所期许。此时二人尚未见面，所以朱熹才会说"晤对之有期""为感欣而无已"，显而易见，朱熹对即将到来的会面充满了期待。

随后，稼轩赴福州就任，途经建阳，特地拜访朱熹。当时陆九渊知荆门军，稼轩向朱熹盛赞陆在荆门的政绩。这年四月十九日，陆九渊接到朱熹致信，信中朱熹谈及自己与稼轩的会面："近辛幼安经由，及得湖南朋友书，乃知政教并流，士民化服。"[15] 稼轩此次会晤朱熹的主要目的，是征求他对自己福建施政的意见。这次问政在《朱子语类·中兴至今日人物下》中是这样记载的：

> 辛幼安为闽宪，问政。答曰："临民以宽，待士以礼，驭吏以严。"[16]

三句话可谓金玉良言。稼轩为政一向通晓治民，擅长治军，然驭吏以严往往有余，待民以宽却常有不足，朱熹的意见正中肯綮，稼轩极为敬服，完全采纳了。

绍熙三年（1192）六月，朱熹考亭新居落成。稼轩或因送薛叔似入都至建阳，特意来贺[7]。这次会面，他们主要讨论的是，在闽中采取何种措施以放宽民力，而经界、钞盐成为核心议题。其时福建各地土地兼并盛行，盐法弊坏，老百姓苦不堪言，怨声载道。稼轩再次起用后，下定决心要有所作为，因而政事极为积极。而朱熹恰巧此前（即绍熙元年至二年）在漳州任上刚刚推行过经界法和盐法，积累了一定的经验。遗憾的是，原本朝廷发布诏告，同意二法同时在泉州、汀州施行，却在泉州民间受到了豪强大族的强力抵制，最后只好不了了之，朱熹也因此愤而辞职。如今，二人一个一心想有作为，特意移樽就教；另一个曾经心灰意冷，又被对方的积极热情、果敢有为燃起希望，可谓一拍即合。回去后，因为得到朱熹的指导，稼轩大受鼓舞，立即向朝廷上《论经界钞盐法札子》奏札，就此掀开了八闽各州大规模施行经界钞盐法的序幕。而朱熹却因"与宪车（指提刑辛弃疾）相款"，助其上疏请行经界钞盐，"大得罪于乡人"[17]。

是年末，稼轩被召赴行在。绍熙四年（1193）春，途次建阳，再次访朱熹于考亭。上年冬十二月，朱熹有知静江府兼广南西路经略安抚使命，请辞。正月，有旨趋之任。稼轩力劝朱熹赴任。事见朱熹《与刘晦伯书》："饶廷老归，闻诸公相许，已有成说。而辛卿适至，以某尝扣其广右事宜，疑其可以强起，乃复留宿。"[17] 此时，陈亮也恰巧来访朱熹，三人讲学论政，颇为畅快。稼轩还盛赞朱熹弟子——时任信州永丰县令的潘友文政绩突出，"以为文叔爱其民，如古循吏"[18]。

受朱子启发，稼轩早就有意在闽推动儒学教育，整顿士林之风。绍熙四年（1193），稼轩着手修建、整顿福建郡学，得朱熹大力相助。次年朱熹写给福州州学教授常澉孙的信中说："闻学中诸事渐有条理，尤以为喜。学校规矩虽不可无，亦不可专恃。须多得好朋友在其间表率劝导，使之有向慕之意，则教者不劳而学者有益。"[19] 常澉孙正是在稼轩的授意下，才对郡学进行整顿，并修建经史阁等的。《八闽通志》载："詹体仁，字元善……直龙图阁、知福州……在郡尝出钱助修郡学，以毕前守辛弃疾之功。"[20] 而同书卷七十三亦有"闽县经史阁……帅守辛弃疾重修，仍扁曰'经史'，朱熹为记"[20] 的记载。可见，稼轩在闽整顿郡学取得成功，并传为佳话，实在也有朱熹的功劳。

同年，朱熹致劄福建漕司论盐法，认为于民无利，劝罢鬻盐①。辛弃疾大约从僚属处看到朱熹信件，立即予以采纳，让朱熹甚感欣慰。他在写给弟子黄干的信中提到了这件事："辛卿鬻盐，得便且罢，却为佳。"[21]

绍熙五年（1194），稼轩效朱熹社仓之法，在福州建备安库[7]。

在稼轩仕闽的这近三年的时间里，辛、朱二人虽然一个在朝，一个在野，一个前线全力实施，一个背后出谋划策，却配合无间，令到政行，福建的面貌大为改观，稼轩亦声名鹊起。朱熹《答赵尚书》云："闽中自得林、辛，一路已甚幸。"[22] 看到朱熹与稼轩关系密切，有朋友便来请朱熹为其兄长写推荐信，以求取稼轩处的职位，朱熹回信说："没奈何，为公发书。某只云，某人为某官，亦老成谙事，亦可备任使。更须求之公议如何，某不敢必。辛弃疾是朝廷起废为监司，初到任，也须采公议荐举。他要使一路官员，他所荐举，须要教一路官员知所激劝是如何人。他若把应付人情，有书来便取去，这一任便倒了。"[23] 朱熹虽然给朋友写了荐书，但也说明仍然必须走正常的"公议"途径，并一力为稼轩承担，这固然是朱熹自己谨严处世原则的体现，也可看出其作为朋友对稼轩的爱护。

---

① 朱熹《与漕司劄子》说："正缘盐不可卖，是以不得已而为此。今乃不察，而必使之抱卖他州外县可卖冰卖之增盐，至于移贵就贱，倒置烦扰，则又未论于民有无利害，而善理财似亦不肯如此。……于民有害，于官无利，其理甚明。……欲望台慈特不下司，密行考究，特赐住罢，百里幸甚。"见《朱熹集》卷二十九，第1231页。

二、诗词酬唱：吟赏烟霞

朱熹与稼轩二人均是胸怀天下的志士，都富报国的热情，因而，在二人交往的过程中，政事的讨论占据了很大的比例。但与此同时，二人也雅好辞章，故过从往来之际，宴饮游赏之余，也常常发诸吟咏，诗词唱和频仍。

目前所能看到的朱、辛二人最早的诗词往来当为淳熙八年（1181）重阳节稼轩写给朱熹的贺寿诗《寿朱元晦二首》，今录其一如下：

> 西风卷尽护霜筠，碧玉壶天月色新。
> 凤历半千开诞日，龙山重九逼佳辰。
> 先心坐使鬼神伏，一笑能回宇宙春。
> 历数唐虞千载下，如公仅有两三人[24]。

是年九月，稼轩至知江陵兼湖北转运副使任，给朱熹寄来问候。诗中"龙山"便是指江陵郊外的龙山。朱熹的生日在九月十五，故有"重九逼佳辰"之语。重九登高之际会惦念起朱熹的生日在即，并寄去贺寿诗，说明此时二人已经认识，但从前文可以看出，关系并不熟稔。"历数唐尧千载下，如公仅有两三人"的评价虽然极高，但多少有些客气的成分。

随着交往的深入，此后二人的诗词唱和日益增多，关系也日益亲密。

淳熙九年（1182）八月，朱熹改除江西提刑。九月十二日，上状辞免，同日，去任南归。途经上饶，拜访韩元吉。第二日，韩元吉约徐安国，与朱熹同游上饶县南岩。稼轩闻讯后携酒菜至。这就是后来韩淲在《访南岩一滴泉》中追忆的情形："忆昨淳熙秋，诸老所闲燕。晦庵持节归，行李自畿甸。来访吾翁庐，翁出成饮饯。因约徐衡仲，西风过游衍；辛帅倏然至，载酒俱肴膳。四人语笑处，识者知叹羡。"[25]四人纵谈诗酒，好不快意。兴之所至，朱熹写下《咏南岩》诗：

> 南岩兜率境，形胜自天成。崖雨楹前下，山云殿后生。
> 泉堪清病目，井可濯尘缨。五级峰头立，何须步玉京？[26]

朱熹到信州拜访的是韩元吉，并非稼轩。而韩元吉第二天领朱熹游南岩时，也并未通知一城之北的稼轩，稼轩却自己主动前来。结合前面稼轩主动给朱熹寄贺寿诗，可以初步判定，朱、辛二人的交往过程中，稼轩是较为主动的。四人赋的诗被后人刻在南岩的岩壁上，因而，韩淲才会生出"摩挲题字在，苔藓忽侵遍。壬寅到庚申，风景过如箭"的感慨。

绍熙三年（1192）冬，稼轩召赴行在。四年（1193）正月，稼轩访朱熹于考亭。八月，在朝中只做了几个月大府卿的稼轩调任福建安抚使。由临安赴任途中，再次途经建阳，与朱熹相会。共商政事之余，稼轩"尝同朱熹游武夷山，赋《九曲棹歌》"[27]。二人泛舟九曲，诗兴大发，朱熹吟唱起了自己十年前（即淳熙甲辰1184年仲春）筑武夷精舍与友人游九曲时所作的《武夷棹歌》：

武夷山上有仙灵，山下寒流曲曲清。欲识个中奇绝处，棹歌闲听两三声。

一曲溪边上钓船，幔亭峰影蘸晴川。虹桥一断无消息，万壑千岩锁翠烟。

二曲亭亭玉女峰，插花临水为谁容？道人不复荒台梦，兴入前山翠几重。

三曲君看架壑船，不知停棹几何年。桑田海水今如许，泡沫风灯敢自怜。

四曲东西两石岩，岩花垂露碧㲯㲯。金鸡叫罢无人见，月满空山水满潭。

......

九曲将穷眼豁然，桑麻雨露见平川。渔郎更觅桃源路，除是人间别有天[28]。

这组用民间乐歌形式写就的组诗，第一次全面描绘了武夷九曲溪的全貌，语言优美，抒情真切，成为脍炙人口的绝唱，历代诗人唱和不绝。

听罢朱熹的吟唱，稼轩亦乘兴作《游武夷作棹歌呈晦翁十首》。其中第九首云：

山中有客帝王师，日日吟诗坐钓矶。费尽烟霞供不足，几时西伯载将归？[24]

稼轩眼中的朱熹，俨然是一个隐卧山中的"帝王师"，他盼望终有一天，会有一个如"西伯"一般的贤君，来把这个志不得伸的才子装载入朝。

三、学术砥砺：如琢如磨

稼轩本是武将出身，平生更重外在功利。而朱熹却为一代儒宗，身心寄托于道德性理。一个重外化，一个偏内省。从表面上看，这两人似乎很难有交集。然而事实却是，成长于金人统治区的稼轩，自幼年就受到祖父辛赞的教导，立下了抗金复国、重整河山的壮志；二十岁便聚众起兵，二十一岁率五十人的敢死队突入五十万众的金兵营帐生擒叛徒张安国……而朱熹同样自青年始就抱有复国理想，早在隆兴元年（1163），朱熹就曾说过"今日所当为者，非战无以复仇，非守无以制胜，是皆天理之自然"[29]，庆元四年（1198）又在《聘士刘公先生（即刘勉之）墓表》中说"是时国家南渡，几十年谋复中原以摅宿愤，未有一定之计"[30]。正因为他们有着抗金复国的共同理想，才能成为相交日深的挚友。在朱、辛二人的交往过程中，除了政事商讨、诗词唱酬以外，思想上也发生激烈的碰撞与交流。尤其是稼轩，开始慢慢地受到朱子理学的影响，接受了理学的部分观点。

据前文可知，朱、辛二人相识不久后稼轩即被罢官，随即退隐信州带湖十年。此时的稼轩内心深处始终存着用舍行藏的矛盾：一方面充满着英雄失志的悲哀，如《水调歌头》所云"雕弓挂壁无用，照鼎落清杯"；一方面又借狂欢醉酒、山水清赏试图进行非理性的消解，如"并竹寻泉，和云种树，唤作真闲客"（《念奴娇·赋雨岩》）、"休说往事皆非，而今云是，且把清尊酌"（《念奴娇·赋雨岩》）等。然而，不论是竹泉云树还是清尊杯酒，作为"悲"的消解物，都只能是暂时的。要想真正地从内心深处获得解脱，就只能靠"向里来"的修养功夫。这也是稼轩"退居期间能与朱熹订交成知己，朱熹能给予其精神启悟的最主要的内在原因"[31]。淳熙十四年（1187），稼轩改周氏泉为瓢泉，正是出于对颜回"一瓢自乐"的道德人格境界的景仰。而在朱熹的眼中，"箪瓢之乐"所以"乐"，正是因为"颜子私欲克尽，故乐"[32]。很显然，稼轩对颜回安贫乐道精神的敬服中，已蕴含着他对理学的亲近。在《偶作三首》其三中他写道：

> 老去都无宠辱惊，静中时见古今情。大凡物必有终始，岂有人
> 能脱死生。
> 日月相催飞似箭，阴阳为寇惨于兵。此身果欲参天地，且读
> 《中庸》尽至诚[24]。

辛更儒先生《辛弃疾集编年笺注》将此组诗系在开禧三年（1207），此时稼轩已到人生的暮年，这几乎可以算作是诗人的临终悟道之作了。从诗的尾句可以看出，此时的稼轩已经从早期仅限于儒家的济世养身、出世入世的思考，而开始发展为以至诚之心来参究天地、生死之大道的理性思考。这是稼轩主动加强理学修养的表现，也表明他已经深契于朱子之理学。

而稼轩理学修养的不断加强，是与得以亲炙理学，得到朱熹数次当面的教导密不可分的。

淳熙十五年（1188）三月，朱熹入临安奏事，过上饶，与稼轩会面。他一方面指出稼轩为政轻躁的缺点，同时以"明理克己，向里用心"相期，希望他事业更加"伟俊光明"。此次会面情形及交谈内容，朱熹在临安奏事归闽后，曾写信告诉金华杜叔高：

> 示喻克己之说，甚慰所望……然克己固学者之急务，亦须见得
> 一切道理了了分明，方见日用之间一言一动何者是正，何者是邪，
> 便于此处立定脚跟。凡是己私，不是天理者，便克将去，不但轻躁
> 二字也。辛丈相会，想极款曲。今日如此人物岂易可得？向使早向
> 里来，有用心处，则其事业俊伟光明，岂但如今所就而已耶！彼中
> 见闻，岂不有小未安者？想亦具以告之。渠既不以老拙之言为嫌，
> 亦必不以贤者之言为忤也[31]。

淳熙十六年（1189），杜叔高曾到上饶拜访辛稼轩，而此前朱熹曾写信委托他劝说稼轩"早向里来有用心处"，即他曾对陈亮的要求"粹然以醇儒之道自律"，而稼轩都虚心接纳了，这让朱熹非常高兴。

绍兴四年（1193）八月，在朝中仅任职几个月大府卿的稼轩调任福建安

抚使。赴任途中，再次与朱熹相会。二人商讨政事、共游武夷之余，还讨论了学术问题，稼轩对朱熹的治学及重视心性修养等问题有了较深的了解，而朱熹也开始慢慢接受稼轩的一些主张。当夜，朱熹为稼轩两个书斋题写"克己复礼""夙兴夜寐"二匾，勉励鞭策他克服自己所短，贵在坚持。

庆元五年（1199），稼轩退居铅山，朱熹来书复以"克己复礼"相勉。对此，元人袁桷评论说："晦翁尝以'卓荦奇材，股肱王室'期辛公，此帖复以'克己复礼'相勉，朋友琢磨之情备矣。尝闻先生盛年以恢复为最急议，晚岁则曰：用兵当在数十年后。辛公开禧之际亦曰：更须二十年。阅历之深，老少议论自有不同焉者矣。……庆元四年公复殿撰，此书盖戊午岁以后所作，至六年则文公梦奠矣。今观此帖，益知前贤讲道，弥老不废，炳烛之功，良有以也夫！"[32] 所谓"朋友琢磨之道"，其实更多的是朱熹对稼轩的勉励。而朱熹通过对稼轩持之以恒的引导，终于取得一定成效，也无怪乎袁桷要说他讲道"弥老不废"了。

宋宁宗绍熙五年（1194），因右相赵汝愚首荐，朱熹入都任焕章阁待制兼侍讲，开始在御前讲经，并趁机向皇帝弹劾左相韩侂胄"擅权害政"的罪状。孰知却被韩氏反将一军，罢侍讲职。庆元三年（1197）冬，韩侂胄等在打垮赵汝愚后，把矛头对准了朱熹。道学被宣布为"伪学"，朱熹被列为"伪学逆党"之魁，受牵连遭迫害的官员士子多达五十九人，史称"庆元党禁"。一时间朱熹的门生故旧过其家门"凛不敢入"，学人皆不敢自称儒生。庆元六年（1200）三月，时值梅雨时节，朱熹由于久病，"正坐整衣冠，就枕而逝"，时年71岁。朱熹去世时，朝廷下令禁止其朋友、门人到考亭会葬。在政治高压下，朱熹的门人故旧很多都不敢前来送葬。但稼轩却独独不怕风险连累，义无反顾地作文往哭之，祭文曰："所不朽者，垂万世名。孰谓公死，凛凛犹生！"[33] 表达对友人离山的万分悲痛！此外，他还写下《感皇恩·读〈庄子〉闻朱晦庵即世》一词，以示悼念：

案上数编书，非庄即老。会说忘言始知道；万言千句，不自能
忘堪笑。今朝梅雨霁，青天好。 一壑一丘，轻衫短帽。白发多时
故人少。子云何在，应有玄遗草。江河流日夜，何时了？[34]

辛弃疾以汉代扬雄（子云）所作《太玄》经比拟朱熹的著作，并化用杜甫的"尔曹身与名俱灭，不废江河万古流"称颂朱熹的文章、事业不朽。从中我们不难看出，稼轩对朱熹肝胆相照的真挚友情！

四、结语

辛弃疾与朱熹，一位是雄才伟略的将才，一位是门生遍天下的学人，二人不寻常的交往令人感动。朱称辛是"今日如此人物，岂可易得"的人才，赞他"卓荦奇材，疏通远识！"对其弟子说："辛幼安是个人才，岂有使不得之理！"[16]辛对朱亦十分敬佩，称其学术成就"历数唐尧千载下，如公仅有两三人"。他们相交二十余年，从泛泛的同僚之交到肝胆相照的知己，以政事讨论始，以理学讲论终，让我们看到了一对文化巨匠的惺惺相惜，荣辱与共。

参考文献

[1] 陈亮.朱晦庵画像赞.陈亮集：卷十[M].北京：中华书局，1987：114.

[2] 陈亮.与林和叔侍郎.陈亮集：卷二十七[M].北京：中华书局，1987：323.

[3] 陈亮.辛稼轩画像赞.陈亮集：卷十[M].北京：中华书局，1987：114.

[4] 梁启勋.稼轩词疏证：序例[M].北京：中国书店，1982：4.

[5] 邓广铭.辛稼轩年谱[M].北京：三联书店，2007：203.

[6] 谢水华，程继红.朱熹与辛弃疾交游述考[J].江西社会科学，2004（8）：114.

[7] 束景南.朱熹年谱长编[M].上海：华东师范大学出版社，2001：606，1070，1112.

[8] 邓广铭.辛稼轩年谱[M].北京三联书店，2007：177.

[9] 黎靖德.朱子语类:卷一百十一 [M].上海:上海古籍出版社与安徽教育出版社,2002:3558.

[10] 朱熹.朱熹集:卷十三 [M].成都:四川教育出版社,1996:518.

[11] 朱熹.《答黄商伯书》三十五.朱子全书:朱文公文集(别集卷六)[M].上海:上海古籍出版社与安徽教育出版社,2002:4962.

[12] 徐松.宋会要辑稿:黜降官第八 [M].北京:中华书局,1957:4004,4046.

[13] 陈亮.与辛幼安殿撰.陈亮集:卷二九 [M].北京:中华书局,1987:382.

[14] 朱熹.答辛幼安启.朱熹集:卷八五 [M].成都:四川教育出版社,1996:4414.

[15] 陆九渊.象山先生全集:卷之三十六附《年谱》"绍熙三年纪事" [M].文渊阁《四库全书》本.

[16] 黎靖德.朱子语类:卷一三二 [M].上海:上海古籍出版社与安徽教育出版社,2002:3503,3179.

[17] 朱熹.朱熹续集:卷四 [M].朱熹集.成都:四川教育出版社,1996: 5215,5215.

[18] 陈亮.信州永丰县社坛记.陈亮集:卷二十五 [M].北京:中华书局,1987:276.

[19] 朱熹.答常郑卿.朱熹集:卷六十二 [M].成都:四川教育出版社,1996:3242.

[20] 黄仲昭.(弘治)八闽通志 [M].北京图书馆珍本丛刊 [M].北京:书目文献出版社,1988:511,1026.

[21] 朱熹.答黄直卿书.朱熹续集:卷一 [M].朱熹集.成都:四川教育出版社,1996: 5130.

[22] 朱熹.朱熹集:卷二十九 [M].成都:四川教育出版社,1996: 1225.

[23] 黎靖德.朱子语类:卷一〇七 [M].上海:上海古籍出版社与安徽教育出版社,2002:3503.

[24] 辛更儒.辛弃疾集编年笺注 [M].中华书局,2015:79,74,209.

[25] 韩淲.涧泉集:卷二 [M].文渊阁《四库全书》本.

[26] 朱熹.朱熹外集:卷一 [M].朱熹集.成都:四川教育出版社,1996:5718.

[27] 脱脱等.宋史:卷四百一 [M].北京:中华书局,1997:12165.

[28] 朱熹.淳熙甲辰中春精舍闲居戏作武夷棹歌十首呈诸同游相与一笑.朱熹集:卷九 [M].朱熹集.成都:四川教育出版社,1996:383~384.

[29] 朱熹.垂拱奏劄二.朱熹集:卷十三 [M].朱熹集.成都:四川教育出版社,1996:508.

[30] 朱熹.朱熹集:卷九十 [M].成都:四川教育出版社,1996:4613.

[31] 王昊.辛弃与朱熹交游关系考论 [J].吉林大学社会科学学报,2004(3):68.

[32] 朱熹.答杜叔高.朱熹集:卷六零 [M].朱熹集.成都:四川教育出版社,1996:3093.

[32] 袁桷.跋朱文公《与辛稼轩手书》.清容居士集:卷四十六 [M].文渊阁《四库全书》本.

[33] 脱脱等.宋史:卷四百一 [M].北京:中华书局,1997:12165—12166.

[34] 邓广铭笺注,辛弃疾著.稼轩词编年笺注 [M].上海:上海古籍出版社,1998:470.

(作者简介:张小丽,上饶师范学院文学与新闻传播学院副教授、文学博士)

辛弃疾信州寺庙游观考述

汪 超

唐宋时期的寺庙（含佛教寺院尼庵，道教宫观祠庙）积极参与世俗生活，成为开放的公共空间。理论上，大众可在其中不受约束地进行正常活动，承担着休闲景观、市集、客舍等社会功能。作家们在寺庙公共空间活动，为其赋予文化意蕴，人为地留，地因人名，形成特殊的人地关系。本文拟追索辛弃疾退居信州期间的寺庙游踪履迹，考察稼轩生活、创作与寺庙公共空间的联系。

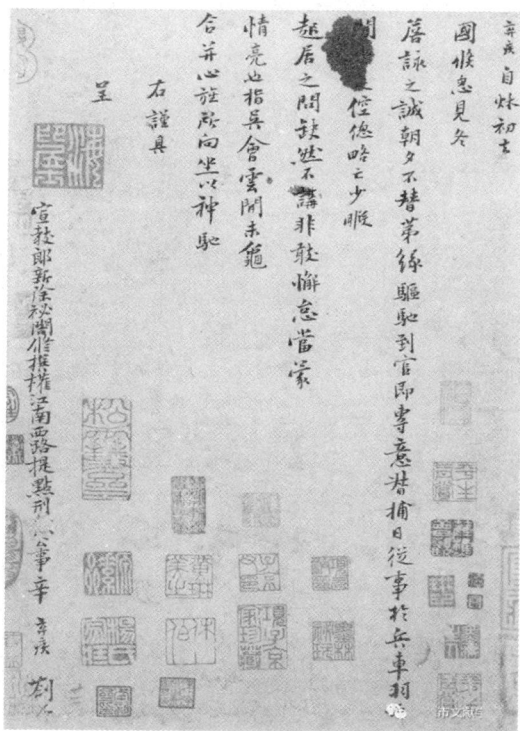

辛弃疾《去国帖》

一、作为景观的寺庙与稼轩的游观

"近人常传诗一句曰：'天下名山僧占多'"[1]（卷三十《天下夕阳佳诗说》），寺庙作为旅游景观多占名山。稼轩退居的信州，山水多胜处，"自昔多为得道者所庐。

鹅湖、龟峰、怀玉号称形胜，而灵山尤秀绝"。[2]（卷二十一《信州天宁寺记》）信州山水为"得道者所庐"，使寺庙与山水共同组成兼容自然与人文的景观，故而稼轩的寺庙游观活动往往与周边山水相结合。辛弃疾退居时期所作的诗词提到具体庙祠寺院名称的主要有八处：博山寺、鹅湖寺、崇福寺、祖印寺、寿宁寺、金相寺、天保庵、女城祠；未提具体名称的有：山寺、龙安萧寺；不提寺庙而实有寺庙的地名有：南岩、云岩、云洞；在寺庙周边的山水地名有：博山、雨岩、鹅湖、西岩、清风峡等。因此，我们对稼轩寺庙游观生活的考述，还应关注其描绘寺庙周边山水的作品。

1. 稼轩寺庙游观的选择半径：适当的距离

稼轩作品中提到的信州寺庙集中在上饶、铅山及永丰（今广丰区）三县，这些寺庙距离稼轩寓居处均不过百里。可见其对寺庙游览的半径有所选择。

首先，距离太近的寺庙不在稼轩的选择中。辛弃疾寓居信州初期，住在茶山广教寺附近的带湖新居。广教寺是陆羽、吕本中、曾几等人寄寓之所，韩元吉称："广教僧舍，在城西北三里而近，尤为幽清，小溪回环，松竹茂密，有茶丛生数亩，父老相传唐陆鸿渐所种也，因号茶山。"[3]（卷十五《两贤堂记》）其地距城不过三里，有溪泉松竹之胜，信州士人也屡有游茶山的记录，如韩淲就有《同尹一游茶山，齐贤继来》《昌甫约诸人茶山，病不能往，次韵其所赋》等多首作品咏之。但辛弃疾却几乎不曾提到该地，可见其并非稼轩游观的首选。试看带湖到茶山的距离：若按夏承焘先生1962年实地考察后得出的结论，带湖就在今日上饶带湖路附近②。则从其地信步到茶山（今上饶一中），耗时不会超过半个小时。稼轩的选择大概正应了"熟悉的地方无风景"这句俗语。

其次，稼轩也不选太远的距离。信州"龟峰、怀玉号称形胜"，是当地最著名的景致。"怀玉山在玉山县北一百二十里，界饶、信两郡，当吴、楚、闽、越之交，为东南望镇。"[4]（卷十一）该山宋时有怀玉寺、怀玉书院，朱熹曾在此讲学，晚宋王奕也曾隐居。弋阳县的龟峰在其时也多为世人所知，如李纲《望龟峰》有"饶阳景物犹武夷，岩石崛起多瑰奇。此峰厥状更诡异，举首曳尾如灵龟"之句[5]（第27册 P17620）；周必大《归庐陵日记》有"终朝望见龟峰，如行南康江中对五老峰，所谓'横看成岭侧成峰'者，甚欲一至其下"之想[6]（卷一六五）。龟峰南岩寺在当地颇有影响。此外，道教正一派祖庭所在的龙虎山也在信州。然其几乎尽为稼轩排斥在游观选择之外。

稼轩不选择上述信州境内著名的景观，极可能因为它们距寓所太远，来往不便。以当时的交通能力，从上饶到其地，乘船花费的时间都在一天以上，如范成大乾道九年（1173）经信州赴桂林的行程：

十九日，宿信州玉山县玉山驿。

二十日，宿沙溪。自入常山至此，所在多乔木，茂林、清溪、白沙，浙西之所乏也。

二十一日，二十三日，皆泊信州。自此复登舟。

二十四日，舟行，宿霍毛渡。

二十五日，过弋阳县，宿渔浦。

二十六日，过贵溪县，宿金沙渡[7](P47)。

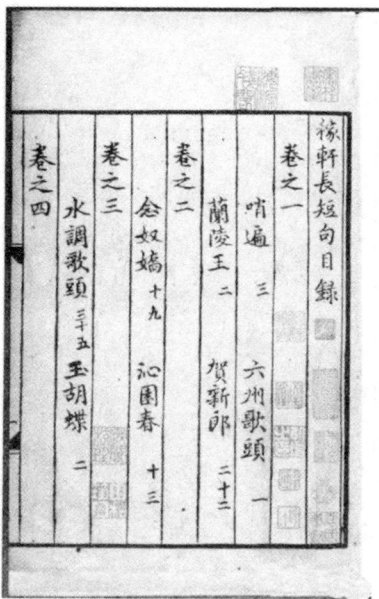

国家图书馆藏元广信书院刻本
《稼轩长短句》

这还只是按城市、驿站间的距离计算，城市到寺庙的路程恐怕还更远。假若稼轩到贵溪龙虎山，光是耗费在路上的时间就需要数日，似多有不便。若在百里之内，三四日间可以完成一次休闲游观的活动，相对便捷。

若从稼轩寄寓的时间上看，带湖寓居时期稼轩游观的选择半径更广，遍布了以上三县。到瓢泉时期，他的游观半径明显缩小，其游观寺庙除博山寺外，几乎全在铅山。这大约是稼轩年老体衰，选择距离近的景观更能适应。

2. 稼轩寺庙游观的关注视点：山水与林泉

山林水际的寺庙是游人的常选。黄轸《题延庆院》诗是一个揭示寺庙、山林与游客关系的好注脚，其诗云：

宝刹标奇处，烟萝响乱流。地灵僧得住，山好客多游。灯影连金像，钟声散石楼。风雷等闲作，咫尺是龙湫[7]（卷二七《寺观门》一）。

该诗开篇就说宝山要有"烟萝""乱流"，亦即林泉之胜，才算得"地灵"。僧人在好山好水间修行，才有"金像""石楼"等人文景观，又才有"灯影""钟声"之类的人事。山水与人文结合，更能体现山水之好，又因"山好"而"客多游"。值得注意的是，这里强调了自然山水与人文建筑相结合的景观概念。

殿宇、亭台、造像、壁画等都是寺庙景观的组成部分。辛弃疾诗词却几乎不涉及对寺庙人文景观的吟咏，而多着眼于山水泉林。作品中明确提到的信州寺庙建筑只有金相寺净照轩，其诗云：

> 净是净空空即色，照应照物物非心。请看窗外一轮月，正在碧潭千丈深③。

在这首诗中我们见不到净照轩的形制，只见到对佛教"净空"观念的陈述。全诗直接点破净照轩的得名，并以藏头形式将轩名隐于其间。后二句则继续发挥，体现心无挂碍、不染尘埃的景象。"明月""碧潭"正是佛家常用意象，借以呈现净空无物的境界。可见人文景观非稼轩关注的重点。

稼轩寺庙游观诗词对景观的题写描摹重在自然，不论是寺庙的殿堂塔院，还是其中的造像绘画均不在其叙写范围。闲居带湖时，稼轩最常游博山寺，词人对其山水泉林称不容口。博山道在他眼中，雪后疏梅，"比着桃源溪上路，风景好，不争多"（《江神子·博山道中书王氏壁》）；夏季雨后，"更远树斜阳，风景怎生图画"（《丑奴儿·博山道中效李易安体》）。

即便是在佛寺中，稼轩也未对其中建筑略加青眼，我们且看其《鹧鸪天·博山寺作》：

> 不向长安路上行。却教山寺厌逢迎。味无味处求吾乐，材不材间过此生。　宁作我，岂其卿。人间走遍却归耕。一松一竹真朋友，山鸟山花好弟兄。

这阕词虽然提到了山寺，却通篇不见对寺庙景观的叙述。作者寄情山水，将道家逍遥世外，在自然中寻求本真的思想直书词中。结拍"一松一竹真朋友，山鸟山花好弟兄"直接道出其山水自然观念，此观念在其寺庙游观词中不止一处。又如《鹧鸪天·鹅湖寺道中》："冲急雨，趁斜阳。山园细路转微茫。倦途却被行人笑，只为林泉有底忙。"为泉林、山水忙，难怪稼轩的寺庙游观会着意自然景观。

辛弃疾游观寺庙着意自然景观的关注重点直到晚年都不曾改变。带湖寓居其间对博山附近雨岩的游观，对南岩寺附近南岩的游观，对寿宁院附近清风峡的游观，以及晚年对女城祠附近蕊云洞的游观莫不如此。又如庆元六年（1195）二月，稼轩有《同杜叔高祝彦集观天保庵瀑布，主人留饮两日，且约牡丹之饮》诗二首。作者与杜斿等人游天保庵，其目的不在游寺，而在观瀑布。稼轩寺庙游观的赏景重点在山水泉林，而不重视对人文景观的赏玩于此可推。

弋阳圭峰

二、作为旅馆的寺庙与稼轩的留宿

不少寺庙还承担着旅馆的功能，周必大就曾因"入信州界，邸店稀矣"而"晚投宿灵鹫寺之驻庵堂"。灵鹫寺"寺宇幽洁，山势环抱，贯休尝留诗……"[6]（卷一六五）灵鹫寺就具有旅店职能，而稼轩也曾以信州寺庙为旅社。

1. 稼轩寺庙留宿的主观动机：休闲与养病

退居信州期间，稼轩时常留宿寺庙休闲、养病，留宿便成为稼轩与信州寺庙关系中的一个重要方面。

首先，稼轩游观的山水寺庙虽以百里为范围，但当天往返过于紧张，并非舒适松弛的出游行程。事实上，有时士人投宿寺庙并非由于不能及时返家，例如韩淲《宿广教寺》诗就记述他游观并留宿之事。韩淲家在城南，与茶山相距不远，但他却选择留宿茶山与友人欢聚。大约寺庙为游观者提供了新鲜的环境和无烦扰的空间，人们因此更能全心宴游。

稼轩休闲生活也常与寺庙相结合，他是博山寺和雨岩的常客。他月下观雨岩石浪，作《蝶恋花·月下醉书雨岩石浪》；独游雨岩，作《生查子·独游雨岩》；呼朋引伴游观雨岩，作《行香子·博山戏呈赵昌甫、韩仲止》。雨岩距带湖二十余里，一日间往返行程紧张。而游雨岩最合适的住宿地点就是紧邻其地的博山寺。

辛弃疾还曾在淳熙十六年（1189）元日投宿博山寺，填词《水调歌头·元日投宿博山寺，见者惊叹其老》。博山寺在万家团聚时的时刻也向人们开放，稼轩在这个空间与人不拘地交流。又如瓢泉闲居时，他曾与来访的金华杜叔高寄宿山寺，作《浣溪沙·偕杜叔高吴子似宿山寺戏作》。山寺所在不可考，但稼轩也以寺庙作为投宿的首选。

稼轩投宿寺庙的另一个主观动机是养病。寺庙一般远离尘世喧嚣，有山林泉石之美，适宜于将养生息。淳熙十三年（1186）间，稼轩有《满江红·病中俞山甫教授访别，病起寄之》词。该词开篇有："曲几蒲团，方丈里、君来问疾"的句子，该句描写了一个典型的寺庙场景，并点明俞氏是在方丈中探病。该词与三阕《浣溪沙·鹅湖归，病起》前后而作。稼轩在鹅湖寺养病期间，俞氏前往视疾，稼轩病情有起色后作词答谢。

又如庆元四年到六年（1198—1200）间的某个八月十四日，稼轩卧病博山寺，做《水调歌头》，其词小序云：

赵昌父七月望日用东坡韵叙李白、东坡事见寄，过相褒借，且有秋水之约；八月十四日余卧病博山寺中，因用韵为谢，兼寄吴子似。

与赵蕃相约在瓢泉秋水观见面，但稼轩却在博山寺养病，不能履约，乃作词示歉。

寺庙的宗教空间让渡出一部分给世俗生活，具有供人借宿的公共空间职能，稼轩时常利用其空间休闲、养病。当然，稼轩曾经居住过的寺庙还远不止博山寺和鹅湖寺。

2. 稼轩寺庙留宿的客观因素：中酒与课徒

稼轩留宿寺庙并非总是自愿，有时也出于客观因素，中酒与课徒是其中两大主因。

首先，稼轩醉酒后留宿寺庙。酒似乎是稼轩游观时最好的伴侣，如《朝中措·崇福寺道中，归寄祐之弟》说："篮舆袅袅破重网。玉笛两红妆。这里都愁酒尽，那边正和诗忙"，词人酒尽而诗未成。词人也提着酒壶去游寺，其《采桑子·书博山道中壁》说："提壶脱袴催归去，万恨千情。"稼轩醉酒也是游观中的常事，如《蝶恋花·月下醉书雨岩石浪》《鹧鸪天·游鹅湖，醉书酒家壁》都是醉赋。

稼轩醉后常不得不留宿寺庙。如《书寿宁寺壁》诗说：

> 门前幽径踏苍苔，犹忆前回信步来。午醉正酣归未得，斜阳古殿橘花开。

寿宁寺在铅山县龙窟山，稼轩中午醉酒，一时无法回家，于是留在寺中。又如其《临江仙·醉宿崇福寺，寄佑之弟，佑之以仆醉先归》，词云：

> 莫向空山吹玉笛，壮怀酒醒心惊。四更霜月太寒生。被翻红锦浪，酒满玉壶冰。 小陆未须临水笑，山林我辈钟情。今宵依旧醉中行。试寻残菊处，中路侯渊明。

结合次日所赋《朝中措·崇福寺道中，归寄祐之弟》"玉笛两红妆"之句不难推想，稼轩是携歌伎同游，借宿崇福寺正因中酒。值得注意的是，尽管崇福寺是宗教场所，稼轩一行不但"酒满玉壶冰"，且有红妆随行。酒色禁戒在佛寺让渡出来的空间似乎都不再发生作用。

稼轩在寺庙中留居的另一个客观因素可能是课徒。稼轩曾经开办书院授徒，辛弃疾研究专家张玉奇、程继红教授对此都有论述④。在他们提到的稼轩可能开馆设帐的地点，如雨岩、鹅湖等都在信州名寺附近，稼轩到寺庙投宿的可能性极大。《（嘉靖）永丰县志》云：

辛幼安，名辛弃疾，其先历城人，后家铅山，往来博山寺，旧有辛稼轩读书堂[9]（卷四《人物》）。

寺中有稼轩读书堂，恰好印证了稼轩课徒于雨岩而留宿博山寺的推断。

再如鹅湖，稼轩在淳熙间也长期居停，其《题鹅湖壁》说："昔年留此苦思归，为忆啼门玉雪儿。"稼轩常年留居鹅湖，以至于不断思念家中的玉雪儿铁柱。鹅湖寺因朱熹、陆九渊的鹅湖之辩而名垂千古。朱陆借鹅湖寺论辩，说明鹅湖寺具备公共空间功能。寺中有一定的读书人寄宿，否则很难起到宣扬自家思想的效果。因此，稼轩借宿寺庙课徒的可能性相当大。

广丰灵鹫寺

三、稼轩与寺庙景观的相互关系

稼轩与信州寺庙的关系，在当时看，是稼轩需要借寺庙的公共空间排遣忧愁；而从长久看，寺庙景观更需要稼轩。他吟咏的华章对当地文化的构建贡献巨大。

1. 稼轩寺庙游居的心理需求：排忧与交往

宋人常借游观排遣忧愁，如黄庭坚的《登快阁》："痴儿了却公家事，快

铅山鹅湖山封顶寺

意东西倚晚晴"[10]（第4册 P1144），是结束公事后，登阁望远，以自然景观排遣为官的忧郁。洪适《次韵李举之风雨中书事四绝句》说："痴儿未了公家事，且把云山子细看"[5]（第37册 P23424），虽为公务缠身，也借云山遣忧。稼轩淳熙八年（1181）遭劾落新除的两浙西路提点刑狱公事，家居带湖。词人处于政治低谷，现实与理想的差距让稼轩甚为抑郁。在辛词中总是能够看到理想得不到认同的抑郁与愁情。如著名的《丑奴儿·书博山道中壁》，所谓"而今识尽愁滋味"的稼轩，心中难免会回忆昔日少年时，不知愁为何物，今昔比照更添愁闷。这阕词在后世反复引起人们的共鸣，也正在其中欲说还休的愁情。又如其《念奴娇·赋雨岩，效朱希真体》，开篇"近来何处有吾愁，何处还知吾乐"也有着深重的愁情，而词人排遣积郁的方法正是"并竹寻泉，和云种树"。以山水泉林涤荡权力场落败的积郁，寺庙游观正是其选择之一。寺庙本身又是个公共空间，寺庙周边的山水泉林为稼轩排忧提供了条件。

而稼轩游居寺庙的第二个心理需要则是藉由公共空间与人交往，来排遣孤独感。稼轩"带湖之什"中有强烈的孤独感，而这也体现在寺庙游观词作中。如其《生查子·独游雨岩》："高歌谁和余？空谷清音起。非鬼亦非仙，一曲桃花水。"词人固然知道自己的高歌是少有知音的，一曲歌后，却只有谷中桃花流水发出轻轻的回响，仍令他黯然神伤。稼轩的孤独感，需要借接触外在人事来排遣。从马斯洛的心理需要理论来说，"交往的需要"属于人类第三个层次的需要，而稼轩通过与人交往排遣孤独感。作为公共空间，寺庙中的行动者不全是宗教徒，空间中的人们为稼轩排忧提供了交往人物。稼轩对信州民情风俗、土语谣修的熟悉，或许很大程度上得益于此。稼轩独自游寺，便通过与僧俗的接触转换心情。哪怕在路上见到"一川明月疏星，浣纱人影娉婷。笑背行人归去，门前稚子啼声"（《清平乐·博山道中即事》），也能让他暂忘心思。游观中能见到不同的人和事，故可遣怀。投宿寺庙养病，稼轩除看重其山水泉林之清幽外，或许也还有藉由公共空间与人交往的考虑吧。

稼轩会约集友朋同游寺庙，例如作《定风波·用药名招婺源马荀仲游雨岩。马善医》招人相伴；重九与人游云洞，有《水调歌头·九日游云洞，和韩南涧尚书韵》；瓢泉寓居时有《浣溪沙·携杜叔高吴子似宿山寺戏作》等等。一般说来，友朋集会可以选取私人空间，稼轩的带湖、瓢泉居所都可雅集。或许，寺庙既有好山好水，又不像私人空间般明分主客，人们的交往可以更平等。借助公共空间的游观，让同游者更放松，从而达到更佳的交往效果。

2. 稼轩对信州寺庙景观的贡献：厚重而深远

稼轩对信州寺庙景观，乃至信州极有贡献。稼轩以作品对公共空间进行主观赋义，其影响甚大；同时，因为稼轩的声望，其游居作品对寺庙，乃至整个信州地方的人文意蕴的积淀均有重大影响。

首先，稼轩作品为公共空间景观赋义，就是为景观增加人文意蕴的过程。山水与建筑本身是客观存在，而为之取名、题咏则是赋义行为。同一景观在不同的话语系统中往往被赋予不同的内涵。稼轩在信州寺庙游观活动中也曾为公共空间的山水建筑赋义。最受稼轩厚爱的莫过博山寺，他对博山寺周边的山水多有发现，并为之赋予全新的意义。如雨岩在宋代是信州士子读书地点之一，可是没有人提到其外形像观音，而稼轩赋予其"观音补陀"的意义。他赋《水龙吟·题雨岩。岩类今所画观音补陀，岩中有泉飞出，如风雨声》词。词中"竟茫茫未晓，只应白发，是开山祖"一句正说明众人都未曾见到雨岩所具有的观音形象，但稼轩却发现了。词序说"岩类今所画观音补陀，岩中有泉飞出，如风雨声"，这既是对雨岩景观的描述，也是为之赋义。在稼轩的想象中，雨岩成了暂时植锡的补陀大士，面朝涛声落花。而其中的飞泉竟似洞庭张乐的天籁，又如春雷隐隐的声响。

稼轩不仅为雨岩全景赋上"补陀大士"的形象，还以《楚辞》为庵堂外三十余丈的巨石"石浪"赋义。他作《山鬼谣·雨岩有石状怪甚，取〈离骚〉、〈九歌〉名曰山鬼，因赋〈摸鱼儿〉，改今名》，词人似乎设定自己为山中的王孙，而把庵堂外的巨石当成仰慕他的山鬼。而在《蝶恋花·月下醉书雨岩石浪》，词人又因雨岩石浪而联想到汀洲涨岸。若从客观景物来看，这石浪不过是巨石的花纹，但稼轩却为之赋予多重含义。

稼轩对信州寺庙周边山水的赋义，对开掘公共空间山水的意涵起到了较大的作用，对丰富景观的人文内涵具有一定的意义。

其次，稼轩对信州寺庙人文意蕴的积淀贡献巨大。凯文·林奇称："景观也充当一种社会角色。人人都熟悉的有名有姓的环境，成为大家共同的记忆和符号的源泉，人们因此被联合起来，并得以相互交流。为了保存群体的历史和思想，景观充当着一个巨大的记忆系统。"[11][P95] 正如我们所知，记忆是个不断遗忘的过程，记忆深刻的事物往往被不断强化。一个景观若无值得记忆的历史和思想，不要说联合起人们了，恐怕少有人记忆起来。稼轩的寺庙游观作品在一定程度上起到了强化群体记忆的作用，为信州寺庙及其周边山水注入了新的人文意蕴。

例如博山寺自五代开山以来，一直是当地的重要寺庙。稼轩寺庙游观诗词中不少涉及博山寺，他与博山寺的渊源之深也可想见。而人们在突出博山寺人文意蕴时正特地提到稼轩，《（同治）广丰县志·寺观志》载：

> 博山寺在邑西南崇善乡，本名能仁寺。五代时天台韶国师开山，有绣佛罗汉流传寺中。宋绍兴间，悟本禅师奉诏开堂，辛稼轩为记。明万历年间，大舣禅师重兴[12][卷二之四]。

此中叙述博山寺三段重要历史，稼轩被特地提到，他也是文中唯一一位与寺庙法统无关者。志中所称稼轩之记，原文久佚，但这并不影响博山寺因稼轩的游观题咏而积淀的人文意蕴。历代游博山寺而有题咏的人并不罕见，

《（同治）广丰县志》卷九《艺文志》所录各种文体的博山咏叹调都不少见，可是那些作者名声不如稼轩，为博山寺带来的社会影响小。稼轩在博山寺人文意蕴积淀中起到的重要作用，其他文人难以替代。因此方志要特地提到这篇散佚的稼轩"记"。

广丰博山寺

又如南岩，稼轩往返带湖与瓢泉之间都要路过，而且也有不少次游览经历，但其南岩词作却只有《满江红·游南岩，和范廓之韵》。南岩是上饶士女的游赏之地，自来不乏作为信州记忆的象征性。朱熹、韩元吉等人皆有题诗，《（同治）广信府志》卷一之二《地理》就录朱熹、李梦阳、黄道周等人的诗[13]。我们注意到，这部志书集中收录诗词的情况较少，录词则更罕见，但却收录了稼轩的《满江红·游南岩，和范廓之韵》。这说明稼轩这阕词，充当着集体记忆证明的角色，对景观的社会角色建构有积极意义。

再以金相寺为旁证，《（康熙）江西通志》据《弋阳县志》记载：

淳祐七年冬，谢枋得偕同志关大猷等十七人会于铅山之全相寺，夜宿辛弃疾祠堂。弃疾之孙徽在座，时有疾声大呼至三鼓，近寝室愈悲，一寺人惊以为神。枋得呼曰："稼轩殁后六十年，平生志

愿百无一酬，鬼神岂能无抑郁哉！枋得见君父，当披肝沥胆，以雪
公之冤。"言已，寂然。乃秉烛作文，旦祭之。称其精忠大义，不在
张忠献、岳武穆之下[4](卷一六〇)。

"全相寺"当是"金相寺"之误。其源出谢枋得《宋辛稼轩先生墓记》，
事或不经，但我们注意到谢枋得在原文中明确说自己是在稼轩祠堂经历其事。
明人柯维骐《宋史新编》也曾引述该事，却并未提到金相寺。这显然是个误
载，但何以有此一误呢？盖稼轩有《题金相寺净照轩》诗，方志编者因以致
误。《（同治）广信府志》卷二《建置》记载金相寺专门提到寺中有净照轩，
却不及该寺的其他建筑。这或许也与稼轩的《题金相寺净照轩》诗相关。稼
轩为金相寺的人文积淀添了一笔瑰丽的色彩。

总的说来，稼轩的信州寺庙游观与居住是对其公共空间的使用。从其心
理来说，既是通过亲近山水排解心中的忧愤，也是借公共空间的开放性特征，
满足他与人交往的需求。而其寺庙游居生活的作品，为公共空间的景观赋义，
同时也为景观积淀了大量的人文意蕴，为景观集聚更多的人气，促进了寺庙
景观作为公共空间的作用。稼轩的寺庙游观作品为当地地方文化积淀发挥了
重要作用。

铅山稼轩墓

注释

①程继红先生《带湖与瓢泉——辛弃疾在信州日常生活研究》（齐鲁书社2006年版）对相关寺庙多有考述，可参。

②林友鹤、陈启典《带湖考略》，周保策、张玉奇主编《1900·上饶.辛弃疾国际学术研讨会论文集（纪念辛弃疾诞辰850周年）》第38至45页，（香港）天马图书有限公司2003年版。张玉奇教授在《带湖与稼轩遗址考探》（《盐城师范学院学报》2008年第5期）中支持了这一观点。

③本文所引辛词全据邓广铭先生《稼轩词编年笺注》（上海古籍出版社2007年版）；所引辛弃疾诗文据辛更儒先生《辛稼轩诗文笺注》（上海古籍出版社1995年版）。

④可参张玉奇先生《辛词艺术论》（天马图书有限公司1993年版）、程继红先生《带湖与瓢泉——辛弃疾在信州日常生活研究》。

参考文献

[1]（元）方回.桐江续集[M].文渊阁四库全书本.上海：上海古籍出版社，1987.

[2]（宋）惠洪.石门文字禅[M].四部丛刊初编本.上海：商务印书馆，1929.

[3]（宋）韩元吉.南涧甲乙稿[M].丛书集成初编本.上海：商务印书馆，1936.

[4]（清）谢旻监.江西通志[C].文渊阁四库全书本.上海：上海古籍出版社，1987.

[5]傅璇琮等.全宋诗[M].北京：北京大学出版社，1998.

[6]（宋）周必大.文忠集[M].文渊阁四库全书本.上海：上海古籍出版社，1987.

[7]（宋）范成大.骖鸾录[A].范成大笔记六种[M].北京：中华书局，2002.

[8]（宋）陈耆卿.（嘉定）赤城志[C].文渊阁四库全书本.上海：上

海古籍出版社，1987.

[9]（明）管景等.（嘉靖）永丰县志 [C].天一阁藏明代方志选刊本.上海：上海古籍书店，1964.

[10]（宋）黄庭坚.黄庭坚诗集注 [M].刘尚荣点校.北京：中华书局，2003.

[11][美]凯文·林奇.城市意象 [M].方益萍、何晓军译.北京：华夏出版社，2001.

[12]（清）双全等.（同治）广丰县志 [M].中国方志丛书影同治十一年刊本.台北：成文出版社，1975.

[13]（清）蒋继洙等.（同治）广信府志 [M].中国方志丛书影同治十二年刊本.台北：成文出版社，1975.

（作者简介：汪超，文学博士，武汉大学文学院副教授）

曾几信州生活研究 ①

张 梅

曾几是南北宋之交重要的文人，他祖籍赣南，后迁徙洛阳。因兄恩入仕，北宋大观元年（1107），经吏部试，凭自己出色的才华，列为优等，特赐进士。曾几仕宦之始及致仕之前，两度为官京师。这中间，又三仕广西，两仕台州，也曾提举淮东茶监、提举湖北茶盐、江西提刑、浙西提刑等。曾几仕宦经历丰富，但曾几仍有一段远离官场的特殊人生经历，那就是上饶信州近十年的闲居生活。

一、曾几来信州的时间

由于兄长曾开反对秦桧，曾几受到牵连，因而寓居上饶信州。常见的材料通常认为曾几在上饶生活了七年。白晓萍在其《曾几年谱》中考证：曾几两度寓居上饶，约九年时间。验之以曾几的诗歌作品，白所言不假。

曾几有《发宜兴》诗，诗言："老境垂垂六十年，又将家上铁头船。客留阳羡只三月，归去玉溪无一钱。"玉溪，在信州境内的玉山县，曾几的上饶信州诗，往往用"玉溪"和"饶阳"代指上饶。结合曾几《壬戌岁除明朝六十岁矣》一诗可知，绍兴十二年（1142），曾几五十九岁，离开宜兴，前往上饶信州。

耐人寻味的是，曾几的上饶之行，为何是"归去"？就字面看，曾几似

① 本文为作者2016—2017年度上饶市经济社会发展和人文社会科学立项课题研究成果。

与上饶有前缘，可惜没有足够的材料。

初到上饶，曾几曾住在"孔雀僧院东庑小室，榜曰'横碧轩'"。有《横碧轩》《东轩小室》五首等诗即事。

绍兴十四年（1144），因"客情厌楚而思吴""匹马四方男子事，饶阳况不是吾庐"（《信衢道中溪流不通全家遵路》），曾几离开信州，前往湖州、吴兴。

绍兴十九年（1149），曾几广西第三次任上秩满，出岭，"十口今持旧壁归"（《出岭》），来归上饶。到上饶后，曾几有诗《初还信州呈寓居诸公》《自广西归上饶阅所藏书》，两诗标题的"还"与"归"很能说明：曾几是再度居饶。试看《自广西归上饶阅所藏书》：

> 久矣山人去，怀哉屋壁藏。侵陵阅梅雨，调护乏芸香。次第翻经集，呼儿理在亡。乞归全为此，何爱橐中装。

首句、尾句交代出曾几"归去来兮"的经历。

再次寓居上饶，曾几所住已非原先的"横碧轩"，而是上饶茶山的广教僧寺东轩，其时生活清苦而清贫。其《寓广教僧寺》诗写道："残僧六七辈，败屋两三间。野外无供给，城中断往还。"

靖康初，曾几提举淮南东路茶盐，利用"太府钞"为国库得缗钱六十万。建炎中，曾几提举湖北茶盐时，曾利用"封椿盐"与邻近的少数民族易货贸易，得钱数万为朝廷及军需提供了一定的费用。在广南西路转运任上，曾几亲自经管经济大权，杜绝贪污腐败，保证了官府的正常财政收入。

这样的理财高手，经手着不菲的钱财，却始终两袖清风，过着极为简朴的生活。母亲去世，他食素十四年，几乎不吃肉食。他常住寺庙，以至陆游七十岁时在《新辟小园》诗中感叹"清贫尚愧茶山在，送老湖边有把茅"（原诗注：曾文清至殁常寓僧舍）。广西为官三年，却是身无一文、青鞋布袜来到上饶茶山寺。最艰难的时候是"我贫无一钱，不敢学农圃，空余数卷书，肠腹自撑拄"（《次陈少卿见赠韵》）。国家与个人，财富与清贫，两相对照，曾几的人品跃然纸上，令人敬仰，无怪陆游终身服膺、师事于之。

曾几再次寓居上饶信州，长达七年之久，直至绍兴二十五年始离开信州。自此，再不曾踏上信州的土地。但此后的生活依然与信州有着割舍不断的联系，绍兴三十年（1160）曾几在苏州有诗《寄信守徐樨山侍郎》，诗言"已卜春前春后日，重寻水北水南人。使君为我新茅栋，数有书来意甚真"，对徐樨山修缮信州旧居表示感谢，对"水北水南"的信州表达了思念。

二、曾几信州生活内容

某种程度上说，曾几寓居信州是一种无奈的选择。其兄曾开反对秦桧，因为株连迫害，曾几被迫离开仕途。曾几闲居之所为何选择信州，目前尚未有权威观点，但曾几的信州生活倒是真的远离官场，幽居闲适，大体表现在以下几方面。

1. 读书论诗的书斋生活

绍兴元年（1131）曾几在桂林邂逅吕本中，向吕讨教诗法，在随后的岁月中，曾几也在不断探索诗歌创作之法。曾几信州诗中经常提到"黄卷"，可知读书是他生活的一部分。他的著述丰富，有《经说》二十卷。《易释象》五卷，文集三十卷等，可见其涉猎之广。信州《东轩小室即事》其四中，谈到他读诗，对此有详尽叙说：

> 烹茗破睡境，炷香玩诗编。问诗谁所作，其人久沈泉。
> 工部百世祖，涪翁一灯传。闲无用心处，参此如参禅。

诗中可见曾几对江西诗派诗法的研究与探讨，诗歌指出江西诗派从杜甫到黄庭坚一脉相承的渊源。最后以参禅作比，强调对诗歌的"悟"。"参"与"悟"是曾几对吕本中诗歌"活法"的进一步发展，也是曾几诗歌创作的重要特点。

2. 品茗赏花的自然生活

书斋生活只是曾几信州生活的一部分，在信州，曾几总是喜欢到自然中寻找美景，享受生活。信州有不少寻春、赏花的作品。由于生活态度与方式的影响，曾几此类作品基本跳出江西诗派生硬之法，代之以清新自然，作品倏然可喜，颇有闲趣。如《寻春次曾宏甫》：

> 春山数峰青，春水一溪绿。幽寻山水间，物物可寓目。
> 花香若三薰，柳色若新沐。吾侪幸闲放，晴昼颇连属。

诗歌写景一气而下，流转自如，将山、水、花、柳的春姿与自己闲放的心情浑然一体。再如《自越上还信步寻梅》写梅花：

> 江梅若有待，欲谢花犹存。向人一笑粲，冷蕊生春温。
> 绕树三匝已，投空雪飞翻。归来理梦事，淡月笼黄昏。

诗歌用拟人写法，写出了江梅的温婉，结尾化用了曹操《短歌行》与林逋《山园小梅》的诗句，写出自己赏梅之情。

闲情幽趣不仅是游赏自然，也体现在细细品茗的享受中。在信州，曾几有不少诗歌写到亲友馈赠茗茶之事，如:《尹少稷寄顾渚茶》《吕郎治先以职事至常山县不敢越境以书至两郡酒日铸茶》《郑宏甫饷溪山堂南坡胯新茶》《谢人送鉴源绝品云九重所赐》等，曾几对茶的喜爱可见一斑。品茗也就成为曾几生活与交往的重要方式之一。《清樾轩》说"禅房花木深，此语信佳绝。何以落其成，炉烹荐茗雪"，这就是品茗的境界。

3. 诗酒唱和的交游生活

现存曾几《茶山集》有诗五百余首，可确认为信州诗的有百首左右，可见信州诗是曾几创作的一个小高峰。这些诗中，不少是曾几与友人的唱和。这种唱和是曾几与朋友对重要事件的交流，如曾几横碧轩新居落成作诗《横碧轩》，吕本中有《曾吉甫横碧轩》、刘子翚《读曾吉甫横碧斋诗》。或是朋友赴任送别，如周仲固寺丞提举湖北茶盐、曾宏甫守光州，曾几与王洋就同时有作。或是游赏中唱酬，如曾几与王洋游徐兢弋阳园，曾几题《莲榭》，王洋则赋《真意堂》诗。

值得一提的是，曾几在信州，郑望之、郑深之兄弟常邀诸公赏园中瑞香花开，曾几有《郑侍郎招赏瑞香》《郑顾道招赏瑞香》《郑侍郎家瑞香花盛开而未赏戏赠》等诗记载赏花情事。《在郑侍郎招赏瑞香感旧有作》中追忆了往昔赏花时景况，表达出对友人的思念之情。可以说，与朋友的唱和贯穿了曾几整个的信州生活。

4. 妻孥友人的情感生活

在信州，曾几有不少小诗，写自己和家人的温馨生活，或种竹，或收笋，或与子女赋诗，或同妻子酿酒。因为住在茶山，曾几诗中常常自称"山人"，称妻子为"山妻",这样的称谓颇有老杜之风,凸显了夫妻相濡以沫之情。如《瓮酒》写到好酒酿造时,幽默语道:"欣然一笑谓山妻,慎勿轻传殆天授。"夫妻相亲相爱之场景宛在目前。

在信州,曾几不但享受着天伦之乐,也收获了真挚的友情,他在《次程伯禹尚书见寄韵》诗中写道:"往时玉溪二三老,生死贵贱论交情。"程伯禹当时为信州守臣,曾几与吕本中、郑深道兄弟、晁恭道、曾宏甫等相得甚欢。后有分别,也有重逢的喜悦,王洋《喜二曾一郑归》,表达了与曾几、曾宏甫、郑望之相逢的喜悦。但随之而来的是七年中程伯禹、王洋、吕本中等人的相继去世,《挽程伯禹尚书》三首、《挽王元勃舍人》二首、《挽向伯恭侍郎》三首、《挽晁恭道侍郎》二首……每首诗都是一份捶心的痛楚。

三、曾几信州生活的文化意义

曾几的信州生活没有功利的追求,更多的表现为一种自足与自适。尤为可贵的是其中的文化品位,对当时信州的地方文化有着不小的影响。这从曾几的交游中可见一斑。

从曾几的信州诗看,曾几信州交往最多的是:吕本中、韩驹、王洋、郑深道、郑顾道、程伯禹、曾宏甫、刘子翚等好友。曾几《初还信州呈寓居诸公》中的寓居诸公大体就是上述好友。他们或互赠物品,或流连光景,或诗酒风流。他们的集会活动往往影响着当时当地的文化生活。如:绍兴十四年(1144),信州郡守吴说作游丝书,诸公观赏,纷纷题咏,成一时盛会。这可谓一场文化盛宴,既可饱赏吴说的游丝书法,又可欣赏诸公佳作(当时题咏以刘子翚擅名一时)。

绍兴二十二年(1152)五月六日的丛珍之集,也是信州的一件盛事,《嘉靖广信府志》卷十八"游寓"有记载。集会在王洋的寓所南池进行,先是王洋赋诗,曾几和诗,"丛珍之集、酬唱之盛,甲于一时"。想来,"丛珍之集"不仅仅是诗歌唱和,也是诸公藏品的展示。读曾几诗,能见他对石头的痴迷,他在《吴甥遗灵璧石以诗还之》中说,"闲居百封书,总为一片石",他曾向昆山里宰觅石,友人何德器曾赠他太湖石。这次信州丛珍之集,能"甲于一方",从曾几的收藏即可遥想而知,实在是令人向往。

除去文化盛事，曾几及其交往的友人不少都是文坛权重人物，如吕本中、韩驹等可谓江西诗派后期代表性诗人，他们对当地的文化推动作用不仅仅是通过文化盛事，有时还表现为对当地学子的指导教育。韩驹《南涧甲乙稿》卷十六《跋曾吉甫贴后》就记载了信州永丰周日章、周日新兄弟从曾几学习之事。应该说，曾几、吕本中、韩驹、王洋他们的寓居，很大程度上推动了当时信州的文化发展，上饶深厚的文化底蕴受益于当年这批文人的文化生活，这是我们今天宝贵的历史文化资源。

参考文献

[1] 曾几《茶山集》，中华书局，1985年版。

[2] 马亚中，涂小马校注《渭南文集校注》，浙江古籍出版社，2015年。

[3] 邱明皋《陆游师从曾几新论》，《文学遗产》，2002年第2期。

[4] 罗彦民《曾几交游考略》，赣南师院学报，2010年第4期。

[5]《宋史·曾几传》，文渊阁四库全书。

[6]《江西通志》

[7]《嘉靖广信府志》

[8]（宋）李心传《建炎以来系年要录》，中华书局，1988年。

[9] 王兆鹏《两宋词人年谱》，台北文津出版社，1993年。

[10] 陆游《曾文清公墓志铭》

[11] 白晓萍《南渡初期诗人群体研究》，浙大2006年博士毕业论文。

[12] 代慧婷《曾几家族与曾几诗歌研究》，赣南师院硕士论文，2014年。

（作者简介：张梅，文学博士，上饶师范学院教授）

信州文坛盟主韩元吉

吴彧滔

韩元吉（1118—1187年），南宋诗人。字无咎，号南涧。汉族，开封雍邱（今河南开封市）人，宋室南渡后，寓居信州上饶（今江西上饶信州区）。绍兴二十三年（1155），韩元吉应知信州黄仁荣之聘，到信州幕府供职。绍兴二十八年（1158）曾为建安县令。隆兴间，官至吏部尚书。乾道九年（1173）为礼部尚书出使金国。淳熙初，曾二次出守婺州，一次出守建宁。封颍川郡公，后归老于信州南涧，自号南涧翁。平生交游甚广，与陆游、朱熹、辛弃疾、陈亮等当代名流和爱国志士相善，多有诗词唱和。著有《涧泉集》《涧泉日记》《南涧甲乙稿》《南涧诗余》。存词80余首。

一、南迁与仕进

韩元吉号南涧，有其由来，因他定居在信江水南，山间有小溪曰"南涧"，址在今上饶市水南街书院路的市人民医院和卫校之间。这里山清水秀，风景秀丽，林荫静雅，泉瀑清流。徜徉其间，怡然心醉。那时，在与他交往的人中，以他为年长，大家都尊称他为南涧翁，所以，他自号南涧，而且以涧泉、南涧名其著作，足见其倾心所向。

开封韩氏乃世家大族。北宋时，河南有相州韩氏、颍川韩氏两支并盛。颍川韩氏在京师门第前多植桐木，故世称"桐木韩氏"，以别于相州韩氏。韩元吉即属桐木韩氏。元吴澄《桐木韩氏族谱序》有云："宋东都百六十余年间，氏族之大莫盛于韩、吕二家。而韩氏一族尤莫盛于桐木韩家。"韩元吉的五世祖韩亿在宋仁宗朝官至参知政事。韩亿有八子，第五子韩维即元吉的四世祖。晁说之在《宋故韩公维墓志铭》中说："有天下重望，忠于君不顾其身，而不以卿相为富贵者，其为少师韩公乎！"韩元吉是尹焞的学生。尹焞与杨时等人师事河南程颐。程颐逝世后，尹焞在洛中聚徒讲学。而杨时则把道学带到江南。靖康二年（1127），宋朝廷闻知尹焞名声，曾召入京师，焞不肯留，宋廷称他为"和靖处士"。韩元吉继承了尹焞的学风，弘实笃行。是程颐的二传弟子。

韩元吉10岁时遭逢战乱，那是宋钦宗靖康二年，也即宋高宗建炎元年（1127），金人陷落两京，中原大乱，宋室南迁，韩氏一门避地江南，其中有一支居临川，而元吉一家则迁至福建邵武。至元吉27岁时，再迁至福建建安（今建瓯）。绍兴十四年（1146），28岁的韩元吉第一次出闽，参加进士考试，落第不取。绍兴十八年（1150），再次应试不第，但因先祖的关系，遂以门荫顶吏部之选。门荫又可称为任子、荫补、恩荫、世赏，是中国上古时代世袭制的一种变相。是一种因上辈有功而给予下辈入学任官优厚待遇的制度。宋代称之为"推恩荫补"，简称为"恩荫"。荫补享受的是前辈恩宠，而非自己的能力，一般情况下，声誉自不如进士及第，唯独韩元吉反映不同。当时有不少文人笔记记载了这件事，如《四朝见闻录》卷二说："韩元吉虽袭门荫，而学问远过于进士。"而《梁溪漫志》卷二也载曰："北站西掖之除，儒者之荣事也。其有不由科第但以文章进者，世尤指以为荣……乾道淳熙以来韩元吉、王嘉叟、刘正夫皆以门荫特命摄西掖。"可见，韩元吉"以文章进"的声誉反比"由科第进"更显得荣光。这也说明，刚过而立之年的韩元吉，在当时就已有很高的文名，大家对他能以门荫入仕都认为是件值得荣耀的事。当然，这也与宋孝宗整顿朝纲，急需人才的大势有关，他曾理直气壮地宣称："两制之选，能者为之，顾何择于进士？"

二、从任职到隐居

绍兴十九年，韩元吉赴处州龙泉县主簿任。大约在绍兴二十一年（1153）

秋冬，他离任龙泉，返临安候调，寓于湖州德清慈相寺，在这里得识吕祖谦，这是他们的首次相识。

绍兴二十三年秋（1155），韩元吉应信州刺史黄仁荣之聘，到信州幕府供职。四年后，黄仁荣移江东转运判官。嗣任者周葵3月到任。周葵是当时著名的经学家，元吉早有仰慕之心，周葵到信州任上，韩元吉继续做他的幕府。但当年年底，周葵便被罢官，元吉也随之解除了幕职。

信州幕府的四年，是韩元吉认识信州、爱上信州，并决定定居信州的重要时段。四年中，他对信州的山水、风土、人情都有全面而深入的了解，信州四年是他南迁以来人生中的一站。因为有这第一站，因而，他晚年从政坛上退休以后，还毫不犹豫地选择定居上饶，也就顺理成章了。

吕祖谦字伯恭，世称"东莱先生"，浙江婺州金华人。绍兴中娶韩元吉之女为妻，成为韩的女婿。吕祖谦与朱熹、张栻齐名，并称"东南三贤"。他博学多识，主张明理躬行，学以致用，反对空谈心性，开浙东学派之先声。他所创立的"婺学"，也是当时最具影响的学派，在理学发展史上占有重要地位。

绍兴二十八年（1159），韩元吉知福建建安县，颇有政声。绍兴二十九年秋八月，与朱熹等四人召赴行在。绍兴三十一年（1162）八月，在临安任司农寺主簿。孝宗隆兴元年（1163）正月，朝廷以张浚为枢密使，都督江淮东西路军马，十二月，汤思退与张浚并相。入朝觐见孝宗时，屡奏恢复之事，欲先取山东。当时显臣名士如王大宝、胡铨、王士朋、汪应辰、陈良翰等皆是张浚的门人，大家众口一词，齐声同赞，而韩元吉却对此有不同看法。他把想法以长书投呈张浚，言和、战、守三事，书中详细分析了当下形势，敌我兵力、战将谋略等因素，最后提出"和为疑之之策，以守为自强之计，以战为后日之图"。韩元吉思想行为上是一贯的主战派，但他不是情绪派，而是理智派。能清楚地分析和观察客观形势，后来，张浚贸然进攻，果然因准备不足而失败了。这封长书证明了韩元吉对当时形势的判断与分析是正确的。

隆兴二年（1164）闰十一月，韩元吉因赴镇江看望母亲，与陆游再次相逢。时陆游为镇江通判，诗朋挚友，相见恨晚，遂相携遍游镇江名胜。他们举酒相属，更相唱和，"道群居之乐，致离阔之思，念人事之无常，惮吾生之不留。又丁宁相戒，以穷达死生毋相忘之意"。陆游说："呜呼！风俗日坏，朋友道缺，士之相与如吾二人者，亦鲜矣。"在这里，他们相聚达六十日，唱和歌诗计有三十余篇，然据陆游所言："此特其略也，或至于酒酣耳热，落笔如风雨，好事者从旁掣去，他日或流传乐府，或见于僧窗驿壁，恍然不省识者，盖又不可计也。"可见他们的唱和之作，当远非所存之数。这些歌诗当时曾合集刊刻，遗憾的是至今未见传本。所幸陆游《渭南文集》中尚保存《京口唱和序》，使我们知道当时之大概。

乾道元年正月以后，韩元吉以考功郎征，任江东转运使。乾道四年（1168）以朝散郎入守大理少卿，但于五月二十一日，旋知福建建宁，在建宁任上待一个月，又改知江州。乾道五年（1169），母亲在宣城去世，元吉乃往奔丧，丁忧居上饶。

韩元吉定居上饶，各书均无明确记载。但根据这期间的交往，有学者推想，可能在乾道二年他任江东转运使的时候。但我觉得，韩元吉既于绍兴间在信州幕府工作四年，已有旧居，虽有外任，而南宋曾规定，官员任上，是不带家属的。所以他的上饶之家应当保存。丁忧其间，他回到上饶居住，三年中他潜心学问，与上饶湖潭学者王时敏多有交往，并将理学大师尹焞的《论语解》交建宁赵德庄印刻，而作《书尹和靖论语后》跋文。

乾道六年（1170）七月，朱熹因母亲丧葬所需，致书韩元吉借钱。元吉回复说："贷金荷不外，某穷悴，止江东有少俸，连遣二女子，且置得数亩饭米，去岁了两处葬事，今年从假借矣。他时稍有余，尚当相助。"[1]信中所言"连遣二女子""了两处葬事"，是指韩元吉的两个女儿先后去世。据《吕成公年谱》载，绍兴二十七年（1165）十二月二十九日，吕祖谦亲迎元吉长女成婚，婚后生有一子，孰料母子相继历"五年而夭"。乾道五年（1169）五月二十日，吕祖谦再娶韩元吉第三女五十一娘为继，生一女。所不幸者，其妻"越二年又夭，寿二十有七，改月而葬，与长姊同域异穴"。所生女亦夭。这是吕祖谦的不幸，更是韩元吉的终身之痛。当长女去世的时候，韩元吉亲为作墓志铭，及至祖谦去世（淳熙八年，1181），元吉老泪纵横，作挽诗云："青云途路本青毡，圣愿相期四十年。台阁知嗟君卧疾，山林空叹我华巅。伤心二女同新

---

[1] 见《南涧甲乙稿》卷十三第一通《答朱元晦书》。

穴，拭目诸生续旧编。斗酒无因相沃酹，朔风东望涕潸然。"

乾道七年，丁忧除服，元吉回临安复官。乾道八年（1173），权吏部侍郎。这一年，朝廷派元吉出使金国，贺万春节。途中他利用这次难得返回中原的机会，暗暗观察敌情，凡到一驿，无论是喝茶还是洗手，哪怕是只遇到妇人儿童，也往往主动挑直话题，从中获得更多的信息。回朝以后，他奏言曰："敌之强盛五十年矣，人心不附，必不能久。宜合谋定算，养威蓄力，以俟可乘之衅，不必规小利以触其机……"孝宗看了奏章，深以为然。

在韩元吉出使金国时，写了一首著名的使金词，《好事近·汴京赐宴闻教坊乐有感》词云：

> 凝碧旧池头，一听管弦凄切。多少梨园声在，总不堪华发。
> 杏花无处避春愁，也傍野烟发。惟有御沟声断，似知人呜咽。

词上片触景生情，一"旧"字生出无穷遐思，多少"不堪"，尽在不言中。下片借景生情，极言哀思之情。唐圭璋先生《唐宋词简释》有评曰："此首在汴京作。公使金贺万春节，金人汴京赐宴，遂感赋此词。起言地，继言人；地是旧地，人是旧人，故一听管弦，即怀想当年，凄动于中。下片，不言人之悲哀，但以杏花生愁，御沟呜咽，反衬人之悲哀。用笔空灵，意亦沉痛。"

乾道九年，韩元吉除吏部尚书。淳熙元年（1174）二月因遭劾以待制出知婺州。同年十二月三日，又改知福建建宁府。这使韩元吉与朱熹有更多的见面机会。这期间，他与朱熹讨论了《祭仪》《吕氏乡约》等学术问题。淳熙二年重阳节，他赠酒并寄诗于朱熹，诗云："平生爱酒陶元亮，曾绕东篱望白衣。底事秋来犹止酒，重阳须插菊花归。"又云："老大相望寄一州，故人鄙我倦追游。应知命驾无千里，惆怅山堂暮雨秋。"至淳熙三年二月，元吉调离建宁，入都复为吏部尚书，途经崇安再会朱熹，两人相谈甚欢。

淳熙五年（1178），元吉力请外任，离开朝廷，乃以龙图阁学士身份，再知婺州。这一年他60周岁。按此前他自我规定，不到60岁，不著书，故此前并无著作。至此才有《系辞解》问世。两年后，便致仕归家，开始了晚年在上饶的闲居生活。

三、投老倦游归上饶

韩元吉在上饶的闲居生活也是丰富多彩的。有一群相知交好的朋友活动在周围，经常有机会聚会，喝酒谈诗，登高揽胜。他一生交往的人物数百，其中重要者有四。吕祖谦是他的女婿，经常往来于金华与上饶，可惜就在韩元吉退归上饶的第二年去世了。陆游是他交往时间最长的朋友。朱熹是他学术上的诤友，而辛弃疾则是他退居上饶时来往最密切的朋友。淳熙八年，辛弃疾因受弹劾，官职被罢，而他的带湖新居正好落成，辛弃疾回到上饶，开始了他中年以后的闲居生活。对辛弃疾而言，韩元吉是政坛和文坛的老前辈，事实上，韩元吉是当时上饶文坛的盟主，辛弃疾对韩元吉非常尊重。在《稼轩词》中，就有五首给韩元吉祝寿之词，又有五首与韩元吉唱和之词，足见两人交往情深。就在辛弃疾来归的第二年，就作《太常引·寿韩南涧尚书》，为韩元吉祝寿。而最有名的一首是《水龙吟·甲辰岁寿南涧尚书》词云：

> 渡江天马南来，几人真是经纶手？长安父老，新亭风景，可怜依旧。夷甫诸人，神州沉陆，几曾回首！算平戎万里，功名本是，真儒事，公知否。
>
> 况有文章山斗。对桐阴、满庭清昼。当年堕地，而今试看，风云奔走。绿野风烟，平泉草木，东山歌酒。待他年，整顿乾坤事了，为先生寿。

词上片发问领起，劈空而来，问南渡以来，朝廷中谁是整顿乾坤的能手？继而指责朝廷中一些大臣清谈误国，以致偏安一隅，朝政腐败。说到自己平定金兵，戎马倥偬，征战万里。把金人赶走，建功立业，报效祖国，留名青史，这才是读书人的事业。韩先生您应该明白这点。下片赞美韩氏文章，人视为泰山北斗，家世尊贵显赫，你生来就志在四方。虽然辞官在家，寄情绿野堂之景，平泉庄的草木，纵情于东山之歌舞诗酒，但志趣未忘，壮志未减。有朝一日，你出山重整社稷，收复中原，完成统一大业，我再来为你举杯祝寿。

此后，韩元吉亦为辛弃疾作《水龙吟》词云：

　　南风五月江波，使君莫袖平戎手，燕然未勒，渡泸声在，宸衷怀旧。卧占湖山、楼横百尺，诗成千首。正菖蒲叶老，芙蕖香嫩，高门瑞、人知否？

　　凉夜光躔牛斗，梦初回、长庚如昼。明年看取，锋旗南下，六骡西走。功画凌烟，万钉宝带，百壶清酒。便留公剩馥，蟠桃分我，作归来寿。

　　此词上片勉励辛弃疾，不要因为挫折而消磨壮志，也写到归来的气度，投闲带湖的生活。下片对辛弃疾寄予殷切期望，希望他等待时机，建立功业，图画凌烟。待凯旋之日，再为祝寿。

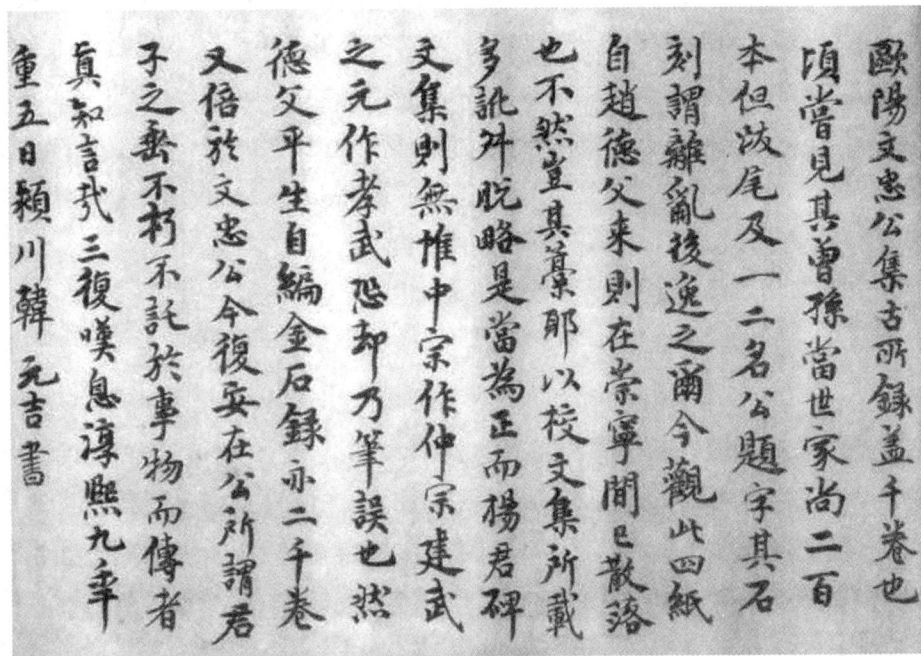

韩元吉书法

　　韩元吉住在上饶城南，筑苍筤亭；而辛弃疾的带湖庄园则在上饶城北，中有雪楼。冬天，韩元吉从城南载酒去带湖与辛弃疾一道在雪楼观雪，故辛弃疾有《念奴娇·和韩南涧载酒见过雪楼观雪》一词，上阙有云："兔园旧赏，怅遗踪、飞鸟千山都绝。缟带银杯江上路，惟有南枝香别。万事新奇，青山一夜，对我头先白。倚岩千树，玉龙飞上琼阙……"词中"缟带银杯江上路"是写雪中的信江；"青山一夜，对我头先白"应指带湖附近的篆冈和吉阳山。

辛弃疾有《水调歌头·庆韩南涧尚书七十》一词，韩元吉生于宋徽宗重和元年（1118），至淳熙十四年（1187）虚龄七十[①]。韩元吉在这次70寿辰之后不久即去世，这首词因此成为韩元吉收到的最后的祝福。

淳熙九年朱熹从临安归福建，途经上饶，就住在韩元吉家。第二天，韩元吉约了当地的诗人徐衡仲一道陪朱熹游南岩一滴泉，辛弃疾知道后亦赶来相会，这便是上饶文化史上有名的南岩之会，关于南岩之会的具体情形，元吉之子韩淲《涧泉集》中《访南岩一滴泉》有真切的追忆。

在上饶，韩元吉与朱熹一直保持着密切的联系，淳熙十年（1183），朱熹率门人在武夷山下建武夷精舍，初成之际，请韩元吉作《武夷精舍记》。第二年二月，朱熹写作了《武夷棹歌》10首，韩元吉第一个写了和诗。可惜《南涧甲乙稿》仅存一首，其卷六《次棹歌韵》诗云："宛宛溪流九曲湾，山猿时下鸟关关。钓矶茶灶山野乐，大隐苍屏日月闲。"

朱熹对上饶的诗人赵蕃、徐斯远、韩仲止都有过评价。陈文蔚是朱子上饶的弟子，曾记载朱子读韩南涧诗集事："先生每得未见书必穷日夜读之……一日得韩南涧集，一夜与文蔚同看，倦时令文蔚读，听至五更尽卷，曰：一生做诗只有许多。"从他一夜与弟子同看诗集，看得实在疲倦而又叫弟子读给他听，仅此一点，足见他对韩诗着迷之深。朱子于诗，崇尚汉魏，且将学道看得比作诗更高。他最后的一句评语似乎表现出对韩元吉的惋惜，仅仅是一个诗人，而终究未能成就道学。朱熹还对韩元吉诗进行过评论的人说："无咎诗做著者尽和平，有中原之旧，无南方啁哳之音"[②]。从文学史角度看，元吉的诗词应该在文学史占有一席之地的，可惜数百年来研究者甚少，学界重视不够。

淳熙14年，刚度过70岁生日不久的韩元吉去世了，陆游在《祭韩无咎尚书文》中评价他的诗文是"落笔天成，不事雕镂。如先秦书，气充力全"。这是对韩元吉作品最恰当的评价。陆游集中有许多记梦诗，其中也梦到韩元吉，特别动情，其中一首是写与韩元吉同回京口，遍览胜景，互相唱和，一觉醒

---

① 按《南涧甲乙稿》中有《南剑道中诗》自注，称"生于戊戌，至甲子年二十七"，可核。

② 《朱子语类》卷一百四十。

来，原为梦境，乃作诗云：

> 隆兴之初客江皋，连镶结驷皆贤豪。
>
> 坐中无咎我所畏，日夜酬唱兼诗骚。
>
> 有时赠我玉具剑，间亦报之金错刀。
>
> 旧游忽堕五更梦，举首但觉铁翁高。

诗中陆游称元吉所作诗歌，使他敬畏，这也是对元吉的另一种评价，反映了陆游对韩元吉的尊重。

南宋黄昇尝称韩元吉"文献、政事、文学为一代冠冕"（《中兴以来绝妙词选》）。方回在《瀛奎律髓》中说韩元吉："当是时，巨儒文士盛称无咎与茶山"，便指韩元吉与曾几。方回还认为，在江西诗派流行的当日，韩元吉诗不落流行，自成一家，实为难得。韩元吉的诗文后来不传，到清代《四库全书》编者才从《永乐大典》中辑录到22卷，即今存于《四库全书》中的《南涧甲乙稿》中立一补传。继方回之后，《四库》馆臣对元吉的评价是符合历史事实且最为重要的。《提要》云："统观全集，诗体文格均有欧苏之遗，不在南宋诸人之下，而湮没不传，殆不可解。然沉晦数百年，忽出于世，炳然发翰墨之光，岂非精神光彩终有不可磨灭者，故灵物撝诃，得以复显于今欤？"[①]

韩元吉亦颇有词名。是当时很有名望的人物，《四库全书总目》称其"诗体文格，均有欧、苏之遗，不在南宋诸人下"。韩元吉于词不喜"纤艳"，亦不喜"鄙俚"。曾将自己所作歌词"未免于俗者取而焚之"（《焦尾集序》），自编词集1卷，题为《焦尾集》。现存词80首。其词多"神州陆沉之慨"（黄蓼园《蓼园诗话》）。他眷恋北方，词中往往："梦绕神州归路"（《水调歌头·寄陆务观》）。"中原何在，极目千里暮云重"（《水调歌头·雨花台》）。他不忘北伐抗金，多次写到"鸡鸣起舞"和"勒功燕然"。也常有英雄迟暮，功业无成的感叹。其词风雄浑、豪放，与辛弃疾很接近。

（作者简介：吴彧滔，上饶供电公司党建工作部干部）

---

① 《四库全书总目》卷一六〇，中华书局1965年版。

辛弃疾与信州带湖

汲 军

辛弃疾从绍兴三十二年（1162）23岁南归，在南宋生活了45年。前18年家无定所，随任而居；后27年始定居信州之带湖及铅山瓢泉，期间除绍熙三年（1192）至绍熙五年（1194）在福建任上，嘉泰三年（1203）至开僖三年（1207）先后辗转于浙东、镇江任上与瓢泉之间外，至少有二十余年是在信州生活，可以说信州是辛弃疾的第二故乡。

而在辛弃疾的仕宦经历中与信州真正有关系的，是在淳熙八年（1181）于江西安抚使任上，《宋史·稼轩本传》："时江右大饥，诏任责荒政。……时信州守谢源明乞米求助，幕属不从，弃疾曰：'均为赤子，皆王民也。'即以米舟十之三予信。"辛弃疾将隆兴府救饥之米的十分之三用于救济信州的饥荒。时年信州大饥，同样隐居于信州玉山的赵蕃诗《春雪四首》有记载："旱历三时久，荒政比岁连。只疑吾邑尔，复道数州然。懔懔沟壑坠，嗷嗷釜苦悬。县官深恻怛，长吏阙流宣。"①可见当时信州灾情之严重，百姓嗷嗷却家家空釜，都担心饿死于沟壑之中。在江西安抚使任上的辛弃疾救信州百姓于饥饿之中，善莫大焉。而根据《新居上梁文》的时间推测，此时带湖的主要建筑已经落成。而且淳熙八年辛弃疾也已经请洪迈作《稼轩记》了，在《稼轩记》中有"皆约略位置，规岁月绪成之"句，可以看到辛弃疾带湖居所的全面建成也只是假以时日了。

辛弃疾的信州带湖生活究竟如何，我们可以从一些确切的历史资料中进行考察。

---

① 赵蕃：《淳熙稿》卷二，《丛书集成》初编本。

一、带湖土地与建筑

淳熙八年（1181），辛弃疾任江西安抚使，洪迈到南昌，辛弃疾请洪迈为作《稼轩记》，其中详细地记录了辛弃疾带湖居所的建筑规制。同年十二月，辛弃疾落职罢官，乃挈家定居带湖。

《稼轩记》应该是目前最为可靠的带湖园林记录，由于洪迈的《稼轩记》中较为准确地记载了带湖的面积与规制，这些让我们在相隔八百多年后的考察有可靠的依据。

《稼轩记》开首一段，就说明了辛弃疾择居信州的原因：

> 国家行在武林，广信最密迩畿辅。东舟西车，蜂午错出，势处便近，士大夫乐寄焉。环城中外，买宅且百数。基局不能宽，亦曰避燥湿寒暑而已耳。

武林：杭州别称；畿辅：郊区；因南宋定都城于杭州，广信就像是都城的近郊。而广信府交通便利，东有舟船水路，西有车辆陆路，行人如蜜蜂一样飞舞旁出。所以一些士大夫都乐意居住于此。环城中外买居所者众多，大家房屋不大，只是避暑避寒而已。

《稼轩记》记载：

> 郡治之北可里所，故有旷土存，三面傅城，前枕澄湖如宝带。

根据《广信府志·城池》记载："信州城……初置四门，南曰广信，北曰灵山……元因宋旧。"那么当时出灵山门可以看到带湖，辛弃疾所选择的三面依城，面临带湖。既然是旷土，面积有多大呢？《稼轩记》载：

> 其纵千有二百三十尺，其横八百有三十尺，截然砥平，可庐以居。而前乎相攸者皆莫识其处，天作地藏，择然后予。济南辛侯幼安最后至，一旦独得之。

面积按其纵横计算，宋代一尺相当于现在的30.72厘米，比今天的一尺要稍少，根据换算，带湖纵1230尺，应该是不足400米，横有260米，其面积大概有160亩，这当然是不包含湖的面积在内的。《稼轩记》云，当时的信州城"环城中外,买者且数百。基局不能宽,亦曰避燥湿寒暑而已耳",可知信州城里居住的士大夫颇多,居住的条件也十分有限,所占的土地面积都不大,相比之下辛弃疾的居住条件是让人羡慕的。韩元吉为辛弃疾所作的《水龙吟》也云:"卧占湖山、楼横百尺,诗成千首。"赞颂了带湖的规模。楼横千尺,究竟有多少? 洪迈《稼轩记》云:

> 既筑室百楹,度财占地什四,乃荒左偏以立圃,稻田泱泱,居然衍十弓。意他日释位而归,必躬耕于是,故凭高作屋下临之,是为稼轩。

"筑室百楹",楹是古代房屋的计算单位,一般一列为一楹,那么百楹是一个庞大的建筑群。也有学者认为百楹是百栋房屋,可能不太准确,因为一栋房屋可能有几列。但是无论如何,是一个大的建筑群。百楹房屋占地大概为160亩的十分之四,应该是60亩左右。既然是归耕,当然还有一些水田:

> 乃荒左偏以立圃,稻田泱泱,居然衍十弓。

"弓"也是旧时用来计量长度的单位,1弓为1步,5尺长,约为今天的1.5米左右,十弓为15米左右,我们只知道它的长度,并不知道它的宽度,所以不能准确地计算其面积,但是一般文中如果要形容其田之广阔,应该是取长的一边来计算的。所以无论如何十弓之地的水田是不大的,用泱泱来形容也是不太恰当的。这样的水田只能是闲适时期象征性的躬耕之所。所以水田耕种应当不是带湖的主要生活内容。带湖虽然命其名曰"稼轩",其实能种植庄稼之处很少,更像是一个私家园林(参见程继红《带湖与瓢泉》齐鲁出版社2006年第一版)。

按照图纸,辛弃疾对带湖园林作了精心构筑。《稼轩记》中所描述的:

> 集山有楼,婆娑有堂,信步有亭,涤砚有渚……故凭高作屋下临之,是为稼轩。命田边立亭为植杖,若将真秉耒蓐之为者。

这些建筑均应实有其处。它们也各有功用:

稼轩:是建在带湖高处山岗之上的,所以在辛弃疾《新居上梁文中》有:"青山屋上,古木千丈"之谓。稼轩应该是带湖庄园的主要建筑,是家庭人员的主要生活之所。在辛弃疾的儿子辛赣夭折时，辛写的《哭（赣）十五章·其九》有："中堂与曲室，闻汝啼哭声。汝父与汝母，何处可坐行。"这里应该是辛弃疾与妻子范氏及儿女日常起居的地方，有中堂、曲室，颇具规模。

集山楼：辛弃疾在南昌任上，还未归带湖之前曾写过一首《菩萨蛮》，词中云："稼轩日向儿童说。带湖买得新风月。头白早归来。种花花已开。功名浑是错。更莫思量着。见说小楼东。好山千万重。……"看来这座小楼可一览东边的众山，应该就是集山楼了。

婆娑堂：应该是宴饮歌舞的场所。虽然在稼轩词中未见咏婆娑堂的诗词。但是我们可以从他朋友的题咏中得见。如他的一位朋友杨炎正，曾到带湖为稼轩祝寿，并写了一首《鹊桥仙·寿稼轩》：

> 筑成台榭，种成花柳，更又教成歌舞。不知谁为带湖仙，收
> 拾尽、壶天风露。闲中得味，酒中得趣，只恐天还也妒。青山纵买
> 万千重，遮不断、诏书来路。

从词的描述中可以看出这就是写辛弃疾带湖的婆娑堂的，带湖庄园筑有高台，台上有亭榭，婆娑堂就是歌舞台，旁边还栽有花柳树木。带湖仙人辛弃疾在其中喝酒吟诗，欣赏歌姬们婆娑舞姿，度过上天都会妒忌的光景。其实据考证，辛弃疾的词中记载的有名或姓的歌女或侍妾就有七人，也是一个比较大的歌舞队伍。韩仲止《涧泉集·闻民瞻久归一诗寄之》：

> 我居溪南望城北，最高园台竹树碧。
> 眼前带湖歌舞空，耳畔茶山陆子宅。
> 知君才自天竺归，那得缁尘染客衣？
> 日携研席过阿连，怡神散爱思彩薇。

韩仲止是韩元吉的儿子，这是写给杨民瞻的诗，从诗中可以看出当时居住在城南的韩仲止，可以看到带湖的最高园台，听到带湖的歌舞之声，虽然不知何因，带湖高台已是人去楼空，但当年带湖歌舞无疑已是信州一景。

信步亭：应该是散步中的休憩地，可见园林之大。

涤砚渚：应该是书房旁小溪边洗涤笔砚的水池。

植杖亭：应该建在田边的亭子，洪迈称既命名为"植杖"，似乎辛弃疾真的要手持未耜，亲自耕种稼穑了。

除了《稼轩记》中所描述的带湖园林建筑，在辛弃疾与其朋友的诗词唱和中，还有一些建筑值得关注。

雪楼：在他的楼群中还有名雪楼的，他与韩南涧在雪楼饮酒观雪（见《念奴娇·和韩南涧载酒见过雪楼观雪》），与门人范廓之在雪楼琴弦弹奏、诗词唱和（《谒金门·和范廓之五月雪楼小集韵》）等，看来雪楼是他接待客人之所。

溪堂：带湖的建筑中还有溪堂，稼轩词中有："自要溪堂韩作记，今代机云，好语花难比"（《蝶恋花·何物能令公怒喜》）。邓广铭先生在此词后注云："据后阕词意，疑是带湖居第落成之后，赋此词向南涧求作记文者。"宋代文人间有这样的习俗，家中新建筑落成，要请名人为此作记文。看来就像请求洪迈作《稼轩记》一样，辛弃疾赋此词是向韩南涧求作溪堂的记文。所谓溪堂应该是建在带湖水边的一个重要的建筑，是带湖的主要标志性建筑之一，不然也不可能求韩为此作记也。

关于带湖园林的道路，《稼轩记》有：

> 东冈西阜，北墅南麓，以青径款竹扉，锦路行海棠。

可见带湖东边山岗西边土丘，北边房舍，西边树林，其间道路纵横，青草铺满小径，翠竹造就门扉，海棠植在路旁，这是一座十分诗意的私家园林。

辛弃疾在带湖正在建设时写了《沁园春·三径初成》，词曰：

> 三径初成，鹤怨猿惊，稼轩未来。甚云山自许，平生意气；衣冠人笑，抵死尘埃。意倦须还，身闲贵早，岂为莼羹鲈脍哉。秋江上，看惊弦雁避，骇浪船回。　东冈更葺茅斋。好都把、轩窗临水开。要小舟行钓，先应种柳；疏篱护竹，莫碍观梅。秋菊堪餐，春兰可佩，留待先生手自栽。沉吟久，怕君恩未许，此意徘徊。

此词作于"三径初成、稼轩未来"时，却展示了自己的带湖设计，也表现了他择居带湖的初衷，明显看出隐者休闲的意味。他要在湖边修葺茅斋，在临水的轩窗边休憩，要在湖畔种柳，到柳荫下小舟垂钓，他更关注的是园林，是赏心悦目、志行高洁的兰、梅、菊、竹的种植，并不是生计所用的稼穑。

辛弃疾把自己的新居命名为"稼轩"，是有他的思想的。《宋史本传》载辛弃疾"尝谓人生在勤，当以力田为先。……南方多末作以病农，而兼并之患兴，贫富斯不侔矣。故以稼名轩。"他看到南方商业经济的发展对农业的冲击，及由此带来的贫富悬殊，故以"稼"作为自己的轩名，表明了自己的选择。所以，他在带湖所居不久，便开始寻找真正重本务农的发展之地。而他真正实践"力田为先"是在经营瓢泉之时。

二、关于辛弃疾修建带湖稼轩的经济来源探讨

辛弃疾的带湖新居是有一定规模的，陈亮在《与辛幼安殿撰书》中说："始闻作室甚宏丽，传到《上梁文》，可想而知。见元晦说，潜入去看，以为，此老必不妄言。"①朱熹不是孤陋寡闻之人，倘若连他都以为"耳目所未尝睹"，可见带湖庄园之宏丽。有关带湖兴建的规模与奢侈程度，学术界尚有争议。由于带湖当时在信州的城北郊，而现在已经是城市的中心，遗址也难以考察，对带湖建筑的布局，只能通过洪迈的《稼轩记》与稼轩词中的描述来认识了。但洪迈并没有见过辛弃疾的带湖新居，他只是根据稼轩提供的建筑图纸而描绘的。

修建这样一个规模的宅院，钱从何而来？对于辛弃疾的经济状况，历来是一个颇有争议的问题。

罗忼烈先生在《漫谈辛弃疾的经济状况》②一文中对在信州的经济来源表示了怀疑，他认为：辛弃疾拥有不少的姬妾与子女，而在信州前后二十多年的赋闲生活中，还建有带湖与瓢泉两处大庄园，经济生活十分宽裕，那么辛弃疾的财富到底是从哪里来的呢？他排除了四个方面的来源：一是辛弃疾不可能有祖产从山东带到南宋来；二是为官的俸禄也办不到；三是岳家不过是一

---

① 《陈亮集》，邓广铭点校，河北教育出版社2003年版，第303页。
② 可参见罗忼烈《漫谈辛弃疾的经济状况》，《辛弃疾国际学术研讨会论文集》，香港天马图书有限公司2003年版。也可参见《漫谈辛弃疾的经济状况书后——与罗忼烈教授商榷》邓广铭《邓广铭治史丛稿》北京大学出版社1997年版543—544页。在辛弃疾的经济问题上，罗忼烈先生与邓广铭先生有不同的看法。

名穷县令，也不可能有如此丰厚之陪嫁；四是辛弃疾没有被皇帝赐金赐第，本人又非富商巨贾。因此罗忼烈先生认为辛弃疾的财产来路是不正当的。

罗忼烈先生所举现象并没有错，随着新史料的不断发现，我们已经知道，辛弃疾家庭人口众多，经济负担是相当重的。他有一个大家庭，南归前已婚娶赵氏，赵氏去世后在守镇江时又娶范氏，范氏过世后又娶林氏，生有8个儿子2个女儿，而与赵氏生有两个儿子，据族谱记载，次子辛秬生于绍兴二十九（1159），到辛弃疾定居带湖的淳熙八年（1181），辛秬有22岁，长子辛稹更大一些，这个年纪，应该是要娶妻生子，携家带口了。辛弃疾还有众多的侍女歌姬，据邓广铭先生考证稼轩词中所涉及的先后有名字记载的歌姬就有：整整、田田、飞卿、卿卿、粉卿、钱钱、董姓者等7人。当然还当有众多的仆役。要维持一个大家庭的吃穿用度，需要有充裕的经济来源，因此辛弃疾必须选择一个能够生活与生存的地方。当面临经济的窘境时，辛弃疾不能不从经济原因做出重新的选择。从带湖移居瓢泉，即事出此因。而且从这次的迁居我们能充分地看出辛弃疾的经济考量。

叶嘉莹先生说：辛弃疾"不仅当他用兵论战之时，有他的英雄豪杰式的眼光与手段，就是在他购地置产之时，也同样有他的英雄豪杰式的眼光与手段"。[①] 可谓一语中的。因此，我们不能不考虑到，当辛弃疾官职递削，祠禄亦被夺的情况下，报效国家的抱负落了空，为了家人的生存生活，为了自己的生计，也为了日后的发展，他自然也将"他的英雄豪杰式的眼光与手段"用于"购地置产"，在选择定居地点时，把经济因素放在一个重要的位置，从而为随他南渡而来的家庭家族做好生活的安排。要探讨辛弃疾的经济问题，我们先作以下分析：

（一）辛弃疾为官时经济业绩

其实除文韬武略之外，辛弃疾也是个有经济谋略与才能的，这一点在他对朝廷的经济建议与他官任上的一系列经济举措就可以看出：辛弃疾对当政者提出过很多颇有见地的经济主张与建议：他在乾道初年向孝宗皇帝进奏的著名的《美芹十论》其中《屯田第六》所提出的利用从北方的归正军民进行

---

① 叶嘉莹：《灵溪词话. 论辛弃疾词》，上海古籍出版社。

屯田的主张，考虑周全，连管理制度、官员的产生、田亩的分配、税收的制定都一一进行了论述。可惜朝廷并没有采纳。在乾道六七年间向宰相虞允文所上的《九议·其七》中，辛弃疾也提出了"富国强兵宽民"的主张，指出："富国之术，民无余力，官无余利矣，国不得而富也"，所以"富国之术，不在乎聚敛而在乎惜费"，对国家财政的用途提出了自己的主张，对朝廷与官府的铺张挥霍提出了批评，可惜也没有引起当政者的重视。淳熙二年（1175）在仓部郎官任上，他曾上奏章《论行用会子疏》，对南宋时民间贵铜钱而轻楮币的现象，提出了具体的解决方法，此文后被辑入《历代名臣奏议》卷二七二《理财门》，孝宗也采纳了辛弃疾的建议，对钱钞的发行做了安排，有效地控制了货币发行。在淳熙六年，辛弃疾在湖南任上，他上奏了《淳熙已亥论盗贼札子》，针对湖南百姓"嗷嗷困苦之状"，针对朝廷的赋税政策以及官员的经济腐败等问题都提出了自己的经济主张，当然并没有引起朝廷的重视；绍熙四年辛弃疾向光宗皇帝上了《论两江民兵守淮疏》，其中他提出了如何进行两淮三镇战时与平时的户籍、经济财物的管理，这既是出于对军事的考量，也是对政治经济行之有效的管理。可见虽然辛弃疾任不同的官职，但国家的经济政策与举措都是他思考的一个重要内容，不仅是为了复国，也是为了当时南宋的黎民百姓，为了"富国强兵宽民"，这些思考与主张也都充分显示了辛弃疾的经济才能与谋略。

辛弃疾不仅仅是个思想家，不仅仅停留于思考层面，他也是个实干家。在他担任地方官职时期，他也在自己的职权范围内积极制定与推行自己的经济政策，并且颇有成效。在滁洲任上，他面对战争之后民生凋敝的局面，推行"宽征薄赋，招流散，教民兵，议屯田"的政策，使得滁洲"商旅粗集，榷酤之课倍增，流亡复还，民始苏"①。他在湖南、湖北、江西任上，也做了很多的理财之举，如为建"飞虎军"筹措经费而改"税酒法"为"榷酒法"，虽然遭到了朝野很多的指责，但也切实解决了军费的困难；为了筹集军费他竟走私牛皮，被朱熹截获；晚年在福建任上也推行了勘经界、变盐法等举措，这一切都足见辛弃疾的经济手段与才干。所以说辛弃疾不仅有军事才能，还很有经济手段，也颇具行政谋略。

---

① 周孚：《蠹斋铅刀编卷一·济南辛侯作奠枕楼于滁阳余登而乐之遂为之赋》四库全书本。

（二）关于宋代官员的经济状况

其实，按宋代给官员优厚的经济待遇，辛弃疾南归一十八年在朝为官，从24岁任江阴签判到37岁时差知江陵府、兼湖北安抚使，以后陆续担任江西安抚使、湖北转运副使、湖南安抚使，这些职官原是中央派出机构，代表朝廷"巡省天下"，对地方水旱灾兵实行"体量安抚"，宋真宗后为行省一级的常设机构。[①] 辛弃疾在这等职位任职多年，在42岁时要建一个带园林的宅院，应当还是有能力的。

宋代自中华人民共和国成立以来，礼优文人，各级官员的薪俸都很优厚。而推行厚禄养廉是宋朝开国时期就制定的措施，宋太祖曾说："吏不廉则政治削，禄不充则饥寒迫，所以渔夺小利，蠹耗下民，由兹而作也。"[②] 明确表述了厚禄是防止官员与民争利。这在宋朝皇帝及其大臣们的心中十分明确。正如宋太宗所说："廪禄之制，宜从优异，庶几丰泰，责之廉隅。"因此，从太祖至徽宗，都为百官养廉不断增俸。宋朝实行官员高俸制，目的在于养廉。范仲淹在"庆历新政"施政纲领中就提出："养贤之方，必先厚禄，禄厚然后可以责廉隅"，"使其衣食得足，……然后可以责其廉节，督其善政，有不法者，可废可诛。"

厚禄养廉主要有几方面的制度：

宋朝官员俸禄优厚，这在中国历代王朝中是数一数二的。主要有这样几个方面的收入：

一是正俸：以北宋为例，据《宋史·职官志》的记载，宰相、枢密使一级的高官，每月俸钱三百千（即三百贯），即可购良田百亩，还有禄粟一百石。春、冬服各绫二十四、绢三十四、绵百两；地方州县官员，大县（万户以上）县令每月二十千，小县县令每月十二千，禄粟月五至三石。[③]

二是各种补贴：如茶、酒、厨料、薪、蒿、炭、盐诸物以至喂马的草料及随身差役的衣粮、伙食费等，数量皆相当可观。宋真宗时，外任官员不得携带家属，家属的赡养费由官府财政供应，并月供米、面、羊等生活用品。

---

① 白纲主编《中国政治制度通史》第五章第二节，人民出版社1996年版，第320、326页。
② 《宋大诏令集》卷一百七十八《幕职官制俸户诏》。
③ 《宋史》卷一百七十二《职官十二俸禄制下》，上海古籍出版社1986年版第535页上。

三是外任官员还有"公用钱":譬如,使相兼节度使,公用钱(招待费)可高达二万贯,而且上不封顶,"用尽续给,不限年月"。

四是"职田"制:诸路职官,各有职田,两京、大藩府四十顷,次藩镇三十五顷,直至边远的小县,尚有七顷。且"外官占田,多逾往制",并由佃户租种。

王安石在熙宁变法期间,不仅增了官俸,而且发了"吏禄"。因为在宋代,吏或出于召募,或应于差役,是各级官府及其下属部门的各类办事、管理人员,无俸禄,靠克扣、受贿和侵渔百姓为生。王安石说:要"饶之以财,约之以礼,裁之以法"①。

宋代官员的薪俸和各种赏赐是中国历朝历代最高最多的,享受着皇家给予的最高最好的待遇。宋代官员的求田问舍,购置房产,歌舞享乐,也是普遍的现象。建炎南渡以后,官员俸禄参用嘉祐、元丰、政和之制,而稍所增损。辛弃疾多年担任了湖北、江西、湖南安抚使,月薪应在三十贯、禄粟五十石之上。又因为是外任,其家庭按例得享受"分添给钱赡本家",按官阶及职位每月添给羊2—20口不等,给米2—20石不等,给面2—30石不等,傔从2—20人,马1—10匹②。而当时信州的物价水平很低,据洪迈载"彼时百物俱贱",所以地价也并不高。因此,我们有理由相信,辛弃疾营建带湖,经济上是有比较充分的准备的。

想必当时带湖的地价应该不高,辛弃疾在《水调歌头·盟鸥》中写道:

> 带湖吾甚爱,千丈翠奁开。先生杖屦无事,一日走千回。凡我同盟鸥鹭,今日既盟之后,来往莫相猜。白鹤在何处?尝试与偕来?
> 破青萍,排翠藻,立苍苔。窥鱼笑汝痴计,不解举吾杯。废沼荒丘畴昔,明月清风此夜,人世几欢哀?东岸绿阴少,杨柳更须栽。

从词中可以看到此前的带湖是"废沼荒丘",难怪《稼轩记》中说:"而前乎相攸者皆莫识其处。天作地藏,择然后予。"无人发现带湖,无人去购买带湖之地,而是因辛弃疾的独具慧眼,并且有能力将"废沼荒丘"的带湖改造成信州的美景之地。

---

① 《临川先生文集》卷三十九《上仁宗皇帝言事书》
② 《宋史》卷一百七十二《职官十二俸禄制下》,第535页中。

（三）带湖生活的主要内容

辛弃疾闲居带湖，还有较多的交游，交游对象主要是文人官员，且官阶大多不低。他主要与退居信州的朝廷官员、道路往来的官员以及信州任上的官员相酬唱，从稼轩词的题序上就可以看到一系列的往来应酬：如《满江红·送李正之提刑入蜀》《满江红·送汤朝美司谏自便归金坛》《念奴娇·和南涧载酒见过雪楼观雪》《水龙吟·甲辰岁寿韩南涧尚书》（韩元吉曾作礼部尚书）、《满江红·送信守郑舜举郎中赴召》《六么令·用陆氏事送玉山令陆德隆侍亲东归吴中》《小重山·席上和人韵送李子永提干》《水调歌头·送郑厚卿赴衡州》《蝶恋花·用赵文鼎提举送李正之提刑韵送赵元英》《最高楼·送丁怀中教授入广》《水调歌头·送信守王桂发》《满江红·送徐抚干衡仲之官三山时马叔会侍郎帅闽》《御街行·山中问盛复之提干行期》《声声慢·送上饶黄倅秩满赴调》《瑞鹤仙·寿上饶倅洪莘之时摄郡事半功倍且将赴漕举》《水调歌头·送施枢密圣舆帅江西》《好事近·中秋席上和王路钤》《雀桥仙·寿余伯熙察院》《念奴娇·和信守王道夫席上韵》《最高楼·庆洪景庐内翰七十》等等，这些词记载了辛弃疾在带湖的交游宴饮，而赋词的对象也大都有官职，且词中也大多充满壮怀激烈的勉励与自勉，以及报效国家与朝廷的忠心和豪气，却很少看到稼轩对带湖躬耕生活的描述。

以上可以看出，辛弃疾的带湖生活基本上是等待东山再起的消费型的，靠为官时的薪俸等收入，他买了地，修筑了这个园林居所。但他从淳熙八年（1181）被罢官归隐带湖至绍熙二年（1191）被再次起用，经历了十年的赋闲时光，这期间的生活，大多为迎来送往、宴饮歌舞，开销不小。所以他有了移居瓢泉而为子孙后代长居久安的百年大计，这是后话。

（作者简介：汲军，上饶师范学院文传学院教授）

宋状元徐元杰悲壮的一生

吴长庚

　　徐元杰（1196—1246年），字仁伯，号梅野，宋信州上饶县八都黄塘人。自幼颖悟，诵书日至数千言，且每得冥思精索，若有所得。闻上饶陈文蔚在铅山鹅湖授徒讲学，是朱熹门人，便往师之，后又师事真德秀。绍定五年（1232）参加进士考试，钦点状元及第，授签书镇东军节度判官厅公事。嘉熙二年（1238），召为秘书省正字，累迁著作佐郎兼兵部郎官。淳祐元年（1241），知南剑州。丁母忧去官，服除，授侍左郎官，迁将作监。三年，丞相史嵩之服父丧未满，有诏起复，元杰适轮对，遂上书力劝皇上收回成命，迁兼给事中、国子祭酒、权中书舍人。淳祐五年（1246），中毒暴卒，享年50岁。著有《梅野集》十二卷传世，《宋史》有传。

　　徐元杰从36岁高中状元，到50岁中毒暴卒，短短14年间，除去3年外任南剑州，在朝只有11年。这11年中，他由外任进入中央朝廷，官职由节度判官擢升至给事中、国子祭酒、中书舍人，官位至正四品。考其所著《梅野集》所收大多廷论、进讲、轮对及起草诏令之类，皆国家大政，边鄙远虑之事。又正当年富力强，以其才学与胆略，本可大展宏图，为国效力，成就一代功业。谁料想却被扼杀在中道，考究这段历史，令后人扼腕叹息。

一、生平与仕宦之途

　　徐元杰出生于宋宁宗庆元二年。他所生活的时代，正是南宋政权风雨飘摇，朝中大臣争夺倾轧的时代。宋绍熙五年（1194），寿皇（孝宗）薨，光宗不问丧事，枢密院事赵汝愚以太皇太后旨，废光宗，立太子扩，是为宁宗。宁宗庆元元年（1195）权臣韩侂胄"假人主之声势以渐窃威权"，窜赵汝愚于永州，削朱熹官，禁用"伪学"之党。嘉定元年（1208），史弥远杀韩侂胄，宋金和议成，史弥远为右相。至嘉定十七年（1224）权相史弥远拥立皇侄沂王昀，是为理宗。原定继承人侄竑为济王，出居湖州。以拥立之功，史弥远一直掌控朝政，窃居相位26年，直至绍定六年（1233）史弥远死，理宗才得以亲政。嘉熙中，史弥远侄史嵩之复为相。嘉熙四年（1240），临安饥荒，知宁国府杜范被召还，上疏痛陈时事，指出：今日之内忧外患，皆权相三十年所酿成。① 这里的权相，便指史氏三世（史浩、史弥远、史嵩之）执掌相位之事。

徐元杰悲壮的一生，就发生在这个时代。

绍定五年，元杰进士及第，签书镇东军节度判官厅公事。嘉熙二年，召为秘书省正字，迁校书郎。他上书皇上，从《周易》否、泰、剥、复之理，联系到右相久虚，非得选拔骨鲠者艾、身足负荷斯世者不可轻易授予。又言皇子竑应当置后及早立太子，请皇上早定大计。但那时，谏官蒋岘方伺史弥远之意，力排竑置后之说，徐元杰的话既为权臣所挤，也不为皇上重视，遂力请外任，不许。又上书请辞官授祠禄，章十二上。三年，迁著作佐郎，兼兵部郎官。以疾辞，差知安吉州，辞，召赴行在奏事，辞益坚。

淳祐元年（1241），朝廷派他到福建南剑州担任最高军政长官。正逢峡阳一带匪寇作乱，扰乱治安，祸害百姓。元杰认识到，稳定社会秩序是他主政的第一要务，便迅速组织地方军队，剿灭了山贼，生擒贼首八人斩之，其余参与者放归乡村，不予追究。当地父老或奔走相告说："若徐侯不来，我辈将为鱼肉矣！"②

南剑州有一所延平书院，是嘉定二年（1209），延平知府陈宓所建，也是两宋时期福建最早的官办书院。这所书院之所以在此时此地产生，与朱熹生前的书院情结密切相关。朱熹修复白鹿洞书院和岳麓书院，是以地方最高长官参与的身份，使书院成为官学的组成部分，一方面与佛教争夺人才，另一

① 参见《中国历史大事年表》，上海辞书出版社1983年12月版。
② 《宋史本传》卷四百二十四。

方面树立人才培养的新模式，使之与只会诱人"钓声名取利禄"的腐败官学相抗衡。但在此后的数年中，书院的发展并不顺利，尤其是庆元年间发生的"伪学之禁"，朱熹被打成"伪学之魁"，使理学家书院建设活动受到前所未有的严重挫折。

开禧三年（1207）权奸韩侂胄伏诛，其手下一批党羽树倒猢狲散。嘉定二年（1209）十二月，局势出现了戏剧性的变化，"伪学之禁"开始松动，诏谥朱熹曰"文"，称朱文公；嘉定五年（1212），朱熹的《四书集注》立于学宫。理宗宝庆三年（1227）正月，赠朱熹太师，追封信国公。绍定三年（1230）九月，改封为徽国公；端平年间（1234—1236）延平书院获宋理宗赐额；淳祐元年（1241）正月，诏朱熹从祀孔庙，理宗御书朱熹《白鹿洞书院揭示》，颁示天下学宫。延平书院成为福建历史上第一所皇家承认，并予以坚决支持的官办书院。

就在这一年（1241），徐元杰调任延平知府。他继承了先贤的做法，每月一次亲赴延平书院讲学。并为书院诸生制定了一个"日习常式"，相当于现代学校的"课程表"：

一、早上文公四书，轮日自为常程，先《大学》，次《论语》，次《孟子》，次《中庸》。六经之书，随其所已，取训释与经解参看。

一、早饭后类编文字，或聚会讲贯。

一、午后本经论策，轮日自为常程。

一、晚读《通鉴纲目》，须每日为课程，记其所读起止，前方皆然。

一、每月三课，上旬本经，中旬论，下旬策。课册待索上看，佳者供赏。

一、学职与堂职升黜，必关守倅。

每当政事稍闲，徐元杰便率郡博士，聚诸生，亲为讲说，有力带动了书院教育的发展。

在南剑州，有百姓争讼，徐元杰往往将他们率呼至公堂，听取事由，而后以理劝化，百姓多感悦而去。在执行均输和青苗等法令时，徐元杰也采取较宽松的政策，听其自测自报，方便百姓实行，因而一郡之民，尽皆感其恩德。在他因母亲去世而去官离任时，郡中百姓皆遮道跪留。

服丧期满，徐元杰回到朝廷，授侍左郎官。他再次上书，恳切讲述敌国外患，请以宗社为核心；讲到钱塘驻跸骄奢莫尚，宜抑文尚质。理宗喜欢他的言说，让他兼崇教殿说书，给理宗讲述前朝故事。元杰非常看重这项兼职，每次入讲，必先期斋戒，衣冠整肃。曾给理宗讲述，仁宗诏内降指挥许执奏及台谏察举等故事，引申出很多鉴戒之语，多切合于帝王后宫。拜将作监①。又进讲扬雄《将作大匠箴》，陈述古代帝王以节俭持家治国的道理。

宋朝曾延续唐代"巡对"之习，京师职事官自侍从以下，五日轮一员上殿，指陈时政得失，称为转对，或轮对。一次，正逢徐元杰转对，当时天久不雨，元杰在转对中，极论《尚书·洪范》天人感应之理，及古圣先王遇灾修省之实，说辞既婉，情益忠恳。

二、围绕史嵩之"起复"的斗争

这场斗争发生在宋理宗淳祐四年九月，史嵩之的父亲病故，但他却贪恋权位，不肯守孝，竟援引战时特例：马光祖未卒哭，起为淮东总领，许堪未终丧制，起为镇江守臣。企图自我起复。而宋理宗念及拥立之功，又离不开史嵩之的帮助，也同意史嵩之起复，结果自然引来了一片反对声。首先是太学生、武学生、京学生的联名反对，接着是众多大臣的极力反对，据理力争，迫使理宗放弃优诏。斗争结果是终结了史氏"三世秉钧"的历史局面，使得朝野人心大快。

《宋史本传》有载："丞相史嵩之丁父忧，有诏起复，中外莫敢言，惟学校叩阁力争。"《通鉴续编》亦载："淳祐四年……秋九月，史嵩之以父忧去位，诏起复之，罢将作监徐元杰及逐游士之居京学者。"

按古代丧礼的规定，儿子为父亲服丧为"斩缞"。斩缞是"五服"中最重的丧服。用最粗的生麻布制作，其断处外露不缉边称"斩"，丧服的上衣叫

---

① 按，将作监是掌管宫室建筑的官。

"衰"，因称"斩衰"。其意表示毫不修饰以尽哀痛，服期三年。史嵩之父亲逝世，按规定必须辞去官职，回家服丧三年，这在历朝历代，早有定制。但理宗却下诏，欲召其回朝，复其官职。一时之间，朝廷内外官员，居然无人敢置一词，唯有太学诸生，愤而叩殿，力辨其非。宋史所载较简，《宋季三朝政要》却有不同：

> 史嵩之丁父弥忠忧，诏起复右丞相兼枢密使永国公。令学士院降制。先是黄涛上书，乞斩嵩之以谢天下。刘应起上疏，谓嵩之牢笼既密，则陛下之国危。省元徐霖上书，言其奸深擅权，上不之悟。至是，侍郎徐元杰上疏，令其终丧。史憾之，上亦不听。太学生黄恺伯、金九万、孙翼凤、何子举等百四十四人上书曰……①

按文中"丁父史弥忠忧"当为误载，史嵩之乃弥忠之侄，而非其子。文中所载黄涛、刘应起、徐霖、徐元杰，都是敢于大胆站出来，针锋相对地进行斗争的官员。

临安太学生黄恺伯、金九万、孙翼凤等百四十四人，武学生翁日善等六十七人，京学生刘时举、王元野、黄道等九十四人，宗学生与寰等三十四人，建昌军学教授卢铖等人都上书论嵩之不当起复，指责他席宠怙势，珍灭天良，"心术不正，行踪诡秘，力主和议，瓦解斗志，窃据宰位，处心积虑，居心叵测"。他们对史嵩之的统治早已愤愤不平，现在终于找到了宣泄不满的机会，于是导致了一场声势浩大的风波，而且这场风波越闹越大。

面对朝野一片反对之声，宋理宗却在排除万难，努力起用史嵩之。理宗为什么违礼而行？从他与徐元杰的一段私下对白，可得其情：

> 上问："史嵩之起复如何？"
> 元杰对云："陛下以为如何？"
> 上曰："从权尔。"
> 元杰云："此命出于陛下之心乎？出于大臣之心乎？"
> 上曰："出于朕意，朕以国家多事，用祖宗典故起之。三学生上

---

① 《宋季三朝政要》，卷二，文渊阁《四库全书》电子版。

书，卿曾见否？"

　　奏云："闻有此书，尚未之见。"

　　上曰："人言太甚。"又曰："朕自当优容之，但边事亦罕有熟者，史嵩之久在边间，是以起复。"①

　　这段对话清楚地说明了一切，宋理宗需要史嵩之，尤其是边境之事需要史嵩之，只可惜当时的人文环境都不利于史嵩之，史嵩之太缺乏人缘了。朝中反对他的大臣借此起复发起的一场攻讦运动，其规模之大、语言之激烈都是宋代历史上罕见的。最终连史嵩之的侄子史璟卿都站出来指责他。

　　从嘉熙四年至淳祐四年，史嵩之当国为相期间，的确深深地得罪了公论。而归根结底，是史弥远在位二十六年，骄横跋扈，人们不愿意再让史氏长期任相了。

　　尽管史嵩之颇有才干，但大臣们一直都在极力阻挠史嵩之的每一次升迁，且极力驱逐嵩之出朝，又屡次瓦解理宗起复嵩之的努力。史嵩之除刑部尚书，洪谘夔竟不起草诏书而去。吴昌裔上奏说：史嵩之原本就不学无术，凭借其叔父弥远之声势，登上高位。吴泳也向皇上论奏史嵩之为人，说：只有陛下与二三大臣说他有才能，能办事，而天下之人都说他轻嚣寡谋，希望陛下特赐睿断，罢免史嵩之刑部尚书一职。与史嵩之共政的十几名执政，大多无权，即使是始终与史嵩之共政的范钟也如此，所以称史嵩之专权。

　　徐元杰、杜范、刘汉弼被称为"淳祐三贤"，杜范进升为同知枢密院事，不屑与史嵩之共事，就辞职回乡。理宗让太监追回，太学生们也纷纷上书挽留杜范，把斗争矛头指向史嵩之。史嵩之久擅国柄，为平息舆论，采用欲擒故纵的策略，六次请求辞相，理宗果然不批准。户部侍郎刘汉弼就秘密上奏理宗说："现在史嵩之既然多次请求辞职，就让他去为父守丧吧。"理宗采纳了汉弼的建议，同意史嵩之请辞。但未过几日，理宗发觉自己还真的离不了史嵩之这个助手。他又回心转意，准备重新起用史嵩之。听到这个消息后，整个朝廷哗然失色。

　　就在这时，中书舍人、工部侍郎徐元杰挺身而出，他认为理宗这种做法

---

① 参见《资治通鉴后编》卷一百四十三。

是游戏国事、出尔反尔，于是再次上书，且"攻之甚力"。

元杰轮对说："臣前日侍经筵，亲承圣问以大臣史嵩之起复，臣奏陛下出命太轻，人言不可阻抑。陛下自尽陛下之礼，大臣自尽大臣之礼，玉音赐俞，臣又何所容喙。今观学校之书，使人感叹。且大臣读圣贤之书，畏天命，畏人言。家庭之变，哀戚终事，礼制有常。臣窃料其何至于忽送死之大事，轻出以犯清议哉！前日昕庭出命之易，士论所以凛凛者，实以陛下为四海纲常之主，大臣身任道揆，扶翊纲常者也。自闻大臣有起复之命，虽未知其避就若何，凡有父母之心者莫不失声涕零，是果何为而然？人心天理，谁实无之，兴言及此，非可使闻于邻国也。陛下乌得而不悔悟，大臣乌得而不坚忍？臣恳恳纳忠，何敢诋讦，特为陛下爱惜民彝，为大臣爱惜名节而已。"

此疏既出，朝野传诵。理宗也深知徐元杰忠良，常能从容论天下事。而元杰也经常在经筵讲论中，联系前事，作出有理有情有节的分析，加深理宗对"起复"之误的认识。这时太学生们又纷纷上书坚决反对重新起用史嵩之。理宗在万般无奈之下，放弃了对史嵩之的期望。

《通鉴》云"史嵩之久擅国柄，帝亦患苦之"，不久，理宗"夜降御笔，黜四不才台谏"，即谏议大夫刘晋之、侍御史王瓒、监察御史龚基先、胡清献，都被罢职。

又有载曰："上欲更新庶政，乃召王伯大、李性传、陈韡等赴阙。于是刘汉弼及右正言郑寀、监察御史江万里相继言：签书枢密院事金渊、谏议大夫刘晋之、兵部尚书郑起潜、吏部侍郎濮斗南、陈一荐、起居舍人韩祥、国子祭酒项容孙、起居郎叶贲、主管侍卫步军司王德明及知州林光谦等，皆附丽史嵩之，为之心腹，盘踞要路，公论之所切齿。诏渊罢政予祠，余各贬官有差。"[1] 这样，史嵩之一批心腹大臣都被罢职、予祠禄或贬官，起复史嵩之的命令也就到此落下帷幕，理宗御笔，史嵩之除职予祠，又令刘克庄行词。按例，宰相致仕合有诰词，但刘克庄曾弹劾过他的误国罪行，始终不肯为他作制。史嵩之万般无奈，只得回到老家。

一批原被排挤迫害的元老旧德，也次第收召复职回朝，徐元杰"亦兼右司

---

[1] 《御批历代通鉴辑览》卷九十二。

郎官，拜太常少卿，兼给事中，国子祭酒，权中书舍人。"①

史嵩之的决策竟被刘汉弼、徐元杰搅乱，因此对汉弼、元杰有了一股恨心。

三、徐元杰中毒暴卒

淳祐四年十二月，杜范入相，常请徐元杰共议军国大事，元杰上书数十件，所论皆朝廷大政，边鄙远虑之事，存于《梅野集》中。

淳祐五年六月，按原有安排，当是徐元杰值日的时间，忽告以暴疾，不能上朝。特拜工部侍郎，又接到请求祠禄的奏报，当夜四鼓时分，遂赍志而逝。

据《宋史本传》载，元杰临死前一日，方去拜谒左丞相范钟，归署后，又写了书信给察院刘应起，准备第二天上朝奏事。谁知就在当天晚上，忽然燥热大作，至晨不能上朝。到第二晚热烦愈甚，指爪忽裂以死。朝绅及三学诸生往吊，相顾骇泣。讣闻，帝震悼曰："徐元杰前日方侍立，不闻有疾，何死之遽耶？"

关于徐元杰中毒暴死之事，《宋史》《宋季三朝政要》《癸辛杂识》《通鉴续编》《御批历代通鉴辑览》《资治通鉴后编》《宋史纪事本末》《钱塘遗事》等书都有详细记载。然各家所载，其详略或措辞亦多有差异。如《癸辛杂识》就直接说，在史嵩之起复这件事上，将作监徐元杰反对甚力，未几暴亡，"或以为嵩之毒之而死"。又记载元杰之妻申报，元杰死时之状："口鼻拆裂，血流而腹胀，色变青黑。两臂皆起黑泡，面如斗大，其形似口。欲乞朝廷主盟，与之伸冤。"可见中毒之状甚明。

事实上，当时"暴死"的并非元杰一人，《宋史》及《宋史纪事本末》都有记载："刘汉弼亦每以奸邪未尽屏汰为虑，未几，以肿疾暴死。""时杜范入相，八十日卒。元杰、汉弼相继暴死，时谓诸公皆中毒，堂食无敢下箸者。"②朝廷大臣莫名其妙地接二连三"暴死"，究竟是谁这么胆大包天，竟敢如此肆无忌惮连下毒手？这时间，又有一个人暴病而亡，就是史嵩之的弟弟史时之的儿子史璟卿，史璟卿不久前曾写信劝谏史嵩之辞去相位。联系以上诸多现

① 《宋史本传》卷四百二十四。
② 宋史纪事本末，卷二十五。

象，大家都怀疑到了史嵩之的头上。《宋史纪事本末》说："璟卿暴卒，相传嵩之致毒云。"

事情发生后，朝廷内外引起轩然大波。太学诸生伏阙愬其为中毒，还说："昔小人有倾君子者，不过使之自死于蛮烟瘴雨之乡。今蛮烟瘴雨不在岭海，而在陛下之朝廷。望奋发睿断，大明典刑。"于是三学诸生相继叩阍讼冤，诸大臣台谏交疏论奏，监学官亦合辞奏闻于朝。元杰二子直谅、直方，也请求雪冤。面对强大的舆论压力，理宗下诏，将案件交付临安府，逮捕医者孙志宁以及日常所给之仆役人等，使严刑拷治。没有审出大概，又改交大理寺，诏殿中侍御史郑寀主持审判。且发布告示，有知情者赏缗钱十万，官初品。过了一定时间，大理寺正黄涛报告审理结果，黄涛当年初试馆职，对策中曾历数史嵩之之恶，至接案时担任宗正少卿，于对疏乃言，元杰只是中暑之证，非中毒也。于是佥议攻之，而元杰之子直谅投匦扣阍，力辩此说。涛遂被劾。然而，大理寺最终未审出任何结果，中毒案不了了之。海内人士伤之，理宗亦悼念不已，赐给官田五百亩，缗钱五千，以安抚徐元杰家，并赐谥忠愍。十三世纪中期一场涉及宰辅大臣的中毒大案，终成千古疑案。徐元杰有子二人，长子直方，后为起居郎兼侍讲，次子直谅，官至吏部尚书。[①]

史嵩之自罢职乞祠，一直到死，十三年间闲居。这期间，理宗曾三次想恢复史嵩之的职务，都遭遇强烈的反对而流产。直至宝祐五年（1257）史嵩之去世，追赠少师，德祐初年（1275），因右正言徐直方进言，被削夺谥。

四、历史上对徐元杰的评价

徐元杰自幼聪明颖悟，读书积学，师从朱熹门人陈文蔚，后又师事真德秀。真德秀亦学宗朱熹，在庆元党禁后，程朱理学得以复盛，他出力最多。真德秀是继朱熹之后理学的正宗传人，他同魏了翁二人一道，在确立理学正统地位的过程中发挥了重大作用。徐元杰学出朱门，得其根本，一身正气。他为官"远声色，节情欲"，"直声闻于朝"。杜范入相，徐元杰上书言事，慷

———————
① 《明一统志》卷五十一。

慨陈词，力主排外患，修内政，保境安民。当时朝政汹汹，奸佞用事。不幸英年早逝，暴疾而亡。《宋史》有论曰："赵逢龙之清操，汝腾之不挠，孙梦观之平直，洪天锡、师雍、徐元杰、李伯玉，皆悉心直言，不避权势……皆当时之杰出云。"

元杰死后，国学诸生作《挽徐元杰》云：

> 冤乎天哉，哲人已痿。自纲常一疏，为时太息。典刑诸老，尽力扶持。方哭南床，继伤右揆。死到先生事可哀，伤心处，笑寒梅冷落，血泪淋漓。人心公论难欺，愿君父，明明悟此机。昔九龄疏谏，禄山必叛。更生累奏，王氏为危。变起范阳，祸成新室，说着当年，人噬脐。君知否？但皇天祚宋，此事无之。[①]

对元杰诸大臣暴死事件作出更深刻评论的，是《御批续资治通鉴纲目》：

> 甚矣！小人之中伤善类也，同己者亲之如兄弟，异己者视之如仇雠。姑即宁理两朝诸人观之，韩侂胄专权擅政，忌赵汝愚之异己，谮贬衡州，中毒而卒。史嵩之窃弄国钧，忌徐元杰之异己，虽未谮贬，中毒而卒。甫隔两朝，如出一辙。盖由小人之行，贪位慕禄，乃其素志；妒贤疾能，又其本心。一旦从而论之，黜而罢之，则其患失之心，宁能自已，故切齿以怨异己之人，必欲寘之死地，然后可以快其私愤耳。噫！理宗不竞，而使左右之正人为奸臣无故而害，当时群臣既不能诘理宗，又不能讨，而君子死于无辜；小人益肆暴虐，岂不深可惜哉？直书暴卒，其义自见。[②]

把批评的矛头，直接对准了理宗。至清代，纪昀更尖锐地批评了"纲维不立"的弊端："盖当日朝端水火，入主山奴。沸羹蝘蜒，迄无定论。即此一事，而宋之纲维不立，亦概可见矣。"

元杰身后存有文集二十五卷，景定三年（1262）由其子直谅刊于兴化，今已亡佚。清四库馆臣据《永乐大典》辑为《梅野集》十二卷，收入《四库

---

① 《四库全书》集部，词曲类，词选之属，《花草粹编》，卷二十四。
② 《四库全书》史部，史评类，《御批续资治通鉴纲目》，卷二十。

全书》。据其子徐直谅所作跋言："先君未第时为文，未尝有稿。既第，中外仅历四考，余皆端忧幽疾之日。戊戌立朝，直谅兄弟尚幼。且先君单骑往，文字亦复散失。故家集视近世诸老独不为多。今集中多甲辰乙巳在宗庙朝廷之言，然经幄词垣，初不为。久，奸贼蜮射，遽死国矣。庸斋赵先生为集序，慨之为长。"[1] 宋代理学家都受二程"作文无益"及朱子"真味发溢"论影响，不敢多作诗文，以干宗庙朝廷之事，徐元杰深受其影响，故诗文作品"初不为之"应属正常。赵先生为序，指赵汝腾为该集作序，其中有论曰："余读之尽卷，其正大如望之，其忠切如乔固"，比之如前朝名臣。

《四库提要》言："今从《永乐大典》中采辑编次，厘为杂文十一卷，诗词一卷，仅存十之五六。而本传所列奏议，条目具存，尚可得其大概。其中如戊戌轮对札子，则为校书郎时所上。甲辰上殿札子，则为左司郎官时所上。其论济王之宜置后，骄奢之宜戒抑，敌国外患之宜以宗社为心，皆拳拳纳忠，辞旨恳到。其白左揆、论时事数书，乃为杜范所延而作，亦多关系国家大计，言无不尽。"

今读其书，全书十二卷，除诗仅一卷，词仅一首外，其余都是散文。保留了他撰写的进讲日记、经筵故事、轮对札子、谢表、廷对策、奏议等，其中精彩之论，被后人收入《历代名臣奏议》，都得到完好保存。

但徐元杰并非不能诗，从仅存一卷诗作看，其写景抒情，清灵含蓄，亦颇有佳篇。如《游灵山阁三首》云："檐前山色呈螺髻，槛外溪光献玉杯。""销凝往事凭栏久，杜宇一声烟际催。"又如《湖上》："花开红树乱莺啼，草长平湖白鹭飞。风物晴和人意好，夕阳箫鼓几船归。"《画龙》："峥嵘头角见龙神，画者微茫画得真。一夜风雷卷将去，沛为膏泽下于民。"

上饶县明远乡，旧有御书院，宋吏部尚书徐直方疏请祀其父忠愍公徐元杰，奉勅建院，周子正作记。明嘉靖三十八年知县陈添祥重修，提学王宗沐记。

（作者简介：吴长庚，原上饶师范学院教授）

---

① 《四库全书》集部，别集类，南宋建炎至德佑，《梅垄集》卷十二。

宋朝名臣余尧弼

祝红星

　　余尧弼（108—1167年），字致勋，号菊庄，北宋信州上饶县人（今江西上饶县）。生于北宋神宗元丰六年，政和二年（1112）中进士，历仕徽宗、高宗二朝，在绍兴十七年任监察御史，进入政坛，绍兴二十年官至参知政事，到第二年（1151）十一月罢官。前后为官三十九年，而与秦桧同朝共事长达四年。卒于南宋孝宗乾道三年，享年八十五岁。

　　宋朝是中国历史上经济与文化教育最繁荣的时代之一，儒家复兴氛围浓厚，社会上弥漫尊师重教之风气，科技发展突飞猛进，经济文化发展与繁荣规模空前，政治也较开明廉洁；在科举方面，改为以殿试的方式对考生进行最终考核，从而造就了一大批优秀的政治家。南宋偏安江左，二帝被囚，朝廷中主战、主和两派一直论战不休。权奸当道，政治错综复杂。在余尧弼走上政坛之前的绍兴十一年，岳飞被杀，宋金和议已成。宋称臣割地，受金册封。淮河为界，南北分治，获得近20年的偏安。就是在这种时代背景下，余尧弼从地方官进入中央朝廷，担任监察御史、御史中丞，为整饬官风官纪尽了自己的职责。不久又进入枢密院，任参知政事，参与国家大事。而秦桧专权，扰乱朝廷，尧弼很快被弹劾落职，退隐于上饶老家。他的一生，剧起剧落，历史上有着不同的记载和评价。本文只想客观地反映余尧弼的一生，至于准确的评价，史证俱在，尚有待于方家。

一、才学起家 心系民众

余尧弼自幼饱读诗书，喜爱作诗，且吐辞华丽。据《余氏宗谱》记载：尧弼自少儿起就聪慧过人，知道在不同场合用不同的词语表达以及做不同的事情，讲究仪法规矩，举止谈吐都沉着稳重，深受其父器重夸奖①；随先生出外学习，能集中心思潜心致志，专心苦读勤勉学问。有一天赋诗，有："天阔纸鸢随线远，地平茵草触衣香"两句，乡塾先生见之，惊奇不已。②二十岁行冠礼后，便由地方选贡入国子监上舍。政和二年（1112），经殿试科考中进士，初授衢州任兵曹守，任期届满，调任从政郎。

当时右选忠翊郎李友闻，曾评价余尧弼，谓："余兵曹风度大方，处事不惊，理智稳重，有治理国事才能，超出其他同僚，将是辅相大臣一类的人才。"一次，闻尧弼来访，没来得及穿好鞋子就跑出去迎接他。

余尧弼人品高尚，宽以待人，清正爱民，与同僚以礼相待，力持公义，军纪严明。与李光、黄珪等官员关系融洽密切，都互相援引借重。在这期间，及时以漕司檄文张榜公布，推行方田均税法，规范买卖土地要在政府机构办理登记备案手续，作为土地产权转移的证明，同时也要求在孟夏之前办理，以确保土地能在孟夏后及时耕种，丝毫不会侵害民众的利益。当时这种土地制度在一定程度上造就了宋朝经济的繁荣。

政和七年（1117），授宪州静乐令未赴，政和八年（1118），余尧弼改饶州余干任县丞守，期间，饶州知府朱季端大兴土木工程，向各县衙索取、分派各类物资和材料。余尧弼体察劳苦民众的疾苦，不响应、附和上面的做法，采取抵触、对抗的态度应对分派之事，因此，被调移安仁当丞守。但他自己却认为：问心无愧，没去办理、应付行守上面的做法，就用不着追悔前非，分辩是非曲直。

宣和四年（1122），知江陵府公安丞；建炎二年（1128），知虔州云都县令未赴，改知饶州浮梁丞；绍兴四年（1134），知徽州祁门县令。余尧弼这二十八年一直游宦在各地县衙之间，虽漂泊不定，但从未放任自己，坚持公

---

① 据上饶黄沙《余氏宗谱》载，其父余宗义，以子贵，赠太子太师。
② 宋余时言撰《菊庄公墓志铭》，见《余氏宗谱》卷之首。

正处事，以礼相待，理智稳重，得到大家的尊重和赞赏。中书冯熙戴看到一些地方官员有勒索诈取，使百姓深受其害，苦不堪言的现象，就曾说道：为什么就不学衢州兵曹，清正为民，一心为公呢？

余尧弼为政不尚威严，而宽以待人。在任上，往往实行惠政，安抚百姓，始终用儒家经义对百姓进行谆谆的教化，以德服人，保障社会秩序稳定，使民众安居乐业。在饶州任上，同僚程尧俊每次说到余尧弼的处事为政，都和颜悦色地赞赏并叙述给其他人听。"余尧弼，上饶人，政和中进士，屡为丞令，不尚威严，而人皆化其德。"① 根据《余氏宗谱》记载，庶民敬佩余尧弼"务以德化人，民服其德"，指邑之祁山曰："虽舁是置公腹中不碍也。"高度赞扬他宽和为政，以德化民的做法，赞扬他的胸怀气度，这与他在任上垦荒减税，安抚百姓，清正爱民，是分不开的。老百姓为表达对他的感恩戴德，"相与立生祠，识去思焉"。② 当时，辰沅傜人造反，杀掠官吏与庶民，朝廷多次派兵征剿，讫无成效。余尧弼则布置安排农夫、老百姓到军前，自己也易容打扮混在他们队伍中，不顾路途艰辛、崎岖，辗转在前线，一战而擒其首，遣散乡民，惩处首恶，完成朝廷差遣征伐的公事。

绍兴九年（1139），又调任绍兴府会稽县令。长期辗转于下僚，更加上对当时官场险恶的体验，余尧弼对官场产生了倦意，厌倦这种游宦生涯，便上奏请祠，朝廷让他主管台州崇道观，享受祠禄。当时的参知政事李光，对此特别感到意外，很惊异地说道："余尧弼所作所为与本来愿望相反，他不是一个任意行事、随心所欲之人，实在难以理解。"

绍兴十二年（1142），调通判邵武军，也未赴。乃改监都进奏院，掌章奏、诏令及各种文书的投递、承转等差事，余尧弼开始踏进了京城之路。

从政和二年到绍兴十二年，这三十年间，余尧弼大部分时间始终徘徊在低层官职之中，虽然对这种游宦生涯有不同的看法，但出仕后，能以德化民，实行惠政，做利国利民之事，使民众各安生计，秩序井然稳定，实属难得。他在任上不畏艰苦，兢兢业业的态度，赢得了同僚信任和上司赏识。也正是这种长期的基层生活，为他再次出仕端明殿学士、签书枢密院事、参政知事

---

① 《四库全书》史部，地理类，总志之属，明一统志，卷五十一。
② 《广信府志》，亦见《江西通志》，卷八十五。

积累了丰富宝贵的从政经验。

二、履职御史 位高权重

从绍兴十五年（1145）被重新起用，到绍兴十七年，是余尧弼进入朝廷，职务逐渐升迁的准备阶段。

绍兴十五年，他兼任殿试考官。这一年，朱熹在余尧弼主考殿试时，中第五甲九十名进士，朱熹从而入仕为官。

绍兴十七年除监察御史。这是余尧弼受知于宋高宗的开始，他的辉煌官场岁月就此拉开序幕。这年四月，他又擢升为殿中侍御史兼崇政殿说书；绍兴十八年，进守侍御史，九月，除试御史中丞兼侍讲。他成为朝廷监察系统的最高行政长官，进入中央为皇帝讲授经典。

进入御史台，余尧弼沐浴于浩荡皇恩，自然心存感激，频添出报效朝廷的动力。身在御史台，余尧弼也深知，做好监察百官的工作，是整饬朝纲、清明政治的重要环节，任重道远，责任在身。

御史台是朝廷行政监察司法机关之一，负责纠察弹劾官员，肃正纲纪。宋神宗时，又恢复大理寺与刑部复核的职权。御史台除有监察权外还享有对官员犯法的审判权，故宋代审判权主要由大理寺、刑部、御史台共同行使。御史官的职掌是"纠察官邪，肃正纲纪。大事见廷辨，小事则奏弹"。御史中丞则为御史台的最高长官。

在御史台为官期间，他认真执行御史官的职责，敢于直言，不畏权势，不管是朝中大臣，还是皇亲国戚，都能秉公执法，敢触权贵。大小案件严格把关，认真梳理，正无不言，深得高宗皇上的赞赏和信任。在办案过程中，他既要肃正纲纪，听从皇上旨意安排，又要惩奸除恶，还得顾及宰相的意图，往往案件非常复杂。这期间，他的工作力度很大，做了大量工作，《建炎以来系年要录》有记载。

如此一大批官员，上至参知政事，下及六部尚书、侍郎、州县长官，均被弹劾而罢。如果都是贪鄙之官，那当然是大快人心的事。但事情恐怕并不那么简单，其间深层的政治斗争，都隐没在冠冕堂皇的理由之中。且秦桧作为宰辅，干扰作用也极大。本文未能对《建炎以来系年要录》所载全部内容详加考证，姑就其中韦渊、郑刚中、洪皓等几个案例作些分析。

韦渊是宋徽宗的妃子韦贤妃的弟弟，靖康末，官至拱卫大夫、忠州防御使。金人退，张邦昌曾派遣韦渊持书遗康王于济南。康王即位，迁亲卫大夫、宁州观察使、知东上阁门事，韦渊性暴横，不循法度，高宗虑其有过，难于行法，遂迁福建路副总管。引疾丐祠，许之。久之，除德庆军节度使。召赴行在，除开府仪同三司。那时正逢建康军帅边顺病危，留守吕颐浩奏请以韦渊代，高宗不愿以后戚管军，不许。且许久都不安排韦渊官职，后闻韦太后将入境，乃封渊平乐郡王，令逆于境上。既从后归，即令致仕。太后朝景灵宫，渊见太后，出言诋毁，高宗乃诏侍御史余尧弼即其家鞫治。

这是一场朝廷与后戚之间的斗争，余尧弼按照高宗的旨意，对韦渊诋毁诬罔之罪进行了认真的勘查落实，责授韦渊宁远军节度副使，交袁州安置，韦渊伏罪。从历史上看，后戚擅权，都会给国家带来灾难。余尧弼审理的结果，符合国家政治发展的需要。

郑刚中（1088—1154）是南宋高宗朝著名的抗战派人物，登绍兴进士甲科。累官四川宣抚副使，治蜀颇有方略，威震境内。初，刚中曾受到秦桧的推荐，后桧怒其在蜀专擅，罢责桂阳军居住。再责濠州团练副使，复州安置；再徙封州而卒。桧死，追谥忠愍。

时金兵入侵，秦桧独揽朝政，恣意陷害忠良，卖国求荣，对金力主和议。而刚中力陈和议之弊，不因秦桧荐举而附和。绍兴十一年（1141），岳飞被杀，和议成，王伦携金使来议和。枢密院编修胡铨因上疏请斩王伦、秦桧之首以谢天下，铨祸在旦夕。刚中极力营救，由此得罪秦桧。而高宗却欣赏其胆识，擢为宗正少卿，旋改秘书少卿，川陕宣谕使。绍兴十二年，迁川陕宣抚副使兼营田。绍兴十四年（1144），充陕西分画地界使，他奉命到陕西与金使划定疆界事。坚持原则，据理力争，面折金使，维护了南宋朝廷利益。

蜀中乃富庶之地，秦桧令献金3万两并加派赋税，遭到刚中拒绝。秦桧怒其在蜀专擅，不听命，便令侍御史汪勃奏置四川财赋总领官，以赵不弃为之，不再隶宣抚司。赵不弃送牒至宣抚司，刚中怒，由是嫌隙加深。赵不弃又暗中搜集刚中材料报告秦桧。于是，秦桧对郑刚中的迫害开始升级。绍兴十七年（1147）九月，秦桧命御史汪勃、余尧弼等人吹毛索疵，对刚中猛加弹劾，列出所谓"妄用官钱""奢僭""贪婪""天资凶险""网罗死党"等罪状。是年十二月，又使余尧弼继续弹劾他，"为臣不忠""贿赂溢于私帑""暴敛困民""密遣爪牙""窥伺朝政"等罪行，刚中由是被免职，提举江州太平兴国宫，桂阳监居住。

余尧弼对郑刚中的弹劾，实际上是朝廷中议和派对抗战派排挤打击的系列内容，也是秦桧擅权的案例之一。从这个案例可见，抗战派对议和派的抵制，是事件发生的根本原因，余尧弼并没有站在抗战派人物这一边。对于余尧弼与秦桧的关系，历史上并没有多少记载，但《宋史》中明显地是将余置于秦同一营垒的。其论秦桧有云："桧两据相位，凡十九年，劫制君父，包藏祸心，倡和误国，忘雠败伦。一时忠臣良将，诛锄略尽。其顽钝无耻者，率为桧用。……凡论人章疏，皆桧自操，以授言者。"①又论其对官员的提拔，"率拔之冗散，遽跻政地。既共政，则拱默而已。又多自言官，听桧弹击，辄以政府报之。由中丞、谏议而陞者，凡有十二人。然甫入即出，或一阅月，或半年即罢去。"（同上）这里有两句话值得注意，一是说"凡论人章疏，皆桧自操，以授言者"，也就是说，凡被弹劾之人，都出自桧意，而交代谏官操办。那么，郑刚中被弹劾，应不属余尧弼的本意，而是秦桧的指令。二是说被提拔的官员多从御史中丞、谏议大夫来，"凡有十二人"中，余尧弼也是从御史中丞提上来的。

再看看弹劾洪皓一例。洪皓（1088—1155），江西鄱阳人，二十七岁中进士，据载，他在殿试时，左丞相王黼、宁远军节度使朱勔，见洪皓器宇轩昂、仪表堂堂、文才超群、答辩如流、绝非常人。欲招为女婿。而洪皓侦知王、朱两人都是奸臣蔡京的党羽，就坚决回绝了。他在南宋任礼部尚书时，出使金国，被扣留在荒漠十五年，坚贞不屈，艰苦备尝，全节而归，被誉为第二个苏武。

洪皓南归后，直言不讳，提出了许多与秦桧相左的意见，表明了他的抗战派立场。朝议国政时，又发表了与秦桧对立的观点，引起了秦桧的忌恨。打击也接踵而来。他多次遭弹劾，被迫离开朝廷，到饶州做地方官。绍兴十七年五月，洪皓从饶州卸任后回家闲居，新任的饶州知州王洋及左奉议郎陈之渊添差通判前往拜访，而王陈二人与右承议郎通判州事李勤有积怨，李

---

① 《宋史》卷四百七十三。

勤诣幸秦桧，遂告皓有欺世飞语，谓王洋、之渊皆与闻之。于是，殿中侍御史余尧弼即奏皓"造为不根之言，簧鼓众听，几以动摇国是，望窜遐裔。洋、之渊亦乞真之典宪"①，由是，高宗下诏，罢王洋、陈之渊之官职，而责授洪皓濠州团练副使，英州安置。

不仅如此，洪皓的儿子左奉议郎洪适，通判台州，与守臣曾惇不相能。殿中侍御史余尧弼上书论洪适"奸险强暴，得自家传"。适也被罢绌。②

余尧弼对洪皓、洪适的弹劾，除了秦桧的指使外，有没有自己的想法，我们不得而知。他说洪皓"造为不根之言"，其实，正是他本身的真实写照。

根据《建炎以来系年要录》资料记载，宗正少卿兼权兵部侍郎赵子厚、大理少卿张柄、大理正周赞、干办诸军审计司章服、左奉议郎洪适、右朝散郎通判曾恬、右朝散郎主管官诰院陈大方、右朝请大夫两浙东路提点刑狱公事林师说、太常博士骆庭芝、敷文阁直学士知建康府晁谦之、左奉议郎新知江州吴秉信、尚书礼部侍郎周执羔、右司员外郎权中书舍人吴桌、刑部尚书兼权吏部尚书周三畏等大臣官员都经余尧弼上书弹劾，皇上下诏罢免了他们的官职。

三、周旋政坛 登极而退

宋绍兴十九年，金完颜亮杀金熙宗自立，改元天德。

绍兴二十年（1150），宋以端明殿学士、签书枢密院事余尧弼参知政事，进入中央最高决策层。三月，朝廷派遣参知政事余尧弼为贺金登位使，镇东军承宣使知合门事郑藻为副使，庆贺金主即位。下旬，到达北方，余尧弼一行不卑不亢，有理有节，进止详华，专对有体，金主敬畏。完颜亮召见使者，取出徽宗的玉带，使持以赐帝，并且说"此天水郡王故物，今以赐汝主，俾汝主如见其父。并谕汝主，当不忘朕意也"。③ 关于余尧弼使金，《通鉴续编》有稍不同的记载："俞尧弼如金贺即位也，及还，金主以太上皇帝玉带附遗于

---

① 《四库全书》史部，编年类，建炎以来系年要录，卷一百五十六。
② 《四库全书》史部，编年类，宋史全文，卷二十一下。
③ 史部，编年类，《建炎以来系年要录》，卷一百六十三。

帝。其秘书郎张仲轲曰：此希世之宝也。金主曰：江南之地，他日当为我有，此置之外府耳。仲轲由是知金主有南侵之意耳。"①按此载，金主完颜亮南侵之意已明。若余尧弼早将此意报知皇上，有十年的准备时间，如勾践之卧薪尝胆，又何尝会有后日之仓促？只可惜史料中没有明确的记载。当然，有秦桧在朝，高宗也不会听，任何措施也都无法实行。

不仅如此，秦桧始终未曾松懈对大臣的掌控，包括对余尧弼。绍兴二十一年（1151），十一月，秦桧经常因病告假，政事堂里往往只剩下余尧弼一个大臣，在讨论政事时，宋高宗询问一些机密大事，余尧弼有所顾忌，没有完全一一回答。秦桧病愈入政事堂，高宗说："余尧弼既然已经参与决策大计，朝廷的事情也应该让他知道。"秦桧听后非常不高兴，回去后就问余尧弼，前几天皇帝所谈的是什么事情，余尧弼如实禀告。秦桧令人在公文上伪造了余尧弼的签字，又假意责备说："你既然已经签字了，怎么能说不知道呢，这不是故意出卖我！"并且毫不理会余的辩解。

余尧弼当时已69岁高龄，既不满秦桧的专权弄权，又无力改变秦桧的屈膝投降做法，早已萌生退隐之心，于是，乃以年事已高为由，上奏递交了辞呈。

然而，秦桧的打击也随之而来，右谏议大夫章厦、殿中侍御史林大鼎以余尧弼"倾邪贪鄙，交通三衙，结诸州将。朝廷有大议论，则闵默无言。请贬之，以清政府"等罪名参奏，请罢免其官职，以清政府。尧弼亦奏乞祠，于是高宗皇上下诏除资政殿学士，提举江州太平兴国宫，不久，再论落职。②

"再论"之事发生在第二年夏四月，殿中侍御史林大鼎，再次上书，言上饶知县吴芑迎合屈从余尧弼，强行买卖老百姓田地之事。余尧弼当时以左中大夫闲居在家，而秦桧的打击犹未停止。秦桧献上吴芑的奏章，对高宗皇上说：听说状告余尧弼之事，已经报奏御史台部，可以把吴芑罢免，而后交由监察本路监司彻底查处。高宗说："县令的不法行为，我们并没办法了解清楚，朕已知会言官，就按已经知道的弹劾吧。"③可以看出，高宗的话，有效中止了秦桧的继续迫害。

① 《四库全书》史部，编年类，《通鉴续编》，卷十七。
② 《宋宰辅编年录》卷十六
③ 史部，编年类，《建炎以来系年要录》，卷一百六十三。

四、识高千古 归隐林下

余尧弼退居林下十六年，关门闭户，隔绝官场往来，隐身田园，与世无争，潜心典学幽静的生活，甘心寂寞的淡趣闲情，宁愿寄情山水之中，平淡中追寻本我的情怀。

退居后，根据朝廷当时的规定保留了官职俸禄，为余尧弼以后的闲居生活提供了保障。他不自以原来为官的显贵身份为荣自居，混席渔樵之间，与百姓为伍，专课子孙，侍奉高堂老母。并且专门开辟一隅房室，种植培育各种菊花、世间名草，养植奇松翠竹，以示明志，颐养天年。有生之年潜心典学，即使生有病疾也坚持看书，赋诗如常。"有先人之蔽庐护在，吾老矣，杖藜三经为松菊主人，顾不乐哉！乃开一室，种花植竹，窗户幽闃，环列群书，朝夕徜徉其间，倏然有忘世意。"①

余尧弼的大量文稿、诗文已佚失，虽不能全貌详尽领略，但根据史料及同僚们的赞赏诗文中可见一斑，许多爱国忧民、彰显气节的篇章，都是在那一时期写下的，他的爱国之心，恋故土之情，为世人所敬仰，从同僚好友的诗词文章中也能感受到余尧弼的为官之道，处世哲学，文韬武略之才。

余氏祠堂现存五块挂匾，八对楹联，多为追溯余氏的显赫历史或家族内德才兼备者的事迹，更多的是对始祖余尧弼及后辈功绩的颂扬。通过这些传世匾联和赞誉，可见证曾经那一段风起云涌的历史。

大理寺少卿李奎赞："学识超诣，器宇充隆，发轫民社，位陟显融。荐贤用能，举错惟公。锦衣故里，三经菊松。乐于恬退，君子之风。"②高度概括了余尧弼一生为官处事，隐退林下的风范。

南京礼部主事、南京太朴少卿夏尚朴题有横匾"识高千古"，现存余氏祠堂。并留有一首敬仰之作：

> 瓜瓞绵绵百世隆，吉人遗泽浩难穷。
>
> 岂无谠议匡秦桧，曾向词林识悔翁。

---

① 宋余时言《菊庄公墓志铭》见《余氏宗谱》卷之首。
② 宋余时言《菊庄公墓志铭》见《余氏宗谱》卷之首。

隐约丹青留剑佩，辉煌纶淳见勋庸。

千年翁仲荒烟外，犹有祥云覆閟官。①

诗之第三句"说议"是指正直美善的议论。作者相信，余尧弼不会没有正直美善的议论进言秦桧，他曾在茫茫人海中擢拔选择了朱熹，成就了一位伟大的思想家。

明代状元出身的内阁首辅费宏也有亲笔题匾："学识超诣"。费宏的母亲余夫人即系余尧弼的后人。母以子贵，费宏富贵后，余夫人屡被荣封诰命。②

余尧弼的诗文作品今已无存，只能从《宋史》《宋史全文》和一些其他人撰写的文史资料中得窥片爪，有二首署名的诗留存至今：

谱同窦氏五枝房，毓秀于今庆愈长。

籍籍家声敦孝义，绵绵宦谱正蕃昌。

墓前松柏千寻拱，庭下芝兰一样香。

况有伯兄新擢桂，扬名均愿继余光。

蓬莱仙和韵

枝叶葱葱折众房，源深流派与天长。

积仁积德报蟠盛，延世延年裔炽昌。

家塾竞修文学博，黉宫早折桂枝香。

簪缨济济王多士，驷马如林思族光。

上述二诗，见于上泸《余氏宗谱》，但从内容看，该二诗说到家声、宦谱，新擢桂、簪缨济济之类的话，似是家族后人缅怀先祖的作品。而不像是余尧弼自己的作品。

乾道元年（1165），宋孝宗即位，下诏余尧弼恢复端明殿学士，同时复职者还有数人。当时余尧弼已高龄八十二岁，但仍神观闾爽，耳目聪明，步履

① 见《余氏宗谱》卷之首（凡例）第十四页。
② 费正忠编撰《费宏年谱》，线装书局2011年版，第十二页。

强健，日观书外，潜心内典。这一年的十月，忽然得了淋疾，医治二年无效，于乾道三年（1167）元月，奄然而逝，终年八十五岁。

乾道三年（1167），奉敕钦差户部侍郎李郡守，百户张琪，率同广、饶、抚、建四府委官，营办丧事，棺葬上饶四十七都永乐乡源溪里①（今上饶县黄沙岭乡源溪村）。

余尧弼娶妻李氏，诰封文安郡夫人，卒于绍兴二十年（1150）。一子余舜陟，右通直郎，新差干办，行在粮料院。

明宣德六年（1432），十一月，坟墓被盗贼发棺，见余尧弼形容如生，须眉手足如故，皆惊奇不已不敢冒犯。

（作者简介：祝红星，上饶市灵山文化研究会会长，江西省女子
散曲社社长）

---

① 《余氏宗谱》卷之一，《菊庄公事实附考》第二页。

娄谅与他的家族

汲　军

　　信之望族有娄氏，其先居上饶沙溪，后迁郡城，世居水南街娄家巷。有娄师德，唐高宗时官为殿中侍御史，武后时为左金吾将军。屡御边事，因功拜同凤阁鸾台平章事，成为位高权重的宰相。唐宣宗时，入三十七位功臣之列，图其画像，高挂于凌烟阁内。至明而有娄谅，为著名理学家。其孙女娄素珍，嫁予南昌宁藩宸濠为正妻，称娄妃。宸濠谋逆，劝谏不从，投水而死。清蒋士铨为作《一片石》《第二碑》以颂之。

一、娄氏家族的历史

　　至今，上饶信州区沙溪镇毛阁村娄氏后裔还保存着一本珍贵的嘉庆十八年（1812）所修《杏坂娄氏宗谱》，里面记载着娄氏源流谱系。据《谯国娄氏发派总叙》所载，先秦时有东楼、西楼二公，子孙以楼为姓。至东楼公七世后，裔孙娄岑去木为娄，始为今姓。娄氏代有杰出人才：如束公为宋大夫；有昭公为秦大夫；盘公为楚大夫。汉初，娄氏有敬公，于汉高祖五年建议刘邦入关中而有功，被赐国姓，为刘敬，后封关内侯。

　　东汉时，三十五世娄范公任会稽太守，见会稽山水俱佳，风俗淳朴，于是定居于此地宦塘。被奉为宗脉一世始迁祖。晋末，第十世娄侨任汴州尹，定居于郑州原武县贵胄里望族乡。唐初娄彦升任河南节度使，唐高宗曾赐赠"庆余堂"。第十四世娄曜任信州上饶尉，有善政，人民戴德，乃定居于州内北街。其子娄璜择居于州东四十里坎石（今信州区沙溪镇毛阁村）。娄璜生娄师德、娄师道二子，两人名重一时。

宋代娄氏登进士第而仕宦于各地者有：娄璨、娄瑾、娄瑜、娄寅、娄宗华、娄宗茂、娄宗祺、娄祚。为娄氏家族的辉煌时期。

明代娄氏有三十九世著名理学家娄谅、与其弟娄谦，第四十世有娄性、娄忱，兄弟二人都有建树。而娄性之女娄素珍也青史留名。

二、先祖娄师德

娄师德（630—699），字宗仁。《旧唐书》《新唐书》都有传。《旧唐书列传第四十三》载：娄师德，郑州原武人也。（这大概是因晋末时第十世娄侨任汴州尹，曾定居于郑州原武县贵胄里望族乡，故承其祖而为郡望。）实际上，他出生在信州沙溪坎石，中进士后从信州走向京城。《新唐书》卷一百八均有列传，《资治通鉴》卷二百二、卷二百三、卷二百五、卷二百六均记载有他的事迹。

显庆初年，娄师德二十岁就擢进士第，被授于江都尉。当时扬州的长史卢承业很欣赏他的才能，曾对他说："你是能担任辅助国家之大任的人，我希望以子孙相托于你，怎么可以平常的官属礼节对待你啊？"果然到上元初年，娄师德就升迁为监察御史。

仪凤三年（678），当时吐蕃进犯边塞，唐高宗征讨吐蕃，并在河南、河北招募猛士以讨伐之。娄师德虽是文臣，却上表请为猛士，还头戴红抹额前去应募。高宗大悦，初授任他为朝散大夫，随军西讨出征。同年九月，洮河道行军大总管李敬玄率领唐军征吐蕃，刘审礼率少量唐军为前锋与吐蕃大军交战，而李敬玄不去救援，刘审礼战死沙场。李敬玄率十几万唐军的主力返回鄯州。娄师德奉高宗的命令收集逃散的将士，军队又振作起来。唐高宗又命令娄师德出使吐蕃。娄师德与吐蕃将领会于赤岭（今青海日月山）。娄师德宣扬唐朝威信，陈述利害，使吐蕃既敬畏又心悦诚服。

永淳元年（682），吐蕃入侵河源军（今青海西宁）。娄师德率军在白水涧（今青海湟源南）迎战，八战八捷。唐高宗认为他文武全才，便任命他为兵部员外郎、左骁卫郎将、河源军经略副使。因有战功，又升迁为殿中侍御史，兼河源军司马，并负责管理屯田备战。屯田是件艰苦的事情，既要垦荒种粮，又要训练兵马，备战备荒、亦兵亦民。天授元年（690），娄师德升任左金吾将军、检校丰州都督，仍旧主持官吏屯田事务。因青海天气寒冷，他身穿皮袄，亲自率领士卒开垦荒田，储积粮食数百万，使得边军军粮充足，不再受粮草转运之苦，受到武则天的嘉奖。武则天特颁诏书慰劳他说："卿一向忠诚勤恳，又有军事谋略，因此我把军事要地托付于你，把军队交与你。自从卿任职于北方边陲，总司军任，往返灵、夏之地，检校屯田，收成增多，粮食堆积如山，既免去了籴粮的费用，也消除了转输粮食的艰难，两军和北镇兵数年都能得到供给。卿勤劳之诚心，越来越显著，现予以嘉尚，我感到十分欣悦。"娄师德得到了武则天皇帝的重视与重用。

长寿元年（692），娄师德被召回朝中，担任夏官侍郎、判尚书事，次年又拜同凤阁鸾台平章事，成为位高权重的宰相。延载元年（694），武则天又对娄师德说："军队在边疆，必须依赖经营屯田，公不可因辛劳而畏缩。要继续担任检校屯田事务。"于是又任命他为河源、积石、怀远军及河、兰、鄯、廓州检校营田大使。后又改封秋官尚书、原武县男。

万岁通天元年（696），娄师德被任命为左肃政台御史大夫、肃边道行军副总管，与夏官尚书王孝杰一同征讨吐蕃。三月，唐军在洮州抵抗吐蕃，战于素罗汗山，被吐蕃大将论钦陵击败，王孝杰被削官为民，娄师德则贬为原州员外司马。

神功元年（697），娄师德升任凤阁侍郎、同凤阁鸾台平章事，第二次担任宰相。不久，娄师德被任命为清边道副大总管，攻打契丹，后与河内王武懿宗、狄仁杰一同安抚河北各州。九月，娄师德改任纳言，进封谯县子。圣历元年（698），娄师德充任陇右诸军大使，主持河西屯田事务。

圣历二年（699），突厥入侵，娄师德出任检校并州长史、天兵军大总管。九月，娄师德在会州（今甘肃靖远）病逝，终年七十岁，朝廷追赠凉州都督，谥号"贞"。

娄师德得到唐朝历代皇帝的尊重。建中元年（780），娄师德与房玄龄、杜如晦等三十七人被唐德宗定为宰臣上等。大中二年（848），唐宣宗将三十七位功臣的画像挂在凌烟阁内，其中就有"纳言娄师德"。

开初，狄仁杰未入相时，娄师德曾向武则天推荐他，等狄仁杰当上宰相，反而数次排挤娄师德，甚至还令娄师德担任外使。武则天就将娄师德旧时所上的举荐奏章出示给狄仁杰，狄仁杰看后十分惭愧，对人说："娄公盛德，我为娄公所宽待如此之久，才知道自己不及娄公远矣。"娄师德涉猎广泛，心胸宽广，喜怒不形于色。他戍边屯田在边地要塞前后达三十年，处理事务恭敬勤勉，孜孜不倦。他虽然担任参知政事，但心存敬畏，行事谨慎，最终能以功名卓著善始善终，很被有见识的人所敬重。

史书记载：娄师德身长八尺，方口博唇，嘴巴大且嘴唇厚实。他深沉有度量。有人得罪自己时，谦逊待之而不动容。他右足跛，不能快步走，曾与李昭德同行。李嫌他走得慢，就取笑他说："你是种田佬啊。"娄师德笑而答曰："我不是种田佬，还有谁是种田佬？"娄师德的弟弟娄师道出任代州刺史，来府邸辞行，娄师德说："我是宰相，你任州牧，我们家太过荣宠，会招人嫉妒"，教育弟弟要有忍耐之性。娄师道说："知道了，如果有人朝自己脸上唾吐沫，自己默默地擦掉就行了。"娄师德说："不行。如果擦掉了，还是冒犯了他，他的怒气不会消除。你应该让唾沫不擦自干。"这就是著名的"唾面自干"成语的由来。

娄师德体谅属官，不苛责人，并与属下同甘苦。如他巡视并州时，在驿馆与属下一同吃饭。他发现自己吃的是精细的白米，而属下吃的却是粗糙的黑米，便责备驿长道："你为什么用两种米来待客？"驿长惶恐地道："一时没那么多精米，只好给您的属下吃粗食，死罪。"娄师德道："是我们来的太仓促，导致你来不及准备。"然后自己与属下同食，也换成粗粮。娄师德到灵州时，在驿馆吃完饭，他手下的判官抱怨说自己连水都没喝上，根本没人答理自己。娄师德便把驿长叫来，责问道："判官与纳言有何区别，你竟敢不理他，拿板子来。"驿长连忙叩头请罪，娄师德说："我本想打你一顿，但我这个大使打你这个小小的驿长，传出去对我名声不好。要告诉你的上司吧，你小命又难保。算了，我饶了你。"驿长磕头感恩，狼狈而去。娄师德又对判官说，"我也替你出气了。"

娄师德巡察屯田，部下随从人员已先起程，他因有足疾，便坐在光政门外的横木上等人牵马来。这时，有一个县令不知他的身份，自我介绍一番后，便与他一同坐在横木上。县令手下看见，连忙告诉县令："这是宣达帝命的纳言大人。"县令大惊,口称死罪。娄师德道:"你因为不认识我才和我同坐,法律没规定这也是死罪。"

《娄氏宗谱》中,记载有宋璟的《唐娄师德公像赞》曰:"体胖如田舍之翁,气壮如垂天之虹;吐面自干量如沧海之纳百川,敌国献俘威如雷霆之震八垓。圣鉴其贤,才资其荐,噫嘻吁,不知包容多少贤愚。"宋璟也是唐代名臣,累官至御史台中丞,为武则天所器重,睿宗时任宰相,能革除前弊,任用贤才。他对娄师德的评价十分中肯。政治家史学家《旧唐书》的监修者刘昫评价娄师德:"应召而慷慨,勇也;荐仁杰而入用,忠也;不使仁杰知之,公也;营田赡军,智也;恭勤接下,和也;参知政事,功名有卒,是人之难也,又何愧于将相乎!"凡此种种,所以在当时酷吏残鸷,人多不免之际,娄师德独能以功名始终。

娄师德是上饶娄氏家族的先祖,一直得到娄氏后裔的崇敬,也一直是娄氏家族的骄傲。他的品德与为人一直是娄氏后人的典范。

三、明代理学家娄谅

娄谅(1422—1491),字克贞,别号一斋,明代著名理学家。江西广信上饶人。根据《娄氏宗谱》记载:娄谅的祖父庠生娄德华,赠御史。祖母黄氏;父亲娄思显,赠文林郎,河南道监察御史。娶杨氏、郑氏。娄谅弟兄三人:娄谦(为杨氏所生)、娄谅、娄谦(为郑氏所生)。

据夏尚朴所作《娄一斋先生行实》记载:娄谅幼有异质,少年时代便有志于圣学,到处求师,但发现许多学问家却都忙着教授场屋之学,就是为科举入仕而准备的考试之学,而非修身养性的"心身之学",就是让自己成为圣贤的学问。所以他非常失望。后来他听说在抚州崇仁乡居的吴与弼(字傅,号康斋),是教授真正的"心身之学"者,而且弟子从游者甚众。康斋之学,完全遵从二程朱熹之道,以敬义夹持,诚明两进为主,认为人应当整束自己的身心,使其莹净,注重"静时涵养,动时省察"的修身教育,并以"存天理去人欲"为念。其学术流传较广,弟子众多,形成当时有名的"崇仁学派"。娄谅便从上饶赶往崇仁,入吴与弼门下为弟子。娄谅初到崇仁,康斋一见他的气象就高兴地说:"学者须带性气。老夫聪明性紧,贤友也聪明性紧。"觉得自己与娄谅性情相近而投缘。娄谅虽然得到康斋的夸奖,但对于学问之道依然不知从何做起。娄谅本是一个豪迈之士,不屑于日常琐碎的事务。康斋早就看出他的心思,认为"格物致知"是程朱理学最为重视的问学之道,要"格物致知"就不能不亲治细务,躬行践履。于是,有一天康斋与门人共耕作于田亩之中,就召娄谅前去观看,康斋边锄地边对娄谅说:"学者须亲细务",要亲自耕作。娄谅是个"聪明性紧"的人,当即便觉悟了。日后在吴与弼的馆舍里,凡洒扫庭除之事,必亲自去做,从不使唤童仆。吴与弼看在眼里,喜在心头,以为孺子可教也。后来,娄谅成为康斋的入室弟子,凡康斋不于语门人的学问,却毫无保留全部传授给了娄谅。

在崇仁学习了几年,娄谅因病回到上饶的家中。康斋因经常去江、浙两地,要途经上饶,于是娄谅与康斋就有了会面的机会,可以"亲炙教诲"。这期间,康斋多有诗文见赠,并亲自为《娄氏家谱》作序。1453年,31岁的娄谅经过乡试,中了举人。根据娄谅同学胡居仁的记载,就在这一年的冬天,他们共同的老师康斋又一次路过上饶,曾登上娄谅的读书处,欣然题写了阁名:"芸阁"。乡举之后,娄谅认为自己为学尚有不足,所以不急于出仕,继续修学于上饶的家中,中间还不停地往来于崇仁的师门,这样又过了十余年。

后来在父兄的强行要求下,他终于在1463年决定去南京参加进士考试。可是到了浙江衢州正要登船赴临安时,忽遇逆风。船是开不动了,他也就飘然西归,又回到了上饶。家里人对之非常惊讶和生气。娄谅却安慰道:"我这次应试,非但不能考中,反会遭遇奇祸,为防万一,我便中途暂了回来。"正当家里人将信将疑之际,果然从南京传来消息,这次春闱因考场失火,考生被烧死者不可胜数。通过这个事件,大家都佩服他的神见,而娄谅自己却认为这是他钻研理学,静久而明的结果。

第二年,即明英宗天顺甲申年(1464)娄谅43岁再去应试,终登乙榜。朝廷随即派他任成都府学训导,他携妻儿赴任。行前他想带一部朱子语类上路,但当时书肆没有刻本可购。他便想起恩师康斋的族中原有古刻一部,因此急忙派遣家人携白金一斤前往求购,但没有得到。他便设法将书借到上饶,请书法好的人抄了一部,在去四川的舟中一路翻阅,并感叹道:"吾道尽在此矣!"后来他在成都的任上只待了2个月,即谢病南归。

回到上饶的家中以后,娄谅依然足不出户,和弟弟娄谦(号莲塘)整日以读书讲学为事。从这时候开始,"芸阁"逐渐成为他们教授学生的重要场所,由此娄谅的知名度在上饶也越来越高,上饶的各任郡守也都知道他贤德的声望,对他很是尊敬,并往往偕幕僚来看望他。而娄谅对郡守们却从不回谒,只是当郡守们初至上饶上任或解任离开上饶时,出于礼貌,他才会亲往拜会,如此而已。

娄谅的学术以"主敬穷理"为主。即以"收心、放心"为居敬之门,以"何思何虑,勿助勿忘"为居敬之要。这一点是直接继承了朱熹的学术思想。娄谅非常注重礼仪,他每天早起,一定是深衣幅巾的装束,先拜家祠,然后出御厅事,接受家人及诸生的揖拜,当时氛围是"内外肃然,凛若朝廷"。即使达官贵人前来造访,他们也必须整饬襟裾而入,一点也不能够马虎。余暇之际,娄谅即翻阅群书,遇到至言格论,契合于心者,便吟讽不已,定要全部用朱笔圈点。这样读书常常至深夜,方才入内寝,不尝有顷刻的懈怠。他曾说过孔子佩象环是取中虚之义,因此他也置一象环佩带着,日不去身,表示中虚无我。他在芸阁讲学的时候,常常是议论慷慨,善发人智,听者忘倦。还有一些有志于道者,常常登门拜访,请教各种问题,至于终日不忍离去。

娄谅虽退老于上饶家中,然爱君忧国却很诚切。每读邸报,见朝廷行一善政,用一善人,则喜形于色;若事有不公,且影响到朝廷的政治清明,则忧形于色,决不亚于立身于朝,目击其弊。娄谅以子贵受封于家,当听闻明宪宗驾崩消息时,闻之而恸,朝夕哭临,垂涕不已。对于地方政治,他也非常关心,遇到郡邑政令有不便于百姓的时候,他一定要向官府提出意见并极力制止,即使得罪士大夫也在所不顾,所以有些官员"有不善政,唯恐先生知之"。若遇到旱潦蝗虫等自然灾害,娄谅则忧叹不已,并常常替民向苍天祈祷。娄谅以正风俗为己任,如果发现乡邻迎神、搬戏、划船及建斋醮之类的活动,他一定要站出来加以禁止。娄谅这些行为都是出自他"爱人之诚"的观念,所以时间长了,大家都信服他,"虽仇家也无怨言"。他的学生夏尚朴形容他的音容笑貌:"气象岩岩",大家都以为是当地灵山降神所致。

明孝宗弘治二年(1489),娄谅年六十八,王阳明年十八。这年的冬天,王阳明因送新婚的夫人诸氏从南昌归浙江余姚,舟至广信,慕名拜谒娄谅,并从之问学。娄谅授之以宋儒格物之学，谓"圣人必可学而至"。王阳明深契之，因此始慕圣学。黄宗羲《明儒学案》说"姚江之学，先生（娄谅）为发端也"。所谓"姚江之学"，就是王阳明后来所发展出的心学，意即王阳明的心学是从娄谅的理学开始发端的。

明弘治四年（1491）夏季，忽闻灵山白云峰崩落数十丈，娄谅叹曰："吾殆死矣！"于是紧急召弟子前来，并命门人蔡登查阅周敦颐、程颢去世的日期，说："元公（周敦颐）、纯公（程颢）皆暑月而卒，我有何遗憾。"当年的农历五月二十七日，娄谅逝世于上饶的家中，享年七十。门人私谥文肃先生。娄谅逝世的时候，正属盛暑，忽然阴凉数日，飒然如秋天，等到殡事已毕，又日出如故。他逝世后，友人张东白为其作墓志铭云："灵峰信之主山，哲人之萎，岂偶然哉！"人们都以为这现象不是偶然巧合，这是"天人感应"。后娄谅被入乡贤祠，得到信州文人百姓的祭祀。

当时广信府学的教授龙游余元默先生在祭文中写道："先生以刚毅之质，受康斋之门，明正学、迪正道，为世鸿儒，非惟门生子姓恪遵其教，凡有官于此土者，亦皆有所惮而不敢为恶，是谓诚大有功于名教也。"这样的评论切实中肯。

娄谅本有著作《日录》四十卷，《三礼订讹》四十卷，《诸儒附会》十三篇，《春秋本意》十二篇。因宁王之祸，遗文散失。门人夏尚朴在《娄一斋先生行实》的结尾说，他曾借《日录》数册抄录于宁王祸以前，故《日录》幸存其家，但现在也未存。

娄谅的胞弟娄谦，字克让，号莲塘。成化丙戌年（1466）进士，曾任河南道监察御史，督南畿陕西学政，升四川布政使，后因病卒于官。娄谦奉行"躬行实践"的教育理念，也被列名宦乡贤祠，信州为他建有进士坊与大方伯坊。

四、其子娄性、娄忱

娄谅娶俞氏，诰赠孺人，生子二：娄性、娄忱。

娄性，生卒年不详，字元善，成化十三年（1477）丁酉科乡试，明成化十七年（1481）辛丑科进士。历任南京吏部考功郎、南京太仆寺卿，官至兵部职方司郎中。据传曾被举荐为协助治理水患，他以疏通水流的方式平息水患，被百姓传颂为因他的诚信打动河伯，河伯折服而息风浪。娄性还主持过白鹿洞书院、鹅湖书院。他承续家学，遵从父亲娄谅遗愿，仿《贞观政要》编著《皇明政要》二十卷。娄性育有两女：长女娄素珍，嫁宁王宸濠为正妃。次女嫁铅山翰林院编修、礼部尚书费寀为妻。

娄忱，字诚善，号冰溪。据娄谅门人夏尚朴的《明冰溪公纪略》《冰溪娄先生墓志铭》与徐楷《冰溪娄先生祠记》记载：娄忱"幼有奇质，落笔惊人，作文不询时好。"这种独立傲世的精神是秉承其父娄谅的性格。所以"连不得志"。在宏治年间才以岁贡生的身份授予浙江归安县学训导，不久就弃官而归。据《明冰溪公纪略》记载：因"忧其兄所为，托疾不下楼者十年，自号'病阁'。户部侍郎邵公二泉先生呼为'楼上先生'，其兄死作《下楼歌》以讽之"。而且他气节高尚，当他的侄女婿宁王宸濠母亲去世，他"不受宸濠衰服之命，独以吊服从事，且力陈古义却之"。衰服是服丧时披麻戴孝的最高的丧仪，而吊服只要求官员在官服上作点缀表示哀悼。为此得罪了宁王，"几为宸濠捶死，赖都宪王阳明救解得免"。从此事也可见得冰溪先生的铮铮傲骨。

尽管如此，当宁王战败，他依旧受到牵连，作为宁王妃的家族而被逮系下狱。开初，众人皆惧祸而不敢近前，只有娄忱的女婿太学生上泸余锭奉父亲之命不避艰险周旋其间。后来娄忱被押送臬司，余锭又派人悄悄跟随其后，给医药食物，让娄忱安然如在家中。可惜后来娄忱还是因病辞世，安葬于上泸。当朝廷议论被宁王牵连的牢狱之事时，有大臣在看案卷奏牍时，看到了冰溪先生的名字，就对大家说："这就是楼上先生啊，往昔曾不受宸濠的衰服之命，岂有跟随逆贼之意？"于是大臣们都想见见楼上先生，可惜先生已经去世。后来无辜的娄氏皆得到宽宥释放。娄忱饱读经史，从游者甚众，徐楷《冰溪娄先生祠记》说："绍父一斋先生薪传，宗朱子学，往来师门者多杰士。"夏尚朴在墓志铭的铭文中写道："有山苍苍，有水洋洋，是谓陈克斋（陈文蔚：朱子弟子）之乡，公死有知，当挟杖屦与之徜徉。"

五、孙女娄素珍

娄妃素珍（？—1519）是娄性的长女，嫁于明太祖朱元璋五世孙，宁王宸濠为正妃。娄素珍从小受到家庭的儒学教育，并且德才兼备，诗文俱佳。但她留下的诗作不多。有一首《七绝》："平明并马出芳郊，带得诗来马上敲。着意寻春春不见，东风吹上海棠梢"，记载了她与宸濠并马出游寻春的情景，可见夫妇恩爱，两情融洽。可宁王宸濠是一位野心家，一心想篡夺皇位。娄妃就屡次进行劝阻，一次宸濠得一幅《夫妻采樵图》，与娄妃一同欣赏。图上是一位樵夫，妻子跟随其后，樵夫回头若与妻子相语。娄妃就在图上题了一首诗："妇语夫兮夫转听，采樵须知担头轻。昨宵雨过苍苔滑，莫向苍苔险处行。"意思劝阻宸濠不要冒险。但是宸濠未能听。后来宸濠起兵谋反，她写过一首《送别》："金鸡未报五更晓，宝马先嘶十里风。欲借三杯壮行色，酒家犹在梦魂中。"暗讽宸濠梦魂未醒。宸濠叛乱被巡抚南赣都御史王守仁平定，宸濠被擒。娄妃听到消息后将自己周身用布帛包裹并用针线密密缝上，以防江鱼侵袭，投水而自殉。临死前，她留下一首《西江绝笔》："画虎屠龙叹旧图，血书才了凤眼枯。迄今十丈鄱湖水，流尽当年泪点无。"宸濠被擒后槛车北上，他对槛车官泣道："昔纣用妇人言亡天下，我以不用妇人言亡其国，今悔恨何及！"宸濠对王阳明说："娄妃贤妃也，至始事至今苦谏未纳，适投水而死。"在狱中，每饭都要另设餐具唤娄妃同食，他感叹道："（我）负此贤妇也。"

娄妃的尸体并未顺江水而下，而是倒流至南昌德胜门外河边。后被渔夫

清乾隆修建的娄妃墓

打捞上来，看到周身棉绳密缝，知道是娄妃，于是厚葬之。王阳明为了表彰娄妃的义烈和贤德，在赣江南岸修筑了娄妃墓，不少文人墨客也于此题诗留念。如明代上饶人、湖广参政郑毅写道："道义传心有定论，贤妃原是一斋孙。"清代诗人张凤翯路过娄妃梳妆台，也曾赋七律一首，其中说："青丝莫挽奸雄气，红粉终留激烈身。替想幽魂谁比洁，菱花镜里大江滨。"

清代上饶的著名戏剧家蒋士铨，得知娄妃墓在南昌城德胜门外隆兴观侧，已荒芜不堪，便请求江西布政使彭家屏为娄妃修墓。蒋士铨在他的戏曲《藏园九种曲》中写娄妃的就有《一片石》与《第二碑》。《一片石》中娄妃以神女形象出现，说她死后被天帝封为"灵慈英烈贞妃"。后又创作了《采樵图》，也是娄妃谏劝宁王的故事，汇编于《红雪楼十二种填词》中。

娄妃的妹妹嫁于铅山费寀，费寀的族兄是明朝状元，内阁首辅费宏。费家虽然与宸濠是亲戚，但费宏忠于朝廷，识破宁王野心，一直对抗宁王。费宏在内阁反对宁王添增护卫，增加军事力量。后遭宁王及死党陷害，费宏费寀都辞官回到铅山。宁王甚至以挖毁费家祖坟、杀害费家亲属等卑劣的手段报复费家。当宸濠谋反时，费寀曾有《上王公伯安议擒宁书》给王阳明，其中写道："公明屡降吉谕，父老子弟闻者，莫不感涕泣。人人坚殉国之心，此贼以奄奄泉下人矣。又何所虑。若先定洪州以覆其巢穴；扼上游以遏其归路；守要害以虑其穷奔，则以贼虽衄于前就死江中，决不敢捕归以冀延喘之命，而成功更速矣。贼势虽蹙，防贼当周之九二是也。"建议王阳明攻打洪州南昌，捣毁宸濠巢穴，控制上游，让宸濠没有归路，守住要害，防止逃遁。后来王阳明果然以此战略获得胜利。在《娄氏宗谱》里有一篇《明皇姑费夫人娄氏记略》中记载："及濠叛时，妃妹劝寀间道走赣州上书王守仁。……（费夫人）不顾姨戚，大义灭亲，时人谓妃之贤因死而益彰，妃妹之贤因妃而益彰，实因祖一斋之贤而益彰。"

正因为娄氏一族代代相承的中国儒家传统，正因为娄谅的理学学养与家教，使得娄氏一门忠烈故事源远流长，彪炳青史。

现在上饶水南街有娄家巷，有"理学旧地"，而在沙溪的毛阁村有娄氏宗祠，都是娄氏家族故事与精神的见证。

（作者简介：汲军，上饶师范学院教授）

明代大学士郑以伟

张 昊

引 言

明代立国二百余年，中央集权高度集中，开国诸帝励精图治，有"治隆唐宋""远迈汉唐"之称，中期帝王怠政，因"土木堡之变"而国势急下，晚明诸帝则骄奢淫逸，以致数十年不上朝，导致了宦官专权和党争，表面看似平静，但浮华的清漪下，必然沉积着腐朽的淤泥。然而在这厚厚的淤泥之中，却从来不乏出淤泥而不染的莲花。对那些身居高位却仍坚守"清廉"二字的大臣来说，食君之禄，为君分忧，他们渴望君主贤明，从谏如流。而明代末年隆庆、万历、天启年间，贪官污吏横行天下，官员以敛财为能事，而信州人郑以伟，就身处在这样政治黑暗的时代，他曾官拜礼部尚书，入阁为内阁大学士，身居一品，却清贫一生，他敢于上疏"批龙鳞"并与阉党及权奸作斗争，始终保持自己清廉慎独的品格。《明史》虽记载了他入阁票拟时的疏漏，然而他却是学识渊博、饱读诗书，在文学上也取得了很高成就的文人。

一、清廉为官

郑以伟（1570—1633），字子器，上饶（今信州区沙溪）人。万历二十九年进士。改庶吉士，授检讨，累迁少詹事。泰昌元年，官礼部右侍郎。天启元年，光宗祔庙，当祧宪宗，太常少卿洪文衡以睿宗不当入庙，请祧奉玉芝宫，以伟不可而止，论者卒是文衡。寻以左侍郎协理詹事府。[1]

郑以伟于万历二十九年中进士，后成为翰林院庶吉士，授检讨，参与修订国史，不数年，迁至詹事府中任少詹事，泰昌元年便官拜礼部右侍郎，可谓青云直上。但他在朝中却能保持清醒的头脑，在官拜礼部右侍郎的一年后，便与太常寺少卿洪文衡就"睿宗"入祀太庙的问题产生了不同意见。天启元年，光宗的牌位入祀太庙，理应迁移宪宗的牌位到远祖庙，而洪文衡认为睿宗入庙不符合礼法，不应该进入太庙，提请把睿宗的牌位移至玉芝宫供奉。睿宗并没有当过皇帝，是嘉靖皇帝以亲王入继大统而把其生父亲上尊号为"睿宗"，所以睿宗牌位移奉玉芝宫朝中大臣也有许多人赞同，但这个问题是明代著名事件"大礼议"的延续，然而郑以伟还是坚持己见，主张从嘉靖初年之议，以免再次重新"礼议"，卷入不必要的纷争而稳定朝局，从此足以看出这是郑以伟持重务实、识大体的一面。

"（天启）四年，以伟直讲筵，与珰忤，上疏告归。"[2]《明史》虽没有明言，此"珰"即为魏忠贤。当时的魏忠贤任司礼秉笔太监，极受宠信，被称为"九千九百岁"，排除异己，专断国政，以致人们"只知有忠贤，而不知有皇上"。面对党羽如林，权势熏天的魏忠贤，郑以伟绝不屈从，可见他虽知道自己所"忤"是谁，并且不为此为悔，宁愿上疏辞官也不愿与阉党同朝。这样的清流，在明代末年是极为罕见的，遂在阉党倒台之后，崇祯皇帝召原官，复礼部尚书，不久与徐光启入阁并相，拜东阁大学士。[3]

后世评价郑以伟的为官："舆不衣帛，马不食粟。盖棺之日，囊无余赀。"[4]这十六个字，这样的评价在晚明是极为罕见的。若是明初，明太祖知辨毁誉，励直言，驭胥吏；明成祖扬慎刑罚，禁诬民，革贪欲；明仁宗宣崇宽恕，明宣宗晓广言路，皇帝们个个励精图治，廉政之风由中央直至地方。但在明末的国势已经是强弩之末，君臣相疑，烽烟四起。朝中部分官员也意识到了大厦将倾，或是党同伐异，排除异己，纷争不断；或只念自家性命与财产而惶惶不可终日；或是明哲保身，敷衍塞责，遇见什么问题便从众而为；要么就是对形势估计过分悲观，颓废托病不朝，风声鹤唳、草木皆兵；或自暴自弃的，加倍地纵情玩乐，声色犬马。但郑以伟却在这样的政治环境下做到为官清廉。崇祯六年夏，因积劳成疾，卒于任上，崇祯皇帝亲往吊唁，称他"辅政勤劳，服官慎恪"，赠太子太保，赐谥号"文恪"，"恪"即恭敬，谨慎，褒奖他一生恪尽职守。并遣宦官王德化扶灵柩归里。郑以伟为官三十九载，一身正气，两袖清风，清明如信江水。

二、文学成就

以伟修洁自好，书过目不忘，文章奥博，而票拟非其所长。谥文贞尝曰："吾富于万卷，窘于数行，乃为后进所藐。"章疏中有"何况"二字，误以为人名也，拟旨提问，帝驳改始悟。自是词臣为帝轻，遂有馆员须历推知之谕，而阁臣不专用翰林矣。[5]

虽然郑以伟在票拟时出过这样的疏漏，所以自号"笨庵"以自嘲，然而他在文学方面却取得了很高的成就，由于他的著作流传极为罕见，以至于今人很少能读到他的诗文，在细读他的文集之前，可以先看看他的几首史评诗：

读三国志

刘备不下山，孙权不出水。二雄若兽鱼，黄胤遂虎视。

地大即称尊，谁悟天王旨？世无朱考亭，陈寿乃良史。

（《天启崇祯两朝遗诗》卷五）[6]

舟中读华阳国志

百万军中刺将时，不如一剑斩妖姬。

何缘更恋俘来妇？陈寿常璩志总私。

上客非龙则凤雏，前歌后舞入成都。

曹瞒自是称如鬼，米道何缘不作奴？

（志载关壮穆请于曹操，求纳秦宜禄。《三国志》载张鲁曰："宁为曹公奴，不为刘备客。"）

（《天启崇祯两朝遗诗》卷五）[7]

这两首是对三国历史作出评价的史评诗，言辞犀利，视角独特，内涵深厚。《读三国志》以寥寥数语就将三国之形势道出，"地大即称尊，谁悟天王旨？"表现了他对离乱世事的悲叹，也表现出明末大厦将倾的担忧。而在《舟中读华阳国志》中慷慨激昂，指责陈寿和常璩对关羽的形象存有私怨和偏见，对武圣关羽的形象捍卫不吐不快，他是借此诗表达希望皇帝能任用能臣良将

策菴喻起乙巳秋至今日凡十季道塗
而應友休澣時爲多中間奉諱歸多憂
于輪筆悅讀樂撫悢以閔氏子之琴歠
辛亥再壯上然後成幀而順遭之變乎
勝異矢語既不工啳亦不報此点策之
致也右詩品不一陶之淡泊範之高逸
瘦各郡雅流暢以不策爲奇金質性木
強弩問朴閭常僻之一口之乾吹之不
無尖利可喜是橋兩片又酷炒詩鉀爲梅
寞策人也是橋兩片又酷炒詩鉀爲梅
名篇固宜旁回縈陽以諸生詠策語也以策
鼻歌謝太傳洛下諸生詠策武侯卷策

策豈易言乎鄭子曰此紫陽所以許武
侯也韶英本于土鼓鼚車始于木輅椎
以策爲質紫陽右曰武侯有禮樂之質
耳非兩口論詩也是爲策菴傳自敍

灵山藏二十二卷自序

而保江山社稷之危，这与当时明代内有农民起义，外有外族入侵是分不开的。可见郑以伟以史讽今，忧国忧民之心，这也许是他的诗文集在后朝遭禁毁的原因。

郑以伟一生，著有《灵山藏》《怀玉藏》《明府藏》《山上山》等集。最著名之作，是为《灵山藏》，但屡遭清朝禁毁，传本极罕，公藏机构只有北京大学图书馆藏有明刊孤本，近年《四库禁毁丛书》影印出版才得以行世。郑以伟在文集序中自嘲曰："暇抽箧中诗余，半是充饯赠人事，或临小景，文情凡陋，音韵多舛，似棘喉涩吻，姑不忍吐弃。"[8] 实乃过谦之辞。近人赵尊岳称赞他道："诤臣风骨，禁苑词林，所作自可珍秘也。"[9]

《灵山藏》以上饶县内灵山为名。此山又名灵鹫山，有七十二峰，是道家三十三福地。郑以伟诗云："灵山七十二，面面生奇峰。如琢亦如削，或开玉芙蓉。"可见他对家乡灵山的眷恋。《灵山藏》之中，不乏对灵山的种种赞叹之声，如《灵山乐代家大人》中形容灵山"果然三十三福地，家家击鼓椎牛酒。"《怀玉藏》也同样，由怀玉山而起，作为一个信州沙溪人，他对家乡的喜爱之情寄于山水之间，在上疏辞官的几年间，他远离政治的倾轧，居于灵山之麓，文思泉涌，一水一诗，一山一集，创作了数量可观的佳作。而于信州，便可以《信风五章》而以通达：

信风五章并引

信风也，信何以风，以上于饶，名饶而实瘠也。陶谷清异录，临川上饶之民，以新智创醒骨纱，纯丝蕉骨相兼捻织。夏月衣之，轻凉适体，号大清氅；又为四模肉衫子，呼小太清。又上饶葛溪，铁糖而工细，剪刀交股屈环，遇物如风，上有凿字，曰二仪刀，今皆无之。庐陵周密癸辛杂志，明堂所用郁畅三十斤，取之信州，味毒徒为文具。在宋如此，今资亦无，民间不闻采种。本草空青，出饶信，怡瞳神效然。越隽蔚兰皆有，信市者多赝物，岂古有今无，土亦有迁德乎？唐人谓饶土风贫薄。信哉！且信有封禁山，原为盗薮，幸列朝闭之，而摊其赋于民。万历间，有倡开采之说者，信酿金为木价，幸神宗免开，此世世安也。然实山诸候国，亦衢处诸候国也。负饶名而有瘠，实所自来矣。因成五章，非敢拟曹侩也，用告司牧。诗曰：

日小太清，其轻如雾，今手多拙，织止粝布，伤彼不丝，裁我襦裤。裁我襦裤兮，耐以掩露。

日二仪刀，如风斯刈，今煅不工，犀弗剪菜，伤彼不精，铸我犁来。铸我犁耒兮，耐以塞啄。

日惟郁畅，可以合酒，今土未种，何以充卣。伤彼不材，种我松柳。种我松柳兮，耐以薪镏。

日惟空青，可以愈育，今鬻多赝，何以奏功。伤彼不情，采我蕨稽。采我蕨稽兮，耐以度荒。

宁赋有摊山之土，毋俾薮奸，宁术有价城之民，毋俾寇残，愿世世闭，永不我刊。永不我刊兮，虽瘠且安。[10]

信何以风，以上于饶。信风二字，将上饶的风土人情及数百年历史尽收于内，同时在文中对于信州人的贫而有信，瘠而有德之风而大为称赞。可见其风骨，受家乡民风影响甚重，对家乡的眷恋之情，由此作可见一斑。

郑以伟的诗朴实而无华，以律诗及古风见长，有咏史、写物、歌山、颂水、赠友、抒怀之什，借古喻今，善于用典，显然受到宋诗"江西诗派"的影响。词则宗稼轩，有磅礴之气，于有明一代亦可与诸家相拮抗。其诗词写家山水极富感染力，为信州的山山水水增色不少。

三、清白传家

人随身死，精神永存。郑以伟对子孙后世的期望也可从其家训中得知。

父母宜孝顺也，父母爱子无所不至，而子事父母当如之何？必和气以承之，必愉色以将之，必昏定晨省问寝亲膳以事之，蔗于父母之恩报于万壹也，王中书劝孝歌有云，父母昊天地，罔极难报，复为人子者可不勉诸。

兄弟宜友恭也，兄以友爱待弟，弟以恭敬事兄，则恩义浃洽，外侮自不至矣，切勿听妇言乖骨肉怀小忿伤手足也。

嫁娶宜择配也，娶亲求淑女，勿计厚奁，嫁女择佳婿，勿索重聘，此嫁娶之要道也，倘与恶极之家皂耨之后，结婚合族必以大义责之，使彼自悔可也。

交友宜胜己也，友也者，有善相劝、有过相规，固有相资之益。孔子曰：与善人交如入芝兰之室，久而不闻其香；与恶人交如入鲍鱼之肆，久而不闻其臭，交善而化于善，交恶而化于恶，有不自知也，可不慎耶。

诗书宜诵读也，大而注书立说，而为千古之儒宗，次而建功立业而为壹代之名人，下而为型仁讲义而为一乡之善士，此诗书有裨于人者厚也。朱晦庵曰：子孙虽愚，诗书不可不读，此之谓也。

宗族宜和睦也，房虽有亲疎，而溯其源皆自一，本宜出入相友，守望相助，疾病相扶持，不可恃强凌弱、恃富吞贫，以伤祖宗之血脉，如有蹈此等情曰，诸族长重惩不恕也。

居家宜勤俭也，勤则衣食自足、俭则费用自裕，虽曰富贵在天，而人事尽天事从之，倘有怠惰之子、滥用之伦，重惩严责断不恕也。

子弟宜早教也，子弟之气质如枝条，然小而楺之，曲者可使之直，直者可使曲，凡物改于初时则易改，于日久则难苟，于幼时其教孝悌、训其忠信、督其谨慎，未尝稍纵其性情，及长而有不肖者，未之有也。

郑以伟之家训虽寥寥数百字，看似都为孝顺父母，友爱兄弟，家人和睦，耕读传家之言。但从中可看出旁征博引，别出心裁。他对婚娶非常开明，教育后代轻视彩礼嫁妆，对"恶极之家皂隶之后"竟也不排斥，只是婚后合族责之，使其悔改；关于交友则引用孔子之词，加以自己之见解，告诫后人"交善而化于善，交恶而化于恶，有不自知也"；作为身居一品的大学士，郑以伟对读书显然十分看重，告诫子孙"诗书不可不读"；其清廉为官，家规中自然有强调勤俭、忠信之品格。郑以伟之家规虽远去三百余年，但即使在当代很多内容精神也是值得我们借鉴的。

郑以伟之一生为官虽然处于晚明内忧外患的国势，但作为一个廉能的大臣，敢于独抒己见，坚持原则，勇于和黑暗势力作斗争，终难支大厦之将倾，但他做到了"鞠躬尽瘁，死而后已"；作为一个清官，他衣不衣帛，马不食粟，盖棺之日，囊无余赀；作为一个文人，他寄情于山水之间，挥毫于江舟之上。这位信州沙溪的大学士，无论为官为文都是信州人的骄傲。

参考文献

[1]、[2]、[5] 廷玉等撰：《明史》，二百五十一卷·列传一百三十九。

[3] 孙克强，岳淑珍编著：《金元明人词话》，南开大学出版社2012年版，615页。

[4] 张廷玉等撰：《明史本传》。

[6]、[7] 朱一玄，刘毓忱编著：《三国演义资料汇编》，百花文艺出版社1983年版，第606页。

[8] 明郑以伟撰：《灵山藏集》，明刊本。

[9] 马兴荣，吴熊和，曹济平主编：《明词汇总》，中国词学大辞典，浙江教育出版社1996年版，第65页。

[10] 上饶县县志编纂委员会编：《上饶县志》，中共中央党校出版社1993年版，第575页。

（作者简介：张昊，上饶市博物馆馆员）

黄道周广信抗清及殉节考

双子力

黄道周像

黄道周，祖籍福建莆田，为唐朝桂州刺史黄岸三十世孙、北宋枢密黄中庸二十一世孙、南宋潭州知府黄丰的十八世孙。明万历十三年（1585）二月初九（3月9日），生于福建铜山所，明天启二年（1622）进士，历官数载。清兵南下之际，在信州组织义军八千余人，奋死抗战；历数月，陷敌重围。终因寡不敌众，为徽州守将张天禄所俘。拒绝清将多次劝降，于顺治三年（1646）三月五日，从容赴刑场。裂衿咬指血书："纲常万古，节义千秋；天地知我，家人无忧。"即慷慨就义。

有明一代，士林风气以英宗朝为界，前承二程洛学、朱熹闽学之余绪，居敬集义、克己复礼，实有"无真儒，天下贸贸焉莫知所之，人欲肆而天理灭矣"之忧患精神与"先生生千四百年之后得不传之学于遗经，志将以斯道觉斯民"之觉悟担当。土木堡之变而后，武勋卓著的英国公张辅战殁殉国，朝野文臣、武胄、宦官之谐乃坏一柱，崇祯朝宦官失势，文臣终得揽大权于一身，庙堂之上党争渐烈，江湖之远心学大起，流弊所及，士无行谊，士风遂坏，人心趋诈，民风乃颓！

黄道周草书雨滞诗

于此"闹哄哄你方唱罢我登场"之衰世，独漳州黄道周横空出世，如孤鸿卓立，矢志以一己之力振衰起敝，匡清世道，其学养之厚、志节之高、操行之洁、事功之烈，诚如生平挚友徐弘祖所言："至人唯一石斋。其字画为馆阁第一，文章为国朝第一，人品为海宇第一，其学问直接周孔，为古今第一。"明亡，黄道周率众抗清，鏖战信州，殉节金陵，杀身成仁，为万世范！黄道周"知其不可而为之""虽千万人吾往矣"之英迈气概，与其光风霁月、磊落倜傥之生平学养经历自密不可分，兹由其早年求学、中年为官、晚年抗清生涯着手，浮光掠影，管中窥豹，且做拨云见日之探。

一、少年意气强不羁，虎胁插翼白日飞

黄道周祖籍福建莆田文赋里双牌铺（今莆田山牌村），为唐朝桂州刺史黄岸三十世孙、北宋枢密黄中庸二十一世孙、南宋潭州知府黄丰的十八世孙。家学渊源，自不待言。明万历十三年（1585）二月初九（3月9日），道周生于福建铜山所，其母陈氏通经史大义，举公之夕，梦有金甲斧神人拥异儿至，所为别字"螭若"亦以是也。史著于卓异人士之出生其描述往往夹杂符瑞灾异，无非昭示了对于源远流长、博大精深的传统文化之传承与发扬者的崇拜思想，西学所谓集体无意识是也。唯道周本人亦对其异于常人的不凡出身深信不疑，"天将降大任于斯人"之"大事因缘"自幼既已萌芽，或可为其"虽九死其犹未悔"之崇高品格作一注脚。

　　道周少年早慧，博学多识。五岁入私塾，即以"圣人只教人以读书，有子何教人以孝悌？圣人只教人以老实，曾子何教人以省事"之疑令先生哑口无对。其博学则与其被乡里女子视为"壶师"的贤母之启智开蒙，与不拘一格的兄长黄道琛之循循善诱有莫大关系，据《庄谱》言，其八岁时即已从伯兄讲业凡数年，"自经传子籍，旁及诗赋、声律、铅汞、阴阳之学，十岁作古文词，若有神授"。《明史》本传称其"学贯古今"，黄宗羲更是盛赞其学"如武库无所不备"，亦可窥见其学问之汪洋恣肆。

　　值得玩味的是，黄道周少时于道家之学颇下心力，除深研与道家文化渊源颇深的《易》学之外，于有"小道藏"之称的《云笈七签》等道教类典籍亦汲汲以求，青壮年之游历经历更多与寻仙访道相关，年方弱冠即与灵通山结缘，复为后世尊为灵通七贤之首，可兹佐鉴。唯仙道缥缈，既读圣贤书，习举子业，儒家修齐治平之学自沁骨入髓，而超然物外终非其天命所归，加之时局动荡，神宗朝之风雨飘摇、内忧外患，叫青年黄道周忧心不已，于时事得失，往往慷慨指画，每每有贾生流涕之意而不能自禁！《洪谱》载其十九岁时即献时事策以干藩臬，唯不用而去，次年更欲效仿程颐十八岁上书阙下之举赴大理寺上书，虽未成行其拳拳赤子之心实可堪世表！

二、仗义直言骨耿介，犯颜直谏心赤诚

　　明天启二年（1622），38岁的黄道周考中进士，寻以成绩卓异选为庶吉士，自此涉足仕途。天启四年（1624）庶吉士散馆，授黄道周翰林院编修，参与国史编纂，并充经筵展书官。时值阉党掌朝，虐焰方炽。道周因不愿奉书"必膝行前"，触怒魏阉，于天启五年（1625）四月，被迫离京归里。明崇祯二年（1629），魏忠贤既除，黄道周官复原职，于次年四月抵京。同年，袁崇焕案追责，原大学士钱龙锡亦牵连论死。事发，举朝无敢出一言者。唯黄道周"中夜草疏，排闼叩阍"，冒死申救故相钱龙锡，寻被降秩三级，期间礼科诸臣落井下石，屡次疏参道周典浙江乡试"千敲万挝"事。黄道周见无容身之地，连上三疏乞休。并于崇祯五年（1632）正月获准离京，临行之际道周仍以国事为念，先上《放门陈事疏》，自忖精参易学，"以天道为准，以诗、春

秋推其运候，上下载籍二千四百年，考其治乱，百不失一"①，内中乃出"治朝著者以督责为要谈，治边疆者以姑息为上策。序仁义道德，则以为不经。谈刀笔簿书，则以为知务。片言可折，则藤葛终年；一语相违，则株连四起。使陛下长驾远驭之意，积渐而入科条之中""在陛下以大君之哲，可制小人而有余；在小人以干命之才，可中大君所不觉"诸大不敬语，崇祯帝阅毕即下旨曰："本内葛藤株连，所指何事？目今师中堪用的知有何人？通着黄道周明切奏来"，字里行间，怒意勃而未发而已！奈何道周捧读感泣，复上《放门回奏疏》，痛陈时弊，直言"以利禄养士，则所养者必市利之臣；以棰楚驱人，则就驱者必驽骀之骨。今诸臣之才具心术，陛下备知之矣。知其为小人，而又以小人骄之，则小人之焰益张。知其为君子，而又以小人参之，则君子之功不立"，力劝崇祯帝远拒奸佞，重用贤能，抵御外侮，终触惹逆鳞以"滥举""逞意"罪名被削职为民。

官场落魄之余，黄道周据"君子无终食之间违仁，造次必于是，颠沛必于是"之旨，于崇祯六年（1633）至八年（1635）应漳州推官曹惟才之邀，在漳州紫阳学堂开坛讲学，累得《榕坛问业》十八卷，以"千古圣贤学问，只是致知，此知字只是知止，此止字只是至善"为古今第一本义，调和朱陆之学，力倡学问与德性并重，纠时人空谈心性、将经史子集束之高阁，以至于"进士而不知《史记》"之咄咄异事间或发生之大弊，得崇正斥邪、资治经世之大效。

崇祯九年（1636），黄道周被诏以中允起用。翌年正月入朝，五月升右谕德兼掌司经局，冬迁詹事府少詹事兼翰林院侍读学士。时清兵入辽，道周忧心如焚，上《拟汰冗滥清宿蠹以足军需疏》，以增赋税为饮鸩止渴，力请省刑慎狱，停征兵饷以安民心。只可惜其肺腑之言，终未为急于求治、刻深少恩、见小利而速近功之崇祯帝所采纳。

崇祯十一年（1638），道周复为杨嗣昌以兵部尚书出任首辅事一日连上三疏，更于平台召对，抗辩不屈，以"臣今日不尽言，臣负陛下；陛下今日杀臣，陛下负臣"之大言彻底激怒崇祯帝，斥其"一生学问，止成佞口"立降

---

① 《放门陈事疏》，见《黄漳浦文选卷一》。

六级贬为江西按察司照磨。

崇祯十三年（1640），江西巡抚解学龙循例举荐属官，于黄道周之人品学识倍加赞赏，复为崇祯疑为黄解结党，以"党邪乱正"为名下刑狱，杖责八十。时道周已近花甲，杖疮发作，几不能自恃。狱中致书信于好友曰："古人于仁义烂时自裹血肉，仆于血肉烂时自裹仁义，悠悠命也，谁为之谈！"其坚忍达观，令人慨叹！

三、辞帝壮志凭孤剑，捐躯大义赴国难

崇祯十七年（1644）三月，李自成攻陷北京，崇祯朝覆亡。继尔清军入关，大举南进。福王朱由崧即位南京，建立南明政权，是为弘光朝，晋黄道周为礼部尚书。数月后，清军攻占南京，弘光朝倾覆。翌年，唐王朱聿键即位于福州，改元隆武，晋黄道周为武英殿大学士、吏部尚书兼兵部尚书。隆武帝倚黄道周为"商彝周鼎，廊庙羽仪"，黄道周亦视饱经磨砺、清俭朴素、胸有大志、慨然以恢复天下为己任之隆武帝为一身抱负之所系，为隆武帝裁定庶务，制谋定略，焚膏继晷，君臣二人意气相投，可谓鱼水相得。

唯朝堂之上，平虏侯郑芝龙、定虏侯郑鸿逵兄弟自恃援立之功，骄蹇无礼，拥兵自重，奈何黄道周生平"严冷方刚，不谐流俗"，恪守忠孝大义，更依有明一代右文轻武之习，与二郑直面冲突不断，文武不谐之局在所难免，加之年富力强之隆武帝亦不堪受挟于"以盗贼之智，习海盗无君之俗"的郑芝龙，遂与道周暗商移跸赣南之策，定由道周先行督兵北上以图联络赣、徽、衢义军，为隆武帝之移跸张本。

隆武元年（1645）七月二十二日，隆武帝亲自设宴饯行，道周乃于次日校场誓师，"挟三五秀才"（唯门人蔡春溶、赖继谨、赵士超、毛玉洁等一干子弟兵）督兵出闽慷慨北上，临行留壮吟曰："六十年来事已非，翻翻复复少生机；老臣拼尽一腔血，会看中原万里归。"并效诸葛孔明《出师表》为天讨不可久稽、闭关终无了日、乞先自行边、以申大义。又以鼓众志事，上《前自请行边疏》，引"太祖栉沐于外十有七年，光武藉先世之勳，一呼云集，然犹驰驱四载，不遑宁舍。邓禹以一书生，晨夕帷幄，犹自请麾下分二万人，

持节入关，西走河东，围安邑，再离寒署，经营于外"之事以自励，据"昔邓禹之才，善招怀而短于统御，长筹画而善于应变，然犹所至下车，父老童稚欢欣威悦，是以州郡望风，携负来降，岂必人怀岑彭投刀之诚，众奏司马溢肠之烈哉？"①之实以自壮。疏中审时度势，复出以"臣无大师即不能遽出兰溪，踰余杭，与水师会于龙江，亦当近收信州、衢州"之语以慰圣心。

道周北伐之困窘多厄，其于《谏亲征疏》早有先见之明："臣于饷部实未尝有一毫之饷，于兵部实未尝有子体之兵，于府库未尝有一锥一粒火药器械之助，臣事济则为中外所挠，事不济则为中外所笑"，加以郑芝龙处处掣肘，义军之兵员补充、粮饷提供一无着落，义军内外之交困、情势之危殆可见一斑！幸抗清事业深得民心，道周一路招募志士，于延平募得志士陈雄飞、应士镁等人，至建宁复得志士高万荣、应天祥等人，于漳州得张天维、莆田林尧佐等人先后带领所招募之士卒火线入援。行至延平重镇建阳乃得三千余众忠贞志士，蔚然成军。继而将进军路线一分为三，一路经建阳东北逾仙霞关直抵衢州，二路为经建阳西北经光泽出杉关，抵江西建昌府（府治在今江西南城）；三路经正北出崇安，越分水关，经江西广信府（府治在今江西上饶市），北达徽州（府治在今安徽歙县），复沿钱塘江而下，收复杭州，进逼南京。东北天险阻隔，难以逾越；西北辗转曲折，饷馈艰难。通盘考量之下，黄道周乃率部由正北出崇安捣广信，与金声所部徽州义军遥相呼应。

其时宁国、徽州及天目山地区，清军势力强大，咄咄逼人；徽州守将金声寡不敌众，不得已弃旌德、宁国，回兵徽州，固守待援，黄道周忧心如焚，于乙酉九月之《出师有期据实再陈疏》中言道："一月以来，昼夜卧起，欲出师以会徽州，而徽州米贵三倍往时。林贞诸臣犹娓娓从臣乞援，臣又安能以空拳之卒，从枵腹之群，乞其死力乎？"诚可谓巧妇难为无米之炊也！孤掌难鸣、困守孤城的徽州守将金声终于九月二十一日为弘光朝覆灭时已然降清唯尚未剃发的同乡黄澍所赚，被其以援军名义、举大明旗号引降军入城，内外夹攻之下，城破身陨，慷慨就义。徽州既失，会师无望，即侥幸入浙，而钱塘江沿岸隶属鲁王之明军将帅朱大典、方国安又势同水火、不可调和，难

---

① 《自请行边疏》，《黄漳浦文选》卷二。

黄道周《疏林水屋图》

指协作；水师总兵黄斌卿原已受封，并受命大张旗鼓入杭州湾，与原定沿钱塘江而下之明军形成钳形攻势，临事爽约于舟山群岛逡巡不前，首鼠两端之意一目了然。加以闽地财源乏进，欲兴仁政之隆武帝不得已提高基本税率、预借税款、甚至默许卖官鬻爵以致"倡优厮隶，尽列冠裳"，然犹苦饷之不足。强敌环伺，内讧不断，兵源不足，粮饷武械无着，考其形势，诚可谓步步惊心，危如累卵。

十月一日，义军已抵广信地界，道周初至，见当地居民人怀风鹤，老少逃窜，即出"安民檄"书曰："广信山川苞囿，风俗真醇，自古仁人义士所都，已登三百年升平之盛。今天子建极南服，此即三辅之邦，而士绅惑讹言播迁林莽，甚不察也。昨者，徽州有事，今渐已克复……尔民可尽还安宅，勿使鸿雁四野哀嗷。本阁部上体明主之仁，下爱苍生之命，未尝妄鞭一人，轻挞一士……若有他虞，即本阁部之过，决不敢苟偷朝夕，以误苍生。如有将士不戒，误伤草木，以及知者，悉来教谕，以弭后患。为此晓谕，示众通知。"① 檄文一出，立收成效，信州城内百肆始开，负贩始集，当地豪强闻风而至，信州乡绅御史詹兆恒、主事俞墨华、上饶官生郑大纶、秀才郑祚远携家丁来投，合作二营；又故大司农殉难倪元璐之子倪会鼎、倪

————————
① 《黄漳浦文选》卷三。

会罩及其侄倪会绍率家丁来迎，与金华监生郑守书所募义勇合为二营，加以常山义士吕继望、陆洪基所募一营，一时兵力激增至十七营八千余人，并得广信缙绅捐助二千五百金足支二十日之食。

唯好景不长，正当黄道周立足信州收拾民心、厉兵秣马之际，徽州失守之消息亦已传至，道周即于《四不敢疏》中言道："徽州存则江闽之根蒂不枯，徽州亡则吴越之精神不属也……令徽州之信果真，则臣六十日联络之经营皆尽矣。"徽州之失对其打击之大可见一斑。唯变局既生，黑云压城，道周临危不乱，分兵三路，一出抚州（今江西抚州），一出婺源（今江西婺源），一出休宁（今安徽休宁）。义军首战告捷，大挫清军兵峰，复败叛军张天禄于广信城下。然好景不长，义军之武备操练之不足在重整军势的清军面前暴露无遗，连败于婺源、九都、抚州等地，战局急转直下。黄道周召集残兵退守信州，颇感孤军难救，危疆难支，唐王远在天边鞭长莫及，郑芝龙更是乐得袖手旁观幸灾乐祸，为兵民计，道周乃修书一封试图策反江西提督金声恒，金声恒既已降清并得高官厚禄，策反信函自是泥牛入海。

情势危殆至此，黄道周先于上《续报情形疏》中一表其坚守信州之良苦用心："臣自受命，已蹦百日，无横草之功，亦无寸晷之暇。所西舍抚饶、东辖衢严、进心一力以守信州者，非谓信州可守而守之，谓恐信州之必不可守而守之也。信州不守，则无以守衢州。无以守衢州，则无以守两关。故今之庙谟，无以急于守信州者。臣至迁愚，三月之心血皆尽于信州，自信州内外一二百里无不知臣之心血尽于信州者，而奸人之谲计危谋亦萃于信州矣。"字里行间，虽不乏积愤，然于月间苦心经营、初抵时一派兵燹之余、断壁残垣气象，如今已是鸡犬方集、井然有序之信州闾巷亦生满腔情愫，唯此多难之秋，"与其坐而溃败，无以报朝廷，不如一战决也"。十二月六日，道周集将士乡勇千余人抱"有敌无我，有我无敌"的觉悟，由信州兵出婺源做决死战，二十四日至明堂里，为清军重重包围。终因寡不敌众，为徽州守将张天禄所俘。

清军督师以"得一忠义之人，胜得土地数州"，遣人日夜劝其归降。"六省经略"洪承畴亦亲自出马，以同年、同乡之谊，力劝道周改换门庭，遭其严词拒绝。道周解送至南京后，置生死于度外，日诵《尚书》《周易》，或弈棋、作书。囚中共赋诗三百十一章，取名《石斋逸诗》，再表以死完节之决心。

清顺治三年（明隆武二年，1646年）三月五日，黄道周从容赴刑场："蹈仁不死，履险若夷；有陨自天，舍命不渝"；临刑，老随从跪请留数语给家中，黄道周即裂衿咬指血书："纲常万古，节义千秋；天地知我，家人无忧。"即慷慨就义。

黄道周殉难金陵，"闻者莫不流涕"哀恸；"留都白昼顿为阴晦"。讣讯传闽，隆武帝"震悼罢朝"，特赐谥"忠烈"，赠文明伯，于福州立"闵忠"庙，树"中兴大功"坊；另在漳浦立"报忠"庙，树"中兴荩辅"坊，春秋奠祭。百年后，清乾隆帝为褒扬黄道周忠节，改谥"忠端"；道光四年（1824），旨准黄道周从祀孔庙。

综观黄道周一生，几经沉浮，历尽坎坷，崇祯帝时即"三遭废黜，身经百折，万死复生"。其屡遭贬谪，皆因其处处以济世安民为己任，铁骨铮铮，置个人安危、荣辱于度外。进则力求改良政治，富国强民；退则修心养性，潜心讲学育才，诚如其自言："君子之行，静以修身，俭以养德。非淡泊无以明志，非宁静无以致远。夫学须静也，才须学也。非学无以广才，非志无以成学。淫慢则不能励精，险躁则不能冶性"[1]，毕生行履，俯仰无愧于儒家"用之则行，舍之则藏"之人生境界。清代学者蔡世远于黄道周之生平亦有定评："天文历数，推验无差，几与康节季通相伯仲也，若论列人才，敷陈军国大政，其吕献可、李伯纪之流欤，晚乃自收成局，以文信国终焉。"[2]黄道周受命于危难之际，以一文弱书生，血沃疆场，勇赴国难，"古今完人""万世士表"，实为不刊之论。

（作者简介：双子力，上饶市文献学会理事，文史学者）

① 《懿畜前编·诸葛武侯》
② 《黄道周传》，《二希堂文集》卷六。

【信州职官】

唐代至今庙祀的信州刺史刘太真

吴长庚

上饶西北有灵山，山高1400米，横亘茗洋、湖村、清水、汪村、石人、望仙、郑坊、华坛山等乡镇。石人乡有石人殿，初名胡昭公祠，又名石人庙、石人祠、石人峰祠。以位处灵山石人峰下而得名。唐贞元六年（790），刘太真、李德胜二神入祀后，庙又以神名，称刘将军庙、李真君庙等。千百年来，大庙香火不绝，人们只知道这两位神祇曾保佑乡民，至于他们的生平经历，大多数人都不知道。本文专就刘太真事迹作出介绍和评价。

上饶自唐乾元元年（758）始设信州，至今1200余年，担任信州州官刺史或知府的已有三百多人，期间自不乏名宦循吏，而入于大庙，塑其真身，庙食千古的，却没有几人。刘太真是唐代的信州刺史，也是千年庙食至今的一人。《广信府志》曾评价刘太真："自唐迄今，刺信州者多，独公与李鹰武庙食千古，叠昭灵异褒封，必有其不朽者在。"遗憾的是，清康熙以来所修的《广信府志》，对唐代人物都没有太多的记录，说刘太真"必有其不朽者在"是令人相信的，但他在信州刺史任上的具体业绩却很少有记载。

刘太真（725—792年），字仲适，宣州（今安徽宣城）人，唐德宗贞元五年任信州刺史。《旧唐书》列传、《新唐书》文艺传，均有传。

刘太真，祖籍彭城。永嘉末年，随晋王室士族南迁至金陵，居宣城郡溧水县。他出生于世代簪缨之家，父亲刘若筠虽未入仕途，因其子为显宦，朝廷赠封谏议大夫。其兄刘太冲，比刘太真早一年考中进士，当时兄弟俩接连中举，曾使京城轰动。

刘太真从小受到严格的儒家正统教育，十五岁就开始自觉勤奋读书，二十岁时道德修养、文章才华已为时人称颂，裴度在《刘府君神道碑铭》中这样称道，"公十有五而志于学，弱冠以行义修洁，词藻瑰异，名声藉甚于诸公间。"① 刘太真青年时师事萧颖士。萧颖士"开元二十三年进士，对策第一……名播天下，号萧夫子"，萧一见到刘太真，"便延之座右，以孔门高第不在兹乎？"视刘太真为最得意的门生。曾说"吾尝谓门弟子有尹征之学，刘太真之文，其首选焉"。刘太真在天宝末年前后中进士。那时代举子考中进士并不立即任职，还须经吏部铨选。而刘太真中举后仅十多天，朝廷就征召他为典校秘书。当年夏五月，他告假回乡省视

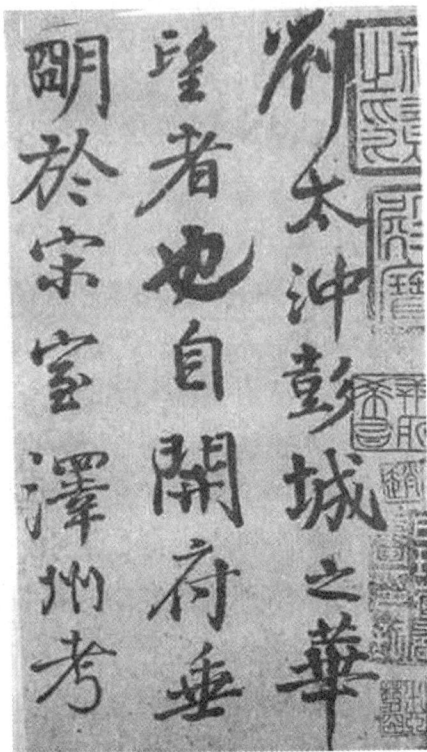

颜真卿书法赞扬刘太真太冲兄弟

父母。不久，"安史之乱"爆发，接着两京失守，玄宗避蜀。直到广德二年（764），大乱平息后，得江淮宣慰使、御史大夫李季卿荐举，刘太真出任左卫兵曹。永泰二年（766）河内副元帅、太尉李光弼，慕名邀请刘太真入幕，任大理评事。刘太真满怀感激，溯淮北上。但他考虑到战乱初平，离家太远，家中父母无人照顾，于是中途归棹，又返回家乡。

刘太真性孝父母，友于兄弟。裴度在《刘府君神道碑》中记载了他的两件事：刘太真的父亲曾经因热疾而生毒疮，医生告诫，手不可触摸，但刘太真竟然用嘴去吮吸脓血。另有一次，他和大哥一道去县城买菜，归来时天将黑，半路上突然遇到几个手持凶器拦路抢劫的强盗，刘太真挺身而前，告诉他们自己叫什么名字，家住哪里，并且说身上所有的东西你任意拿走，只是

---

① 《全唐文》卷五三八。

不要伤害我哥哥。强盗听后大为惊恐，说，我不知道你们是刘家兄弟，非常惭愧，落荒而逃。浙西观察使、御史大夫李栖筠闻知此事，向朝廷举荐他为常熟县令。莅政未久，母亲病故，他哀痛至极，辞官回家为母亲守孝。

约在大历六年（771），浙东观察使、宣州刺史兼御史中丞陈少游请他到宣城任职。陈少游表奏朝廷，授刘太真为监察御史。陈少游既是他的上司，又是他的朋友。因而在宣城任上，刘太真心情愉快，很得倚重，经常陪侍左右，游山玩水，饮酒赋诗。不久，陈少游移镇扬州，刘太真又随陈少游去扬州任节度判官，再升任为侍御史。他为官勤勉，努力报答陈少游的知遇之恩。

大历十四年（779）代宗薨，太子李适即位，为德宗。德宗很有文学才能，史称"天才秀茂，文思雕华""颇负经纶"，像刘太真这样名闻天下的饱学之士颇受青睐。因而即位初，就征拜刘太真为起居郎，后又改尚书司勋员外郎，不久又任他为吏部员外郎，参与对官员的考核。刘太真凭他的学识与才能，很快流誉朝野，裴度称刘太真在吏部任职，"综核品流，练达程式，藏奸立见，析滞如流，名著南宫，望归西掖"。德宗皇帝非常赏识刘太真的才干，又升任他为驾部郎中、知制诰。国家典章、朝廷诏诰，多出于刘太真之手。建中三年（782），又"以称职赐绯鱼袋"，绯鱼袋是唐代四品官员的佩带。刘太真进京三年，四次迁升，从八品郎官到知制诰、佩绯鱼袋，成为四品大员，真可谓扶摇直上。建中四年（783）夏，刘太真升任中书舍人。

这时，朱滔反，田悦、王武俊、李希烈称王，天下大乱，两河用兵，月费百余万缗。泾原节度使饶令言东征过京城，因无犒赏，士兵哗变，拥朱泚为帅，倒戈谋叛，唐德宗只好带着太子、诸王、公主、嫔妃一百多人仓皇出逃。当晚逃到咸阳，又连夜逃到西北小镇奉天（今陕西乾县）。叛军剽劫京城，朱泚自称太尉，住进了含元殿。在西逃的皇帝身边，只有为数不多的扈从官员，而刘太真弃家不顾，一直守在德宗皇帝身边，陪德宗度过了最艰难的日子，所以德宗皇帝日后对刘太真格外信任。兴元元年（784）六月，李晟收复京师。凡扈从皇帝赴奉天的官员及收复京城的将士，朝廷均赐名"奉天定难功臣"。刘太真也在褒奖之列。是年，刘太真转任工部侍郎，赐金紫（金印紫绶，赐给三品以上官员）。

德宗还京，而战乱未平，各地藩镇拥兵自重，争夺不止。连年水旱频仍，飞蝗蔽天，物价腾踊，京城又接连发生地震，经济崩溃，国库空虚。因为朝廷征剿，军费开支浩大，只能拼命搜刮百姓。农村是"征税多门，乡邑凋耗"；京城是"大索京畿富商，刑法严峻"，"京城嚣然，如被盗贼"；天下谣言蜂起，人心不稳。为了收拢人心，朝廷决定选派老成能干的官员充当宣慰使，去各地赈灾安抚，刘太真接受了这项重任。贞元元年（785），刘太真充任河东泽、潞、恒、冀、易、定等道赈给宣慰使，前往河南、河北等地安抚百姓。当年，刘太真又转任刑部侍郎。

刘太真任刑部侍郎两年后，于贞元三年（787）又改任礼部侍郎，执掌天下贡举，主管进士考试，为朝廷选拔人才。这是一个非常荣耀的职务，使刘太真的人生达到辉煌的顶峰，但这也是最招物议、最惹麻烦的差使，它为刘太真的贬谪埋下了祸根。

按《旧唐书》所载，刘太真"掌贡举，宰执姻族，方镇子弟先收擢之"是说他主持科举考试，凡朝中宰相及其亲属、各路藩镇子弟都优先予以录用。这显然是严重的弄权失职。但此事并非偶然，欲明此事，当从两方面分析，一是时代背景，二是性格特征。

在唐德宗朝，宰执炙手可热，藩镇气焰熏天，都是不敢得罪的主。特别是藩镇，德宗皇帝也是一味姑息，不敢得罪。如朔方节度使李怀光，其反状已明，德宗不但不加以制约，反而以"封太尉、赐铁券"去笼络。结果李怀光不领情，将铁券扔到地上，德宗皇帝也不敢发怒，还派翰林学士陆贽去好言劝慰。德宗出逃奉天，李怀光率援军到奉天，败朱泚，却顿兵不进，上表言宰相卢杞罪恶，德宗只好贬卢杞新州司马。由此可见藩镇之横，皇帝尚且如此，一个侍郎又岂敢抗衡。至于宰执，那更是肆行无忌。《唐摭言·误放》记载了一件事，那年考试结束，准备放榜，刘太真先将及第名单送给宰相看。宰相见名单中有一朱姓进士，认为朱泚为逆，立即要刘太真将这个姓朱的换掉。既不问这考生学识如何，也不论与朱泚是何关系，就因他姓朱，便要除名。刘太真大为惊恐，只好换上那个曾经唐突过自己、名叫包谊的人。可见宰相专横到何种程度。

当然，从性格特征而言，刘太真并不是一个刚正不阿的人，《旧唐书》说他"性怯懦诡随"，就包含贬义，意思是说他是一个胆小谨慎、见风使舵的人，这可能比较符合他的性格实际。他没有南史、董狐那样的牺牲精神，更没有包拯、况钟那样的魄力。刘太真长期（前后十年）做藩镇幕僚，又长期（又十年）为皇帝近臣，没有临事决断的机会，助长了唯命是从、看人眼色的性格。让他一个礼部侍郎来杜绝科举考试中那些权贵行私舞弊，是勉为其难的。刘太真愁苦犯难之情，在《贡院寄前主司萧尚书听》诗中是有表现的："独坐贡帏里，愁心芳草生。山公昨夜事，应见此时情。"由此可见，科举的成败擢落，并非掌管贡举的礼部侍郎说了算，掣肘的实在太多！然而录取不公，天下怪罪的事却又只能由掌管贡举的刘太真承担。所以裴度对这件事便作过评论，他说："适值时栋变更，怒不在公而及于公矣。遂因嚣嚣之口，成是贝锦（即谮言）。"刘太真也想"秉公心而排众议，履正道而杜私门"，但在那个年代他做不到。他只能背上"贡院用情"的罪名，离开京城，远赴信州做刺史。

贞元四年（788），是多年灾荒后难得的一个丰收年。秋九月，德宗皇帝于曲江亭大宴群僚，并赋六韵《重阳赐宴诗》，让群臣恭和，德宗皇帝亲自品定优劣。结果，以刘太真、李纾为上等，鲍防、于邵为次等，张濛等三十六人又次之。《旧唐书》称："太真长于诗句，每出一篇，人皆讽诵。"刘太真生前应该写有大量的优美诗篇，但很可惜，这些诗歌大多散佚而不见流传，《馆阁书目》所载仅有文集三十卷存世，这与刘太真身后萧条，无子嗣为之编集梓行有关。

贞元五年（789）三月，刘太真被贬为信州（江西上饶）刺史。他被贬的原因有二，其一即上述"贡院用情"，其二则是"行状遭议"。《旧唐书》载刘"常叙少游勋绩，拟之桓、文，大招物议"，《唐语林》亦有载："刘太真为陈少游行状，比之齐桓、晋文，时议喧腾。后贡院用情，追责前事，贬信州刺史。"

刘太真曾追随陈少游从宣州到扬州，两人交情深厚。兴元元年（784）五月，陈少游调任淮南节度使，当年十一月死在任上。陈少游死后，子孙请刘太真作墓志铭，刘为作《行状》。在这份《行状》中，对陈少游大加颂扬，把他比作春秋五霸之齐桓公与晋文公。这个比方当然是不妥当的，但古人谀墓亦为常情，刘太真出于感恩之私心，写几句吹捧话也无可厚非。何以大招物议呢？这与御史中丞窦参有关。窦参做大理司直时，到江淮一带办案，下榻扬州。作为朝廷钦差，地方官员理应出城迎接。可当时的扬州节度使陈少游骄横惯了，根本不把窦参放在眼里。窦参在扬州遭受冷遇，心生怀恨，当即派人去责备陈少游。陈少游也有些懊悔，赶紧前去拜访，但这时窦参已经离扬回京城。窦、陈恩怨就这样结下了。陈少游坐镇一方时，谁也奈何他不得，德宗为了笼络他，还不断给他加检校司徒、检校司空的头衔。陈少游一死，情况就不同了。偏偏这时陈少游的儿子陈正仪向朝廷提出袭封，窦参知道这个消息，认为报仇的时机到了。便在尚书省大门上大书："陈少游位兼将相之崇，节变艰难之际，君上含垢，愚子何心，辄求袭封。"一时轰动京城。陈正仪吓得赶紧回家。偏偏这时刘太真《行状》传到京城，比陈少游为"齐桓、晋文"之论，很快传遍朝野，议论都集中到刘太真身上。三年后，又发生"贡院用情"之事，所以才"追责前事"，贬官信州。

刘太真在京城已是心力交瘁，所以被贬信州，并不在意。刘太真在信州做了三年刺史，为政易简，苛刑不用，百姓得以休养生息，社会风气大为好转。关于刘太真官信州刺史的宦绩，史多缺载。在清代所编的《广信府志》及《上饶县志》中，只在《祠庙》《杂记》类栏目有记载。如载上饶县西北有石人殿，初名胡昭公祠，又名石人庙，以位处灵山石人峰下而得名。唐贞元六年（790），刘太真、李德胜二神入祀后，庙又以神名，称刘将军庙、李真君庙等。《府志》有一段话说得很好：

> 自唐迄今，刺信州者多，独公与李鹰武庙食千古，叠昭灵异褒封，必有其不朽者在。惜公宦绩仅见郑仲夔《冷赏》，称公典郡时，曾请大义禅师建通津桥。一事不能据以立传，幸嗣举者博访而订证之。[①]

又有载：

> 刘太真，唐时礼部侍郎，天下旱，公以宗伯官奉檄遍行祈祷，至信，谐刺史李德胜往祷于灵峰下……雨立应。因奉敕建祠，祠成，刘先僵化。随报，李刺史诸祠拈香，亦立化。乡人遂塑两遗像祀之。[②]

---

① 《上饶县志》卷六，王恩溥等修，清同治十一年刻本。台北成文出版社影印本。
② 《广信府志》卷二十，孙世昌等纂修，清康熙二十二年刊本。台北成文出版社影印本。

石人殿自唐代至今，历1200多年至今依然香火鼎盛。殿里所祀为汉胡昭、唐刘太真和李德胜（赐封鹰武）三神像。"祠成僵化"之说明显带有传说的成分，不足以信，也不符刘太真逝于余干县馆舍的事实。郑仲夔是明代上饶人，1636年前后在世。崇祯间贡生，从师王退中，工诗文，博览好古，才绝颇高，教书终生，著有《兰畹居清言》十卷，《玉麈新谭》三十四卷，又有《根启》八卷，《冷赏》八卷。上文说刘太真与李德胜能够在信州庙食千古，多次显灵并得到宋明两代的褒封，一定有其堪称不朽的宦绩，此话应当不虚。除祷雨救旱事外，郑仲夔《冷赏》还记载刘太真建通津桥，此事实出自唐韦处厚《大义禅师碑铭》，文中说，德宗贞元间，礼部侍郎刘太真出典信州，通津修梁，以利百姓。而铅山永平河至城北门，水势湍急，桥屡为水败，刘以大义师众望所归，虔请下山为计。师欣然而来，而桥成于不日。后人乃名其桥为大义桥。此桥后经修葺，至今依然屹立。

石人殿

三年后，刘太真病逝于江西余干县（今上饶余干）。唐朝宰相裴度撰写的《刘府君神道碑铭》中说：刘太真"以贞元八年三月八日薨于余干县之旅馆，春秋六十八。……以言归兆域，未叶著龟，权窆于丹阳之别墅。至贞元十八年十月十九日，方以理命葬于宣城郡溧水县方墟之古原。"是说刘太真于唐德宗贞元八年（792）逝世于余干县的旅馆内，享年68岁。原拟归葬家乡，因占卜时间不谐，暂停柩于丹阳别屋，直到十年后，才择吉日归葬。

刘太真没有儿女，由过继的儿子刘讽主丧，将灵柩从余干县运到丹阳。刘讽不久又病故，其子刘祐才四五岁，刘太真的遗孀李氏晚景凄凉，无力归葬刘太真。十年后，贞元十八年（802），刘太真的门生：谏议大夫杜羔、中书舍人裴度、殿中侍御史李修、光禄少卿卢长卿、右司郎中韦乾度、工部郎中李君何、浙东观察团练使李逊、黔中观察经略使李道古、泽州刺史卢顼、嘉州刺史王良士、复州刺史郑群、沔州刺史严公弼、慈州刺史刘元鼎、侍御史田伯、殿中侍御史卢璠、马逢、监察御史冯鲁、杨巨源、栎阳县令麻仲容、蓝田县令崔立之、周至县尉麴澹等人，共同商量谋划，将停丧丹阳别墅的灵柩迁葬到溧水柘塘刘墓村（村因刘太真墓得名，今村名不存），并为恩师树碑立传，碑文由裴度（文宗朝任宰相，封晋国公）撰写。裴度的这篇碑文写得非常好，共同表达了门生对恩师的怀念与哀思，也使刘太真获得了极大的哀荣。

刘太真出身望族名门，少年笃志于学，青年时代即以行义修洁、词藻瑰异，而名声著见于时。可惜天不假以时，在他考中进士，登上仕途时，天下已经大乱。长期屈身藩镇幕僚，又长期为皇帝近臣，固然难以施展抱负，然而机会并非没有，他两掌贡举，自可循章执法，公平公正，为国家选拔人才，而又生性怯懦，逆来顺受，以致"宰执姻族、方镇子弟先收擢之"，示人以柄，有失公允；撰写陈少游行状，措词失当，横遭物议。这些，都堪为后世借鉴。刘太真被贬，离京任信州刺史，应当是人生历程的一次重大转折，《信州府志》《上饶县志》都说"自唐迄今，刺信州者多，独公与李鹰武庙食千古，叠昭灵异褒封，必有其不朽者在。"尽管我们已经无从知晓他在信州的政绩还有多少，"其不朽者"又究竟表现在哪些方面？但群众自发的塑像祭祀，千年之下依然香火鼎盛，最起码表明，他为上饶民众的生存生活是做出过杰出贡献的。

（作者简介：吴长庚，原上饶师范学院教授）

刚直不阿的信州知州王自中

吴彧滔　常　耕

王自中（1140—1199），字道甫（一作道夫），宋绍熙二年（1191）曾任信州（今江西上饶）知州。五代时，其祖先为躲避战乱，由福建迁居浙江温州平阳蒲门（今苍南县蒲城乡）。到王自中高祖父的时候，王家又从蒲门迁到了凤池（今苍南县凤池乡）；而王自中的祖父王成子则再迁泰顺县泗溪镇。

一、生平与业绩

王自中父早死，家贫。器宇不凡，才气杰出，秉性狷介。18岁到金华，叶衡延教家塾。19岁到京都（临安），受到礼部侍郎王十朋等的器重。宋孝宗乾道四年（1168），王自中入太学，其时朝议遣返"归正人"，即将由北方沦陷区逃归南宋来的义民再遣送回去，王自中叹道："是绝中原之望也。"立即三次上疏，要求收回成命。他在奏疏中说："今内空无贤，外空无兵，当搜罗豪俊，广募忠力，以图中原。"因其中"内空无贤"一语斥责了朝中大臣的无能，触怒了丞相叶颐、魏杞，以为"出言不逊"，要予以流放编管，孝宗不允，遂发送徽州听读，也即管制读书。冬，叶、魏罢相，始得赦免。

宋代称沦于外邦而返回本朝者为归正人，其意为投归正统之人。朱熹说："归正人元是中原人，后陷于蕃而复归中原，盖自邪而转于正也。"① 当时，叶适曾委婉地劝告孝宗，《上殿札子》云："陛下感念家祸，始初嗣位，茸两淮，

①《朱子语类》卷一百十一。

理荆襄，慰绥蜀道，安集归正人。"事实上，宋孝宗对归正人也采取了不少安抚措施，如宋乾道五年，有诏召归正人垦淮西官田。又在淳熙七年四月"再免沿边归正人请占官田赋役三年"①。历史上，是南宋丞相史浩最早提出"归正人"问题，他在思想上对南归的豪杰志士很不以为然，甚至实行歧视政策。史浩曾经与张浚辩论，提出"中原决无豪杰，若有，何不起而亡金"的观点，不赞成对"归正人"委以重任。史浩之后，"归正人"曾一度受到歧视，被怀疑为有异心。甚至规定，归正官员只允许添差某官职，而不厘务差遣，即只给一个闲散的官职而并无实权。此后，南宋坚持宋朝立国以来猜忌武将的国策，并猜忌"归正人"。王自中作为太学的学生，而能有"搜罗豪俊，广募忠力，以图中原"的识力，足见其青少年时代即具备了爱国的壮志。

淳熙元年（1174），王自中就试于两浙转运使，诗赋第一；淳熙五年（1178）中进士。试卷皆陈实策，全不同于时文。当时翰林学士、详定官周必大评价他的试策"论宣和、大观事，皆人所不能言"。授任怀宁县（在安徽）主簿。时两淮大旱，自中积极筹办粮食，赈济有方。十年，调分水县（在浙江）县令。因中书舍人王蔺的特别推荐，王自中赴都堂审察，上了两道疏，一为边防事：针对当时募兵制的兵员多，费用大，素质差，战斗力弱等情况，王自中主张改行类似唐代的府兵制，民田多者，听任以田募客（客户主要是佃农）为卒，分三批轮番防守，一年中四月为兵，八月务农，做到军民合一。官田则官募军或民分屯之。二是请求起用英俊贤能之士，作为朝廷股肱，澄清吏治。孝宗深为赏识，次日，升为籍田令。

不久，监察御史缺人，孝宗想用他，可是宰相王淮却竭力反对，甚至说如果王自中担任御史，朝中大臣都将自动离职。一些谏官也惧怕他的刚直，于是捏造罪名进行攻击，迫使他辞官回家。幸亏孝宗皇帝对他印象尚好，淳熙十四年派他为郧州通判，赴任途中，改授光化军知军。绍熙二年（1191）任满回到京师（杭州），这时孝宗已退位为太上皇，由光宗继任。光宗想留其京师任职，可王自中怕朝臣陷害，坚决辞谢。于是，朝廷派遣他出任信州知州。

王自中在信州任上的时间不足两年，但他却做了不少好事。杨万里曾上

---

① 《宋史·孝宗纪三》。

奏章，荐举王自中、曾集、徐元德的政绩，而列王自中为首。其文曰：

> 伏见朝奉郎知信州王自中，文词俊发，才气高秀。初以王蔺荐，见寿皇，论天下事如指诸掌。风生颍脱，有过人者。寿皇以为奇才。出典边郡，悉心毕力。峙粮训兵，常若寇至。今典上饶，除苛尚宽，一洗积蔽。如诸邑逋负州家钱币为缗者三千余万，上供失时，郡用告匮。前后太守往往劾一二县令，黜诸邑胥徒以塞己责，而不赡如初也。自中之既至，与诸邑宰握手吐诚，宽为之期，而薄为之取。不遣一卒，不移一檄。率以手书致其勤恳，县令至有感泣者。自是诸邑吏民，翕然感之。输租辏集，遂以无乏。①

文中说"诸邑逋负州家钱币"，是指当时信州各县积欠公款三十余万缗，"上供失时，郡用告匮"，前几任州官都无法解决。王自中到任后，即写信给各县县令，开诚布公，情辞恳切，并与各县约定，所欠公款只要缴足原额实数，其余补解费用（相当于罚款或滞纳金）可予以减免。并不准属下官吏多取一文一物，于是所属各县，争相输纳，圆满地解决了问题。由于清理积欠成效卓著，王自中在绍熙三年江东路的考课中被列为上等。所以，当时的江东转运副使、安抚司公事杨万里便将其政绩上报朝廷，请求予以嘉奖和提拔。

除了清理积欠外，王自中在信州还注意恢复古迹，倡兴文教，表彰忠义，激励风俗。在信江南岸的钟山顶上，原来有个白鹤庵，相传为唐代仙人骑鹤升天的地方。王自中觅得久已湮废的白鹤庵遗迹，又在旁边修建了跨鹤台，成为当地的一个名胜。绍熙三年（1192）秋，江西乡试发榜，王道夫定于九月二十九日开鹿鸣宴，宴请信州各县的举子。可是到了二十七日的晚上，信州城内忽起大火，持续几个时辰，烧毁了数百间民房。经此大灾，鹿鸣宴只好取消。不过王自中还是把原来准备摆酒的钱发给举子们，作为他们明年赴京考进士的路费。同年十月，王自中又上疏朝廷，请求为信州籍的抗金名臣张叔夜、郑骧修建旌忠愍节祠，并请朱熹撰写碑文。《明一统志》载："王自中绍熙初知信州，有文学器识，以功名

---

① 《四库全书》集部，别集类，南宋建炎至德佑，诚斋集，卷七十。

自期。尝访求前贤，请于朝，立庙祀之。"《江西通志》亦载："旌忠愍节祠，在玉山顺城乡。祀宋张忠文叔夜、郑威愍骧。信守王自中奏建，朱子记。"等到祠庙建成时，王自中业已离任，但朱熹在碑文中仍然称赞王自中"自少魁垒，有奇节，尝为寿皇圣帝（按指孝宗）极陈当世之务，寿皇悦其言，欲大用之，而未及也。是其为政，知所先务，固宜如此。"（同上）

王自中治理信州前后仅一年，绍熙三年底，其母施太宜人去世，本来受命进京述职的王自中，遂改道回乡，为母服丧。宁宗庆元元年（1195），服满回京，又受监察御史王恬等攻讦，遂主管武夷山冲佑观。四年，差知邵州，被中书舍人谢源明所阻，再与祠禄。五年，欲派往兴化，又为高文虎所阻。

王自中回到家乡后，移居县城坊郭桔庄，自号厚轩居士。家居生活俭朴，暇则著述。计有《孙子新略前后序》及《历代年纪》十二卷，《王政纪原》三卷，又将生平所作表、启、奏札、歌诗五卷整理成编，命名为《厚轩集》。60岁病逝于家。

二、奇才而忤世

王自中于三十九岁中进士，只做了十来年的州县小官，而且波折很多，可说是一生坎坷，怀才不遇。他有过很多机会，宋孝宗对他很器重，一直想重用他。杨万里说他："初以王蔺荐，见寿皇，论天下事如指诸掌。风生颖脱，有过人者。寿皇以为奇才。"朱熹也说道"寿皇悦其言，欲大用之"。叶适也记载了孝宗逊位时曾把王自中托付光宗之事。记载最详的要算魏了翁，所撰《宋故耤田令知信州王公墓志铭》，摘数条如下：

> 淳熙四年再举，登明年进士第。……暨殿试，中第一。孝宗皇帝宣问籍，记其姓名。

> 淳熙十年……因反复敷陈数百言，帝为动容。徐出二疏，其略曰……

> 奏对之明日，除耤田令。数语大臣："朕急欲用自中，可与超

---

① 《四库全书》史部，地理类，总志之属，明一统志，卷五十一。

迁。"未几，又语大臣："自中必有善类，令举其所知者。"

公既去国，陛辞，帝曰："人才不易得，如王自中，本无事，等闲教去，心颇念之。"

绍熙二年，入见。光宗皇帝云："闻卿有忠直之誉。"欲留之。公谢曰："朝列有不相乐者。"帝曰："朕嗣位之日，寿皇言卿可用，令朕记取。"公固辞。翌日，帝谓宰执曰："王自中以母老，再三不肯留。近郡孰阙守？"以常、信对。遂差知信州。

可见，从淳熙五年，王自中殿试第一，宋孝宗就记住了他的名字。淳熙十年，因为王蔺推荐，赴都堂审察，上奏对两道疏，一为边防事，一为用人事，便深受孝宗赏识，认为他是个奇才，而"急欲用自中"。他被朝臣排挤出去，孝宗无奈，还说"人才不易得，本无事等闲教去"。从宋光宗所言得知，光宗嗣位时，孝宗就交代过他，王自中可用，要他记住。就在大臣再次挤他出朝时，光宗还问宰执"附近哪里缺太守"，希望安排在附近的州郡。知遇之恩，不可谓不厚。

那么，到底是什么原因让王自中一生坎坷，终沉下僚呢？《宋史本传》说他"少负奇气，自立崖岸，由是忤世"。就是说他为人高傲，因而触忤得罪世俗之人。这是把责任完全归咎到王自中自身，显然不够公允。《宋史本传》有综论："李衡进退雍容，几于闻道。王自中、家愿奇迈，危言摧折弗悔，咸有可称。尝考宋之立国，元气在台谏。崇宁、大观而后，奸佞擅权，爵赏冒滥，驯至覆亡。"指出了王自中"忤世"，有其社会原因，即奸佞擅权，排挤后进；爵赏冒滥，朝纲隳失。也肯定称赞了他们"摧折弗悔"的精神。

叶适《陈同甫王道甫墓志铭》记载有一件王自中与宰相叶衡之间的旧事：

一日赴丞相坐，有馈鹿至，请赋之。韵得方字，摇膝朗唱曰："世间此物多谓马，寶匣还宜出上方。"相惨愠，亟入复出，出入数四。客皇恐不自得，道甫神色不异，饮啖自若。以此甚不悦于流俗。[1]

此事很能见出王自中的个性。王自中年轻时在金华叶衡家中做过塾师，

---

[1] 《陈同甫王道甫墓志铭》，《四库全书》集部，别集类，南宋建炎至德佑，水心集，卷二十四。

所以王、叶二人彼此熟识。以后叶衡钻营孝宗宠臣曾规的门路，一直爬到宰相的位置。身居高位时，却又唯唯诺诺，苟且偷安，专门以权谋私，因此王自中瞧他不起。有一次，叶衡宴请朝臣，为了表示自己礼贤下士，也邀请王自中参加。席间恰巧有人送鹿肉给叶衡，于是大家便以鹿分韵作诗。王自中分到"方"字韵，竟毫不客气地高吟道："世间此物多谓马，宝匣还宜出尚方。"用秦末丞相赵高指鹿为马和西汉朱云请用尚方宝剑斩奸相张禹的头两个典故，来讥讽叶衡，叶衡脸上失色，又气又急，非常狼狈，宾客亦惶惶不安，他自己却宴饮如常。王自中这种不畏权贵的狷介作风，必然遭到许多趋炎附势、平庸无能官员的嫉恨。所以每次在他将要擢升的时候，总会有人站出来反对，并最终将他排挤出朝廷。叶适《王自中墓志》罗列了他的屡次遭遇：自淳熙十年因王蔺荐，孝宗召对，官籍田令，后以蒋继周疏而罢。光宗朝知信州，复召，以王恬疏而罢。又拟知邵州，以谢原明罢。再拟知兴化军，以高文虎奏罢。竟至于死。叶适分析说：这些极力反对王自中的人，"非有睚眦激发之愤，肤奏蜂蛰之苦也"，他们之所以屡疏谏阻，只不过出于"相传以嫉，望风而忌尔"。

"相传以嫉，望风而忌"，这是当时官场社会痼疾的典型表现，宋仁宗发明了"风闻奏事"的制度，允许谏官可以根据道听途说来参奏大臣。此例一开，台谏官员与执政大臣便势如水火，而皇帝却在隔岸观火中掌控着互斗的双方。古代传统社会的官场，向来是结党营私、黑白不分的，王自中虽有才干学识，也终于被阻断了上进升迁之路。但对王自中而言，他并不畏惧妥协，不以此而改变自己，叶适说他"苟其人志不复君之雠，虑不足絷诸夏合南北，固不与并立矣。则进退离合之不相容，亦其势也。"把有无"复君之仇"的壮志，有无组织华夏民族统一南北的谋虑，看成是同朝共事的基本选择，非此同类，则不与并立。且在进退离合之间，水火不容。这是一种多么高贵的品格呀！也就在这几点上，叶适对王自中作出了高度肯定的评价：

> 志复君之雠，大义也。欲絷诸夏合南北，大虑也。必行其其所知，不以得丧壮老二其守，大节也。春秋战国之材无是也，吾得二

人焉：永康陈亮，平阳王自中。①

按照"大义、大虑、大节"的要求，他选择了陈亮和王自中，为他们合写墓志铭，高度赞扬"以穷乡素士，任百年复雠之责，余固谓止于二公而已……余固谓春秋战国之材无是也"。当然，历史是公正的。正是王自中的刚直不阿，大节大义，即使怀才不遇，也使他终能名留青史。否则，当时温州名人很多，官职比他大的人比比皆是，木待问、周坦都是状元、尚书，《宋史》并未立传，可见他的狷介个性，他的气节，终归得到历史的认同，也为后世树立了为官为人的表率。

王自中身当南宋偏安之世，和当时许多有志之士一样，他的胸中也怀有经世致用的理想，所以他的学术具有浓厚的事功倾向，这与永嘉学派的宗旨相当一致。他研究兵法，著有《孙子新略》；研究历代史实和制度沿革，著有《历代年纪》十二卷、《王政纪原》三卷。又将平生所作的表启、奏札、诗歌，编为《厚轩集》五卷。遗憾的是，这些著作大都在后世失传了。

三、诗文作品

王自中诗歌多口语白描，很受杨万里赏识。文笔则如好友陈亮所称："韩筋柳骨，笔砚当独步"，又说"今日人才众多，求如道甫仿佛，邈不可得"。只可惜《厚轩集》已佚，遍查四库，只得一文一词。其文为《岳武穆庙碑记》，存《湖广通志》卷一百十二。其文总结了岳飞将军过人处八事：

武穆事，世所称说者多不悉，而中所详知。其目有八：一曰忠。临敌誓众，言及国家之事，仰天横泗。士皆唏嘘而听命，闻大驾所幸，未尝背其方而坐。二曰虚心。食客所至，座常满。商论古今，相究诘切，直无所违忤。三曰整兵。所经夜宿民户外，民开门纳之，莫敢先入。晨起去草苇无乱者。四曰廉。一钱不入私藏。五曰公。小善必赏，小过必罚。待数千万人如待一人。六曰定。卒遇

---

① 《陈同甫王道甫墓志铭》，《四库全书》集部，别集类，南宋建炎至德祐，水心集，卷二十四。

敌，不为摇动。敌以为，撼山易，撼岳家军难。七曰选能。士卒所向，一皆当百。八曰不贪功。功率推与人，不自有。是八者，人鲜一有，而公兼之。

杨万里称王自中"文词俊发，才气高秀"，今以仅存一词《念奴娇》观之，信然：

> 扁舟夜泛，向子陵台下，偃帆收橹。水阔风摇，舟不定，依约月华新吐。细酌清泉，痛浇尘臆，唤起先生语。当年纶钓，为谁高卧烟渚？ 还念古往今来，功名可共能几人？光武一旦，星文惊四海，从此故人何许。到底轩裳，不如蓑笠，久矣心相与。天低云淡，浩然吾欲高举。①

词上阕写作者泛舟镜湖，过严子陵钓台，子陵即严光（前39—41），字子陵。汉会稽余姚人，东汉著名隐士。严光少有高名，与东汉光武帝刘秀同学，亦为好友。他曾积极协助刘秀起兵。事成后归隐著述，设馆授徒。刘秀即位后，多次延聘严光，但他隐姓埋名，退居富春山。镜湖中有其垂钓之台。自中泊舟于台下，轻风月夜，他细酌清泉，濯洗往时的记忆，想唤起严光，问当年，为什么选择隐居于此？下阕抒发情感。过片领起功名与患难相共的问题。想到光武帝刘秀，他崛起春陵，经过长达十二年之久的统一战争，先后平灭了关东、陇右、西蜀等地的割据政权，结束了自新莽末年以来长达近二十年的军阀混战与割据局面，开拓了东汉中兴的新局面，也开创了中国历史上"风化最美、儒学最盛"的时代。面对这样的时代，人该如何选择？轩裳与蓑笠，代表着济世与隐居。多年以来，自己也向往着隐居。但当今之世，天低云淡，我不能消极弃世，而应当浩然奋起，振作有为。这首词是王自中思想状况的真实反映，表现了他昂然向上的精神。

王自中是个爱国的知识分子，他素有恢复大志，可惜生不逢时，虽得两朝皇帝赏识，却被权奸阻隔于外，终不得尽其才力。叶适将他和陈亮一起推崇说："志复君之仇，大义也；欲絜诸夏合南北，大虑也；必行其所知，不以

---

① 集部，词曲类，词选之属，御选历代诗余，卷六十七。

得丧壮老二其守，大节也；春秋、战国之材无是也。吾得二人焉；永康陈亮，平阳王自中。"认为他们二人主张抗战、统一中国，不以得失自损名节，都是豪杰之士。只可惜，他和陈亮都未得大用，抑郁老去，留下历史的惋惜。

参考文献

[1] 宋魏了翁《鹤山集》卷七六《宋故耤田令知信州王公墓志铭》

[2] 宋叶适《水心文集》卷二四《陈同甫王道甫墓志铭》

[3] 宋陈傅良《止斋集》卷五〇《王道甫圹志》

[4]《宋史》卷三八九《王自中传》

[5] 民国《平阳县志》卷三四《王自中传》

[6] 宋吕祖谦《东莱集》

[7] 宋杨万里《诚斋集》

（作者简介：吴彧滔：上饶供电公司党建工作部干部；

　　　　　常　耕：上饶师范学院历史学教授）

宁死不屈的伯颜不花的斤
——元朝信州达鲁花赤

汲 军

　　伯颜不花的斤，字苍崖、苍岩、雪岩，维吾尔族人氏，生年不详，卒于元朝至正十九年（1359）。他出生于显赫的贵族家庭，他的祖父是驸马都尉、中书丞相高昌王雪雪的斤，他的父亲是驸马都尉、江浙行省丞相、荆南王朵尔的斤。伯颜不花的斤开初就是因为祖父、父亲的官职而荫封为同知信州路事，后又调任建州（今福建建阳）路。他去世后朝廷赐谥为"桓敏"。（《元史列传第八十二忠义三》）。

　　伯颜不花的斤所属的维吾尔族，在元朝属于高等级的民族。虽有好的出身，但伯颜不花的斤生却不逢时，出生于元朝末年，当时元朝社会已经危机四伏。又因蒙古统治者变本加厉向汉人收取各种名目繁杂的赋税，民族压迫十分严重。如元朝的赐田制度，蒙古大汗可以随时把汉族人的农田，连同农田上的汉族人口，都赏赐给皇亲国戚。汉族人失去了农田，也从自由农民沦为农奴。任何一个蒙古人都可以随意侵占汉族人的土地，他们把汉人逐走，任凭肥沃的农田生出野草，以便畜牧。并且元朝腐败现象严重，有一首《醉太平小令》这样写道："官法滥，刑法重，黎民怒。人吃人，钞买钞（元末用新钞换旧钞），何曾见？贼做官，官做贼，混贤愚，哀哉可怜！"所以被压迫者揭竿而起，至元二十年（1283），江南各族人民起义凡两百余起，至元二十六年更增至四百余起。至正十六年（1356）到至正十九年（1359），朱元璋率反元义军不断扩充自己的势力，攻占了江南的半壁江山。至正二十八年（1368）就彻底推翻了元朝统治。

安徽反元义军侵犯遂安，伯颜不花的斤率军打败了义兵，又擒住淳安反元义军头领方清之，以功升本路总管。至正十六年（1356），授衢州路达鲁花赤（蒙古语，意为"掌印者"，为地方行政主管官员。各路府州县的达鲁花赤，必须由蒙古人或色目人担任此职）。当时的诗人吴景奎写过一首七律诗《建德同知苍岩公以平寇升总管》："公子王孙领倅车，桐江秋月浸冰壶。奋身破贼自草檄，拜命专城分竹符。仁政涵濡真召杜，奇名仿佛是孙吴。功成早晚登枢要，添入麒麟阁上图。"第二年，行枢密院判官阿鲁灰引兵经衢州，军无纪律，所过辄大肆剽掠。伯颜不花的斤说："阿鲁灰以官军而祸害百姓，这就是国贼也，难道可以放纵他吗？"就带领兵马将阿鲁灰驱逐出境，地方赖以安宁。后来他被晋升为浙东都元帅，守御衢州。不久，擢江东道廉访副使，阶中大夫。

至正十八年二月（1358），江西陈友谅遣部下王奉国等，率领二十万兵马，攻打信州。第二年（1359）正月，伯颜不花的斤自衢州引兵前来增援。刚到城东就遇到王奉国，奋力作战后，王奉国败走。当时镇南王子大圣奴、枢密院判官席闰等屯兵信州城中，听说伯颜不花的斤到来，大喜过望，争相开门出迎，纷纷拜于马前。伯颜不花的斤马上登城四面观察，誓以破贼自许。过了几天，王奉国又来攻城。伯颜不花的斤战前动员，宴饮士卒，并与士卒相约说："今日破贼，不拼命者斩！"命令大都闾带领阿速诸军及民兵为左翼，出南门；高义、范则忠带领信阳一军为右翼，出北门；自己与忽都不花带领沿海诸军为中军，出西门。队伍与阵营布局完整，奋力冲击突入敌营，斩敌军首节过千，敌军乱了阵脚，王奉国差点被擒获。但这时突然有敌将前来增援，元军突入敌营者都被围杀，形势十分危急。忽都不花又督兵力战，终于大破敌军。

二月，陈友谅弟弟陈友德扎营于城东，绕城围上木栅，攻城益急。同时陈友德又遣万户周伯嘉来说降，高义偷偷通敌，欺骗忽都不花等，说只要与王奉国相见则兵衅可解。忽都不花相信了他，率领范则忠等十人往见，王奉国就将他们囚之不遣回。第二天，王奉国又命令高义以计来诱伯颜不花的斤，当时伯颜不花的斤坐在城上，见高义单骑来，伯颜不花的斤就说："你骗了我十位将领，没有一人回来，今天又来引诱我啊？我头可断，脚不可移！"乃罗列高义的罪状，斩了他。伯颜不花的斤日夜与敌鏖战，粮竭矢尽，而气概不减。

到了夏天四月间，有人大呼于城下喊道："有诏。"参谋海鲁丁临城问之曰："从哪里来的？"对方答道："江西来。"海鲁丁明白了："如此，就是贼人了。我元朝臣子，怎么受你的伪诏乎？"来者说："我主知闻信州久攻不下，知道你们忠义，所以来诏。你们徒守空城，有什么打算啊？"海鲁丁答道："你知道张睢阳事吗？"

张睢阳名张巡，是唐朝安禄山叛乱时，睢阳城的守将，当张巡弹尽粮绝而被敌军俘虏。《旧唐书·张巡传》记载：敌将子琦"谓巡曰：'闻公督战，大呼辄眦裂血面，嚼齿皆碎，何至是？'答曰：'吾欲气吞逆贼，顾力屈耳。'子琦怒，以刀抉其口，齿存者三四。"后"张睢阳齿"成为成语，而张巡也因此为历代忠义的典型。

一听此话，使者就完全明白了海鲁丁的态度，也就搭不上话而离开了。伯颜不花的斤笑道："贼欲我投降。城存与存，城亡与亡，我已经拿定主意了。"当时城中军民粮食已尽，只有吃草苗茶纸，草苗茶纸吃完了，用靴底煮而食之，靴底吃完了，就掘地捕鼠张网罗雀，甚至杀老人与赢弱的人以食。五月，大破贼兵。

六月，王奉国亲来攻城，十余天昼夜不息。有的以云梯爬城，有的挖穴潜攻，伯颜不花的斤登城，指挥士兵抵抗。不久伯颜不花的斤的士卒精疲力竭，不能战斗。再加上万户顾马儿叛变，信州城乃陷落。席闰出降，大圣奴、海鲁丁皆战死，伯颜不花的斤力战不胜后，遂自刎。部将蔡诚，尽杀妻、子，不做俘虏。蒋广奋力巷战，为王奉国所抓，王奉国爱蒋广勇敢，劝他投降，蒋广大义凛然地说："我宁为忠死，不为降生。你们不过是草莽中的强盗而已，我岂能屈从于你！"王奉国怒，施以磔刑，蒋广大骂而绝。有叫陈受的人，是信州普通小民。伯颜不花的斤知道他膂力过人，就招募为义兵。战败时，被敌军所擒，痛骂不屈，被烧死。

先前，伯颜不花的斤准备增援信州时，曾向南而哭泣，说："我为天子司宪，看到此城危急，焉能坐视不救？我此去，上当报效天子，下可拯救生民。我的生死不足惜，唯太夫人放心不下耳！"即日入拜其母鲜于氏，并说："儿今后不得侍奉母亲矣！"其母劝慰他说："你是忠臣，我就是死还有什么遗憾？"鲜于氏是太常典簿鲜于枢的女儿（一说是妹妹）。伯颜不花的斤命令儿子由小路送母亲入福建，又将江东廉访司的印送往御史台后，便力守孤城而死。朝廷赐谥曰"桓敏"。

伯颜不花的斤的舅舅就是元代著名书法家鲜于枢。鲜于枢（1246—1302），字伯机，祖籍金代德兴府（今张家口涿鹿县），生于汴梁（今河南开封）。汉族，大都（今北京）人，一说渔阳（今天津蓟州区）人，先后寓居扬州、杭州。大德六年（1302）任太常典簿。元世祖至元年间以才选为浙东宣慰司经历，后改浙东省都事，晚年任太常典簿。他喜好诗歌与古董，文名显于当时，书法成就最著，与赵孟頫齐名，同被誉为元代书坛"巨擘"，并称"二妙""二杰"，但其影响略逊于赵孟頫。《新元史》有传。鲜于枢是汉人，王世桢尝赞叹他："鲜于博学，负材气，貌伟而髯，类河朔伧父。余见其行草，往往以骨力胜，而乏姿态，略如其人，以故声称渐不敌赵吴兴。"鲜于枢精通汉文化精髓，对伯颜不花的斤影响很大。《书史会要》卷七："伯颜不花的斤，字苍岩，高昌国王子，而鲜于太常甥。"根据《元史本传》《书史会要》《画史会要》《图绘宝鉴》记载："伯颜不花偬傥好学，晓音律，善草书，似其舅，又画龙。"伯颜不花的斤平素洒脱不羁，好学习，对汉文化有兴趣，精通汉文的诗文韵律。偬傥好学，晓音律，善草书，尤工画，曾作花鼠图，画面上一鼠缘木窃果，惶惶畏人，宛然如生。传世作品有《万壑雪松图轴》，图录于故宫书画集。所以说伯颜不花的斤身上既有蒙元文化中的彪悍英勇，也有汉文化中的聪慧明秀。

字画可见人品，明初李昱的《草阁集》卷五有《寄的斤苍岩太守》诗一首："问讯湘江贤太守，别来为况近何如。梅花月底裁唐律，柿叶霜前草晋书。客至但令尊有酒，官清谁问食无鱼。汉庭相业须黄霸，早晚纶音下玉除。"诗中的苍岩太守人品高洁，为官清正，胸有大志。在《草阁集拾遗》还有一首《苍岩画龙赞》，其中写道："日如电，气如虹，怒翻霹雳驾倒卷。天河空伊，谁之笔，苍岩翁，起作霖雨其犹龙。"可见伯颜不花的斤所画的龙，目光如炬气势如虹，在雷电霹雳中翻腾倒卷，犹如他在守信州作战时的勃发雄姿。

（作者简介：汲军，原上饶师范学院文传学院教授）

清正廉洁 风范永存

——记上饶地委书记黄永辉

商建榕

　　黄永辉（1904—1959年），曾用名黄仁辉，江西临川县罗湖乡西坑村人。曾任中共上饶地委第一书记、上饶军分区政治委员。他曾是赣东北苏区红十军的骨干，押送过千两黄金和2万两白银给中央苏区，他参加过红军万里长征，先后被选为中国共产党第七次和第八次全国代表大会代表；曾在全国党代会上当面向毛泽东提意见。1959年因长期积劳成疾，病逝于上海。国家民政部授予其"革命烈士"称号。他是20世纪50年代人们公认的焦裕禄式的好干部。

原上饶地委书记、老红军黄永辉

　　黄永辉出生于临川县一个贫农家庭。年少时，因家贫随族人到景德镇瓷厂学制瓷手艺，挑瓷土打杂。1929年，方志敏在赣东北建立苏区和红军队伍，黄永辉参加革命。1930年，方志敏率领红军独立团占领景德镇市，黄永辉加入中国共产党，当年6月参加工农红军第十军。参军后，历任副排长、连政治指导员、团总支书记、团政治委员。参加了中央苏区历次反"围剿"斗争和中央红军长征。在第三次反"围剿"中，黄永辉单独到抚州千金坡侦察，中途被捕，脱险后即赴金溪浒湾找到部队，投入八角亭战斗。1934年，黄永辉进入瑞金中央红军大学学习，随即参

1950年黄永辉率浮梁分区代表团至庐山赴会。前排右三光头者为原上饶地委书记黄永辉，后排左二为原上饶专署副专员李明

加二万五千里长征。长征中，黄永辉先后任中央教导师一团政委、干部团与中央警卫营政委等职。到达陕北后，1937年任中共陕北省委军事部副部长。1938年下半年任陕甘宁边区保安司令部政治部副主任。1941年12月担任八路军留守兵团保安第二团政治委员。1942年任警备第三旅第九团政治委员等职。

1949年南下后，历任江西省军区司令部政治部副主任、中共浮梁地委书记兼军分区政治委员等职。1952年10月至1954年10月任江西省监察厅厅长、江西省政法分党组干事会成员。1952年3月至1954年10月任江西省纪律检查委员会副书记。1952年10月至1954年10月任江西省监察委员会副主任。1952年11月起任中共江西省委委员。1954年9月至1959年8月任中共江西上饶地委书记、上饶军分区党委书记兼政委、上饶地委纪律检查委员会书记。

黄永辉一生勤勤恳恳，忘我工作，终致积劳成疾，医治无效，1959年8月12日病逝于上海，被国家民政部授以"革命烈士"称号。

智勇双全　破公路反敌围剿

黄永辉早在青年时代就显现出勇敢智慧的才能。1933年2月，蒋介石至抚州调兵遣将，向中央苏区的宜黄、乐安一线进攻，所需军用物质多由南（昌）抚（州）公路调运，给中央苏区造成了很大的威胁。为打乱蒋介石的军事部署，阻止国民党军队对中央苏区第一次"围剿"，红十军决定派智勇双全的黄永辉带一支精悍小分队到临川，破坏这条公路，以配合苏区军民的反"围剿"斗争。黄永辉率领一个班，烧毁云山公路大桥，截断了国民党由南昌至临川的公路运输。

3月上旬，黄永辉一行扮成卖茶叶、瓷器的客商，身带短枪，从赣东北山区出发，前往临川。黄永辉参加红军前曾在景德镇做工，对这一带的路情很熟。他们抄小路，走近道，绕过敌人的明碉暗堡，又利用落店歇脚、卖茶叶、瓷器的机会，探明前方敌情和南抚公路的虚实，认为破坏公路最好的办法就是烧毁大桥。临川北境公路有两座大桥，一座叫云山桥，另一座叫杨泗桥，杨泗桥有敌人重兵把守，难以下手；而云山桥守敌不多，容易突破。于是，他到了东乡便迅速取道占圩，直奔云山而来。

到了云山，已是傍晚时分，他们在街口客栈住下。店老板胡老大告诉他们说："蒋介石的军队被红军打得大败，风声正紧，这里已加派了一个中队的护路军守桥，桥上架着两挺机关枪；街上也到处是荷枪实弹的士兵，盘查极严。客人你千万不要胡走乱闯，以免惹祸招灾。"黄永辉点头称谢，心里暗地吃惊："敌众我寡，硬打是不行了。"于是，便与同来的几位战士一起苦想良策。正寻思间，黄永辉一眼瞅见客栈的墙角里放着四只空铁桶，顿时触景生智，定下了"铁桶破敌"的妙计，他告诉大家分头行动，借好铁桶，买好鞭炮、煤油，一切准备就绪，只等夜阑人静时动手。

深夜12时，云山街后的山岗上，突然响起响亮、急促的冲锋号声，霎时，街头巷尾"枪声"大作。有人在街上喊话："红十军大部队到这里，缴枪不杀！"住在乡公所的100多个敌军，从梦中惊醒，万万没有想到那"机枪"声竟是在铁桶里打响的鞭炮，都以为真的是红十军主力部队来了，一个个慌了手脚，竟顾不上穿衣着鞋，撒腿就跑。黄永辉和副班长各带3名战士，兵分两路，从南北两端猛扑上桥，打倒值班的敌兵，夺过机枪扫射涌向桥头的敌兵，打得敌人昏头转向，狼狈逃窜。战士们将两大桶煤油泼在桥上，点燃油棉，一股巨大的火炷从桥上冲天而起，火借风势，越烧越猛，越烧越旺，从桥上烧到桥下，从桥北烧到桥南，烧得天上浓烟滚滚。待敌军增援部队从抚州赶来时，横跨在东乡河上的云山桥已烧掉一大半。

南抚公路上的云山桥被烧掉后，切断了连接赣、闽、粤三省的运输大动脉，使敌军300多辆军车滞阻在桥北。前线粮食、弹药供应不上，频频告急。蒋介石暴跳如雷，将临川县长、公安局长骂得狗血淋头。云山群众心里却乐滋滋的，盛传红军是天兵天将。

"黄永辉火烧云山桥"的故事，被当地百姓编成了临川民歌，一直流传至今。"哎呀咳，黄永辉一把火，烧倒云山桥；南抚公路断了腰，蒋介石直发愁呃……"

爱民亲民 深受爱戴的好书记

黄永辉在战争年代屡立战功，多次受奖。中华人民共和国成立后转到地方工作，但一直保持艰苦朴素的生活，作风严谨。他对亲属要求严格，待部下却如同家人，亲切和蔼，在干部群众中享有极高的威望。

曾担任他的秘书、跟随他多年的老干部谭承志回忆说：每次下乡调研，黄永辉都亲自做笔记，而且要求随从也做笔记。回到城里，他还会将随从的笔记拿过来审阅，看到有欠缺的地方，循循善导，教会他们如何做笔记，如何发现问题，启发他们动脑解决问题。他自己文化程度不高，是参军后在部队里学的文化，但他非常尊重知识分子和有文化的人。对一些有高小文化的年轻部下，常将他们当作"大学生"来拔高培养。在他生命的最后几年，凡是和他共过事的上饶干部，回忆起他来，众口一词，无不高山仰止，敬慕不已。

黄永辉对干部如春天般温暖，关心爱护，所以具有极强的凝聚力和向心力，大家都愿意跟随他工作。原上饶行署副专员李明回忆说，中华人民共和国成立初他任德兴县首任县委书记时，那时德兴县委还隶属浮梁地委管辖，每次去浮梁开会，因山高路远，山路崎岖，又没有交通工具，几百公里全凭双腿步行，每次都要走上整整两到三天，才能抵达浮梁地委。黄永辉彼时担任浮梁地委书记，每次见到李明他们来开会，都非常热情地迎上去，嘘寒问暖，关怀备至，说："你们这些老区远道来的同志太辛苦了，地委应设法解决你们的交通工具。"当时赣东北刚解放，物质匮乏，地委、县委各机关生活工作条件都极其艰苦，但黄永辉硬是克服困难，想方设法破例为德兴县委拨了一匹马。这匹马，后来成为当时德兴县委唯一的主要交通工具，谁外出开会谁骑。李明后来调到江西省军区工作，转业时，本来已安排到省工业厅当厅长，但他在省军区听了黄永辉的一番动员报告后，听说上饶新区急需干部，就毅然要求转业到上饶，到黄永辉的手下工作。多年后，李明对女儿提起这段往事时说："我土改时就和黄永辉在一起，非常钦佩他的工作能力和为人处世，所以我宁可放弃大城市的优厚待遇，去条件较差的上饶工作，就是为了追随他。和他在一起，我觉得舒心。"

黄永辉虽然长期担任省、市要职，但毫无官架子，平易近人。对同事、对下级一视同仁，平等相待。他在休息时，常同机关里的勤杂工一起打扑克，与群众打成一片，以致常常被人弄错了身份。

1956年春，黄永辉担任上饶地委书记不久，因衣着陈旧，就像一个普通的老头，新来的守门警卫都不太认识他。有一天，他身着蓝色旧棉衣走到上饶地委机关门口，却被新来的警卫拦住："请出示证件。"警卫战士把手一招，显得非常威严。"啊！忘了带。"他摸过衣袋歉意地说。"没有证件，不能进入……"年轻的战士毫不含糊，黄永辉只好摸摸光头，站在大门口笑而不语。此时正好迎面来了一位上校军官，走到这位看上去很不起眼的老人面前，他突然发现是黄书记，立即立正行了个军礼。那位刚来值勤的新兵丈二和尚摸不着头脑。当他得知眼前这位被他拦住的老人，正是大名鼎鼎的原红军师长、时任上饶地委书记的黄永辉时，小战士紧张得不知如何是好，像犯了错误似的，只是结结巴巴地道歉。而黄永辉却笑眯眯地说："不要紧，这是你的职责……"

黄永辉因衣着太朴素而被警卫拦在大门外的事，当年秋天又发生过一次。他在北京参加中共八大会议时，因为身着一套旧的灰色中山装，脚踏黑布鞋，站岗的警卫人员不太相信黄永辉是八大代表，对他查问得特别仔细。为此，黄永辉特意借钱买了一套蓝色毛料中山装，但只有在外出开会时才穿一穿。

1956年冬季，江西省组织老区慰问团，黄永辉任上饶分团团长，他亲自带领干部去贵溪县周坊乡慰问。当时地委有一辆轿车，书记出远门本可乘坐。但他还是与其他同志一起乘火车到县城，再步行近40公里才到乡村。旅途中，随行的小科长、秘书等20来岁的小伙子，爬了一段山路都感到吃力，而年过半百的黄永辉却一直健步在前，谈笑风生。一边走，一边讲述他当年在这里的战斗故事，大家的脚步也跟着轻松了许多。当年的地委宣传部科长严光钧回忆说，那天中午，他们来到一个水库指挥部用餐，食堂的师傅弄了六道好菜：炒鸡蛋、烧牛肉、红烧肉、清炖鸡、粉蒸肉、烧兔肉，他们满以为领导一定会很高兴，谁知黄永辉一看，脸就沉了下来："怎么弄这么多好菜？"工地干部回答："今天民工加餐，都是如此。"黄永辉随即拍拍随行严科长的肩膀说："小严，出去看看。"他们疾行2里多路，来到水库工地，民工们正在吃饭，菜是清一色的白萝卜。黄永辉拿起菜勺往菜桶里捞了几片放进嘴里嚼，然后用手抹去唇边的菜汤，风趣地说："好辣味呀！就是少了些油。"然后回到食堂，正颜厉色地指着饭桌说："你们不要说谎嘛。民工成天劳动，吃萝卜，油都没有一点点。这么好的菜，我们能吃得下去吗？"陪同的贵溪县委书记搞得很难堪，只能婉言相劝："既然弄了就吃吧！不然也是浪费。"谁知黄永辉听了更起火："随便乱吃，这是人民的血汗呀！"他叫司务长拿来算盘，一盘盘算菜的成本，总共13元。"这还了得，一个农民两个月的伙食费啊！"黄永辉感慨道。这时只见他摸摸口袋，拿出13元钱，平心静气地说："钱我先付了，以后10个人分摊，警卫员工资低，由我代交。"大家这才心安理得地吃了饭，但总是有点难以下筷，盘中的菜至少剩了三分之二。

这件事给随行工作人员和当地干部群众教育很深，比下千次文、开万次会还灵。之后往返所到之处，再也没有人敢"下不为例"了。

那天傍晚，黄永辉一行到达周坊乡。当地群众和黄永辉的关系亲如一家，热情得难以言表，那是在战争年代就结下的深情厚谊。他来到张家尚未坐下，李家就来拉了，还未进李家门，王家就来接了。第二天，他们的住地更是门庭若市，不少农民前来探望时送来鲜蛋、活鸡，被黄永辉一一谢绝。他们不过意，便回家煎成荷包蛋，烧成清炖鸡送来。黄永辉拗不过大家的热情，被迫收"礼"了。但他心情久久不能平静，晚上躺在床上翻来覆去睡不着，不时对部下说："解放七年了，这些几乎每家都有烈士的农户，生活还有不少困难。我作为地委书记问心有愧，怎么还吃得下他们的蛋和鸡呢？"第二天一早，黄永辉好像心情舒畅多了，叫上随行的严科长去了供销社。他说："昨晚想了一夜，想出了个好办法——礼尚往来。"他自己掏钱，买了一些鞋、帽和花布，一一登门还情回礼。每份礼物价值都比乡亲们送的鸡或蛋要高得多，乡亲们都是含着热泪接受了他的回赠。共产党员和人民之间的鱼水关系，在黄永辉的身上得到了充分的体现。也给随行人员以终生难忘的教育。事情虽然过去了六十多年，当年亲历此事的老人们仍然记忆犹新，感慨不已。

实事求是

黄永辉一生刚正不阿，最讲究实事求是，眼里见不得一点假。

1958年，全国的浮夸风越刮越猛。黄永辉对此很生气，经常说道："共产党员还吹牛皮说假话，简直是坑害老百姓！"为此，家人担心他受人陷害，劝他不要当"老保守"。黄永辉气愤地喊起来："什么老保守！毛主席说过，亩产八百斤就是大跃进了，什么几十万斤，尽是吹牛皮说假话！"

黄永辉从不偏听偏信，尤其是对家属反映的情况，更是认真查证。有一次，黄永辉的爱人刘英听到反映说剧团有点情况，就告诉了黄永辉。黄永辉当时没有表态，吃过晚饭，就跑到那个剧团找有关同志了解，结果与反映的情况有出入，他回来就批评了爱人："以后不要乱反映情况！"

黄永辉平日待人和蔼可亲，对工作却极其认真，甚至可以说"苛刻"，容不得半点懈怠和马虎，解决问题也干脆利索。虽然转业到地方，但仍保持了部队雷厉风行的优良传统。有一次听到部下汇报说一个山区县里的生猪卖不出去，农民生产、生活受到影响，他的眉头立即皱成了一个"川"字。随即打电话找来食品公司的负责同志，严肃地说："万物从土出，没有农业便没有一切。国营商业部门一定要支农、帮农。希望你在一个月之内解决这个问题。"这位负责同志立即立下军令状，结果还不到一个月时间，山区的生猪收购、运销的滞阻现象便消除了。事后，人们无不钦佩黄书记雷厉风行的作风。

严以律己 两袖清风遗家训

黄永辉为政清廉，从不以权谋私。虽然身居高位，但他家多年住一间破旧的平房，他的儿子也没安排工作当官，而去了外地学艺。

黄永辉的爱人刘英，是1934年在延安参加刘志丹部队的老红军，工作一贯勤勤恳恳，吃苦耐劳，在延安大生产运动中被评为劳动模范。1952年就已是行政十六级的县级干部。1954年10月，刘英随黄永辉调任上饶，担任地区医院副院长。可在调整级别时，却没有她的份，而比她参加革命晚的同事还有提为十五级的。刘英心中有点想不通。特别是看到有的领导干部利用职权为老婆晋级，心里也希望黄永辉能为她评级的事讲句话。黄永辉察觉到了妻子的想法，就耐心地启发她："提级是组织上的事，哪有个人说了算的？不要攀比，多看人家的长处；一个老党员，要多想想过去，想想有多少好同志为革命献出了他们宝贵的生命，我们这些人能活到现在够幸运的了，只有加倍努力工作才能对得起他们，怎么还能再计较个人的得失呢！我劝你还是把精力多用在学好文化、提高工作能力上才对哩！"一席话把妻子的思想疙瘩解开了。刘英的十六级待遇维持了30多年，一直冻结到1989年，国家出台有关老红军待遇的规定才"解冻"。

1954年，黄永辉由江西省监委调到上饶地委任书记。全家人都随他搬到上饶，唯独大女儿黄延伶继续留在南昌二中读书，以培养她的独立生活能力。每年寒暑假，黄延伶都是乘火车回上饶。1956年的寒假，黄延伶出车站后，恰逢黄永辉的司机开车到车站接一位领导没接到，就把她捎带回家。事后，黄永辉知道了，严厉地批评了女儿："小时候就这么懒，长大了还能干什么事！干部子女应该处处严格要求自己，千万不能搞特殊化。"黄延伶心里特别委屈，两天都没有理黄永辉。黄永辉知道女儿生他的气，就和颜悦色地对女儿说："爸爸不是不疼你。你想想看，我是个地委书记，正人就得先正己，对自己要求不严格，怎么能领导别人呢？一人得道，鸡犬升天，这是国民党反动派的作风，我们共产党人千万不能沾染一丝一毫。你今后的路还很长，希望你能理解我的话。"黄延伶懂事地点点头。

黄永辉一生勤勤恳恳，工作起来不要命，长期的劳累，终于积劳成疾。

1958年春，黄永辉的身体每况愈下，一做肝功能检查，发现肝肿大三指，肝功能四个"＋"号，诊断是肝炎，待送到医院治疗时，已经肝硬化腹水了。1959年6月，黄永辉转到上海华东医院。7月，女儿黄延伶参加高考后，就和弟弟赶到上海去看望他。他们一进门，看到病床上躺着一个腹大如鼓、骨瘦如柴的人，简直不敢相信这就是他们日夜思念的爸爸。黄延伶扑到黄永辉身边喊了一声："爸爸……"喉咙就哽噎了，眼泪夺眶而出。黄永辉伸出干瘪的双手，一手拉住一个，会心地微笑着，张了张嘴想说什么，但他已经没有力气说话了。黄延伶赶忙俯下身，把耳朵贴在他嘴边。黄永辉忍受着巨大的痛苦，却强作轻松地安慰孩子们："好孩子，别哭……"他喘了一会气，断断续续地询问了女儿高考的情况，弟妹的情况，黄延伶一一告诉了他。黄永辉的爱人刘英说："你爸爸可想你们了，坐在马桶上都喊你们几个人的名字……"说着，她的眼泪止不住流下来。她又问黄永辉："是不是叫那四个孩子都来看看你？"黄永辉半天没有吭声，最后还是摇摇头，斩钉截铁地说："我已经花了国家很多钱，不能再给国家增加负担了！"他用最大力气说完了这句话，就开始剧烈地咳嗽。呼吸稍平静后，他转脸对爱人说："我们没有读过什么书，你一定要好好培养孩子，让他们多读点书，长大了为党好好工作……"他接着又对女儿说："延伶，你是老大，在家要带好头，努力学习，好好为党工作，帮助妈妈把弟妹带好。"

黄永辉一辈子都没有穿过好衣服。1956年，在北京参加党的八大会议时因为衣着太朴素，被警卫人员反复盘查，所以后来便借钱买了一套蓝色毛料中山装。他在病床上对家人说："我没有给你们留下什么东西，只有几套旧衣服，那套蓝色毛料服就改给延伶穿，黄军装留给延生穿……"听父亲这么一说，黄延伶的眼泪就像泉水般地涌出来，忙说："爸爸你会好的！你会好的！我们有衣服穿，你留给自己啊！"

临终前三天，黄永辉似乎预感到自己不行了。他问黄延伶："准备好了吗？"黄延伶一时摸不着头脑，黄永辉就没有再说下去。后来，刘英告诉女儿，黄永辉在病重时多次交代她："我死后要火化。我在八大会议上签了名的，要带头移风易俗，死后不给国家增加负担。"1959年8月12日，黄永辉病逝于上海，国家民政部授予其"革命烈士"称号。

　　黄永辉毕生为党和人民鞠躬尽瘁，死而后已。他清正廉洁的奉献精神和廉正亲民的工作作风，显示了一个真正的共产党人的高尚情操和优良品质。在他去世三十多年后，上饶先后竟有数十名老干部写回忆录纪念他。他的光辉形象永远活在人们心中。

（作者简介：商建榕，原上饶市方志办副主任）

两袖清风只为民

——怀念我的父亲李明

商建榕

我的父亲李明（1914—2004），原名商振江，河北省原交河县（今沧州市泊头市）人。沧州自古被誉为武术之乡，父亲即出生在一个家道中落的武术世家，祖辈以精湛的武术和绝门医技传家十多代。曾祖父是当地十里八乡著名的武教头，家里开有很大的武术馆，手下徒儿无数，一呼百应，享有极高声望。清末时，曾祖父因被乡亲们推选领头抗租，被官府缉拿迫害，田产房屋均被抄没，家中从此陷入赤贫，流离失所。到父亲出世时，已经是上无片瓦下无寸土，曾祖父病死在闯关东的路上，父亲六

1952 年李明在江西省军区

岁便沿路乞讨，供养病重的祖父母，全家几度沦于贫病交加的困境。但疾恶如仇、崇尚正义的家风却一直传袭下来。

危难时刻参加革命

父亲十四岁时，就离家去东北打工，后来在一家面粉店做学徒。因看不惯店主整天往白面里掺杂面或霉面出售，"尽干些哄人的买卖"，加上日寇占领东北，他愤然辞工回乡务农。

祖父商再成，是个非常忠厚纯朴的庄稼人，早在土地革命时期，就秘密加入了共产党，成为中共地下交通站站长。父母在他的影响下，先后投身革

命，参加党的秘密外围组织活动。1937年抗战全面爆发，父亲在民族危亡时刻，毅然加入中共组织"锄奸小组"。1938年5月，他由区委书记和村支书介绍入党，参加区武装大队，不久调交河县区武委会任组织委员。1939年秋，父亲由交河县委选送晋察冀边区抗大分校学习，毕业后又被选送抗大总校。其间，周恩来为其改名李明。1942年，他从根据地护送一批党政干部深入冀中敌占区时，恰遇鬼子大扫荡，献交县委①机关遭受严重破坏，献交县委一见父亲如获至宝，便将父亲"强扣"在了当地工作。此后，父亲先后任献交县武委会主任、城工部干事、敌工部长等职。他曾和民族英雄马本斋并肩战斗，同被日军列入黑名单追捕。因出枪快准，弹无虚发，被鬼子汉奸称为"李阎王"。马本斋母子牺牲后，他在当地组织了隆重的纪念活动。为保护家眷，他以化名坚持抗战，先后更名十余次，李明是他的最后一个化名。八年抗战中，他凭借地道率领武工队与日伪军展开艰苦卓绝的殊死斗争，历经险境，九死一生，屡受上级表彰。他和战友们的战斗经历，有些被电影《地道战》编剧采纳，成为影片中的精彩片段。

为政不移公仆之心

父亲一生，具有强烈的革命事业心和责任感，对工作极端负责，任劳任怨，无论组织上如何安排和调动他的工作与职务，他从不计较个人得失。无论是在战争年代，还是中华人民共和国成立后分管工交和农林工作，他始终怀以公仆之心，以党的事业为重，不惧艰险，勤奋敬业，成绩卓著。

八年艰苦抗战胜利后，父亲本可以留在家乡新政府任职，过上相对安逸的生活，但他却别妻离子，奉命率冀中部队进军东北，去开辟新区。随军编入东北人民自治军（林彪任总司令），在北票等县接收日军溃城及兵工厂。1945—1948年，他先后任北票县支队队长、十八台办事处书记、北阜义（北票、阜新、义县）三县武装部部长、热辽军分区组织委员等职。所到之处，短期内就恢复了当地的生产生活秩序，将战乱后的几座城市治理得有条不紊。

---

① 1940年1月，冀中地委在敌人力量相对薄弱的交河与献县、武强三县交界区域，成立献交县委，辖三县部分区域。

他的建设才干，从那时起就已开始崭露头角。晚年后他谈起这些往事，仍感到十分自豪。

日寇投降前，在东北地区大量投放带菌黄鼠，造成1945—1947年东北鼠疫大爆发，其中内蒙古整个哲里木地区（今通

1953年李明夫妇摄于江西志愿军康复医院（鄱阳）

辽市）鼠疫爆发性流行最严重。鼠疫是一种烈性瘟疫，传染性极强，死亡率极高（有些地方死亡率高达98.2%），大量医护人员也被感染身亡。当时有三四百户人家被鼠疫灭绝，19个村屯成为废墟。在人们谈疫色变的情况下，父亲率部队冒死进入鼠疫虐行的无人区，处理善后，及时制止了瘟疫的蔓延。解放战争时，父亲的部队编入第四野战军，参加了著名的三大战役和无数次大小战役，身经百战。攻打锦州时，父亲一人率领600多副担架队冲入战场，冒着枪林弹雨抢救伤员无数。他在艰苦复杂的险恶环境中，勇敢顽强，指挥果断，表现出卓越的领导和建设才能，屡次立功受奖，期间获各种奖章、勋章数十枚。

1949年夏，父亲随四野大军南下，率领第一批南下干部进驻德兴县，当年9月，被任命为德兴中华人民共和国成立后的第一任县委书记。德兴地处偏僻山区，彼时交通闭塞，经济凋敝，匪患猖獗，满目疮痍，百废待举，社会情况极为复杂。父亲克服重重困难，团结南下干部和地方干部，启用苏区老干部，短期内组建起县委、区委领导班子，领导全县开展剿匪反霸、土地改革和民主建政运动，镇压了一批罪大恶极的恶霸、土匪、叛徒，积极恢复经济建设，局面迅速打开。德兴县由边远落后脱颖而出，"各项工作都打下了良好的历史基础"。解放初粮食奇缺，他带领机关干部开荒自救；清剿土匪时他身先士卒，率部队深入三清山指挥作战。他经常走访偏远山村，帮助老表解

1951 年 10 月德兴县委书记李明调浮梁分区赴任，第二排右三为李明

决各种困难。1951年他调离德兴后，仍时时关注德兴，为德兴的经济建设出谋划策[1]。

　　1951年10月，父亲调浮梁分区（今景德镇市）任武装部副部长。1952年秋，调江西省军区司令部任训练大队（团）政委，负责训练各级军官干部。1953年底，父亲被特派到江西省志愿军第三康复医院任政委（院址驻鄱阳）。这个医院里养伤治病的都是从朝鲜战场转下来的士兵，长期以来伤病员之间闹派性纠纷不断，有时还发生打群架现象。父亲一来，便以其威望和公正迅速平息了院里长期无法制止的派性纠纷。

　　1958年，戎马半生的父亲从省军区转业，原已被安排在省城工业厅当厅长，此时上饶地委书记黄永辉到省城给转业军人们做报告，动员大家去上饶建设新区。黄永辉曾在浮梁分区和省军区等部门工作，1954年才调到上饶，德高望重，极具个人魅力。父亲原先就和黄永辉相熟，听了他的一番演讲后，

---

[1]《德兴市志》2010年版，见人物传。

听说上饶急需干部，就毅然选择到上饶工作。晚年时他提起这段往事时说："我土改时就和黄永辉在一起，非常钦佩他的工作能力和为人处世，所以我宁可放弃大城市的工作待遇，去条件较差的上饶工作，就是为了追随他。和他在一起，我觉得舒心。"遗憾的是，父亲到上饶不满一年，黄永辉就因积劳成疾，不幸患肝癌英年早逝。

父亲一生热衷于经济建设。1958年，父亲由邵式平省长任命为上饶专署副专员后，勇于开拓新的建设领域，先后主持兴建了上饶的德兴铜矿、大茅山垦殖场、玉山七一及王宅等大

原上饶行署副专员李明

中型水库、怀玉山盘山公路、八官公路、官溪大铁矿，开发组建信丰农场等大型建设项目，始终处在最艰苦的第一线。

1962年，父亲接到省政府调令，去省属大型国企——新余钢铁厂任厂长兼党委副书记，全家的行李都已打包待运。那时搞工业吃香，工资也比地方高得多，人们都很羡慕。此时上饶地委突然决定将父亲留下，前往鄱阳湖边的血吸虫病重疫区——余干县，组建地区信丰农场。（那时以粮为纲，地区每个常委都要负责建一座农场）父亲完全可以根据省政府调令不服从地委的安排，一走了之。但他却留了下来，放弃了省属大型国企的优厚职位，响应党中央大办农业的号召，以专署副专员的身份，在鄱湖荒滩上建起了体制健全、功能多样的上饶地区信丰农场。这个农场聚集了全国许多优秀的大中专毕业生，各行各业都走在全省前列，成为当时农业战线的一杆标杆，曾被评为全省全国的先进。他自己却因与干部知青同劳动，染上血吸虫病，在医院又被小护士用错了药，险遭不测，经急救才脱险。

父亲长期主管农业，在他的努力下，20世纪60到80年代，许多农林单位都开展科研活动，建起一流水平的农林基地，试验嫁接出梨苹果、橄榄、红心李、大蟠桃、补血糯等优良产品。他特别重视植树造林，很早就具有了环保意识，爱护周围的山水草木，每到一处，无不倾力动员地方保护环境多栽

树，并想方设法引进优良速生树种。看到德兴等地为搞建设而毁林，他非常痛心，每当有人来找他批木材指标时，他总是抓住机会要求对方造林，不厌其烦地宣传森林的重要性和造林的好处。许多老人们说，德兴市后来成为全国林业先进，与他的关心倡导有极大关系。后来由地区级降为乡级的余干县信丰农场，至今还保留着父亲当年栽种的一片树林。

1978年，"文革"结束后落实政策，父亲复任上饶行署副专员①，时年已65岁，仍常年奔波在农林生产基层，爬山时连随行秘书都跟不上他。晚年时，他退养在家，仍然到处宣传环保的重要性，要求德兴矿山复绿，要求鄱余万湖滩造林，甚至长年买谷子喂院里的麻雀等野鸟，说鸟多虫害就少。每逢父亲呼叫撒粮时，大群的麻雀黑压压地飞来，落满家里后院树梢，成为父亲晚年一景。

用权不谋一己之私

父亲一生廉洁，有时甚至不近人情。他对子女一向严格，要求我们下放农村，接受磨炼。从不利用职权给子女以特殊照顾，即使有招工、征兵的机会，也不让我们去。我下放在农场时，有一次，作为先进团干部去县里开会三天。返回农场后，父亲竟然要求我将这三天缺工的劳动日补上，让我一个人顶着骄阳在地里除草间苗。直到退休，他不准我们用他的车，偶尔用用家里的电话，他还很认真地要我们去邮电局交话费。为此，我们很多年都不能理解父亲，心中很有些抱怨。

1960年秋，父亲去乐平开会，回上饶时途经余干黄金埠稍事休息。当地粮管所的干部听说弟弟刚刚出生，便送了一袋糯米来，让父亲带回去给母亲月子里补补身体。那时正值三年自然灾害国家困难时期，我们家又是个大家庭，因人口多（加外公外婆和小姨一家全家共计十多口人），日子过得紧巴巴，有时每天只有两顿汤可鉴人的稀饭，因为饥饿，我和妹妹还偷偷吃过米糠。困难时期，一袋糯米可是金贵物，但父亲婉言谢绝，不肯接受。事后有人将糯米直接交给了司机，父亲上车发现后，又拿了下来。有人便趁父亲与

---

① 1978年原上饶专署改上饶行署。

大家话别时，悄悄将糯米塞到了车厢里，谁都没注意。车行一段路后要过渡，司机下来给车加水，发现了那袋糯米。父亲听说后，皱皱眉立即要司机将车子调头，坚持将糯米送了回去。父亲三拒糯米的事，至今仍被当地人传为佳话。

父亲在志愿军康复医院当政委时，救助过一位双腿溃烂无钱医治流落街头的老渔民，老渔民康复后，无以报答，为了感谢父亲，他回莲湖老家后，特意去收集了一些天鹅、野鸭绒毛（那时鄱阳、余干有冬猎候鸟的习俗），做了一床鹅绒被送来。那时的鹅绒被可是稀罕物，但父亲坚决拒收。

这样的事，发生过很多很多次。有时只是一些不值钱的生活用品，但父亲就是不肯收。在农场时，因交通不便，物资匮乏，连菜也不常有卖。有一次父亲生病，人们听说后，有人便送了一锅炖鸡来，还有人送了一钵手擀鸡蛋面。但父亲坚决不收，硬是让我一一给人送了回去。我那时年幼，不谙世事，退礼时尴尬得不知如何措辞，心里很责怪父亲的不近人情。今天才明白父亲这样做，正是出于立党为公、执政为民而严于律己的道理。

父亲的廉洁自律，是在长期的战争生活中养成的，在大部队北上南下时，父亲常常掌管着大量的钱财物资，但丝毫不为己用。和过去很多老干部一样，他早已养成了不收礼、不受贿的习惯，哪怕是点点滴滴。真正做到了为官一世，一身正气，两袖清风，清清白白，一尘不染。

结缘伟人 不辱使命

父亲一生结识过很多英雄和大人物，但他从不张扬，只是晚年聊天时会偶然说起，我们才知其中的渊源。如江西首任省长邵式平，早在晋察冀抗大时就是父亲的副校长，与父亲有师生之谊，而且一直十分器重父亲。又如民族英雄马本斋，和父亲既是战友又是乡亲，两家村庄距离相近，又时常同去冀中军区开会，战斗中相互配合，关系十分密切。马本斋母子为国捐躯后，父亲还组织了隆重的追悼会。后来在东北，父亲又结识了林彪夫妻，对林彪始终怀有敬仰之心。至于与刘少奇等国家领导人的相识，从"文革"中家里被毁掉的大量照片上也可略知一二。

但父亲一生最为自豪的，应是与周恩来总理的结识。

父亲与周恩来的相识，始于20世纪30年代末至40年代初。1939年，父亲被中共交河县委选送至晋察冀边区抗日军政大学，学习文化与政治、军事。（同被选送的还有一位女同志，在鬼子扫荡时牺牲了）父亲进步很快，没多久便成为那批学员中的佼佼者，政治军事名列前茅，还当了一阵小教官。后来又被推荐到抗大总校深造，毕业后去了延安。在那里父亲第一次见到了敬爱的周恩来副主席。有一次，抗大选送一批刚毕业的军政干部去冀中敌占区开展抗日工作，父亲因熟悉河北地情，枪法又好，被选为护送的领队。临行前夜，周副主席前去看望即将奔赴冀中前线的干部，得知父亲是领队，便与父亲聊起了天。当得知父亲的大名已被日伪军通缉，他立刻建议父亲改名。问了下家中情况，得知我祖母姓李，周副主席沉吟了一会说：我看你就叫李明吧，李明与"黎明"谐音，我们现在的处境，就好比黎明前的黑暗，但黎明很快就会到来的。从此，父亲便以李明的化名，奔走在根据地和敌占区之间。此前父亲为保护家眷，已换过很多化名，而"李明"成为他最后一个化名，因为是周恩来副主席取的名字，父亲一直很珍惜。此后环境再险恶，他都一直保留着此名，直至离世，都未再恢复商振江的原名。

中华人民共和国成立后，父亲常去北京和江西省会南昌开会，有机会向周总理当面汇报工作，见面的机会也就多了，有时一年都能见上两次。1958年至1960年"大跃进"时期，浮夸风盛行，很多地方都在大放虚假"卫星"，出现了许多虚报产量的事。依照这种虚假报告制定的国家征收粮食额度，严重超出实际产量，导致产生一系列恶果。此时，鄱阳也出现了将万斤粮食放在一亩田里，上报"亩产万斤"的假消息。据说消息传出后，当时江西交公粮最高的九江，提出上饶也应增加上交公粮数。虽然大家都明知这其中有假，但在当时"左"倾错误严重泛滥的大环境下，没人敢明说。父亲对这些祸国殃民的虚假行为义愤填膺，决定不顾一切也要向中央汇报。父亲说他利用在京开农业汇报会时，"带着负荆请罪的心情"，向周总理汇报说："鄱阳放卫星，亩产万斤粮，这个事情是假的，亩产根本没那么多。"周总理笑着回答说：中央已经知道了，已经掌握了这个情况。父亲才如释重负。

此事之后，在一次农口大会上，周总理点名让"父亲负责建设一个农业现代化的试点和样板农场，向鄱阳湖要粮"。父亲牢记周总理的嘱托，放弃了去省大型国企任职的机遇，将一个荒湖滩地建成一座体制健全、功能多样、省内一流的现代化农场——上饶地区信丰农场。当年为创办这所现代化的农场，父亲殚精竭虑，每日早出晚归，与干部、知青同吃住同劳动，整日两腿泥水。农场里面医院、商店、学校（小学和共大）、加工厂、拖拉机站、修配厂、砖瓦场、林场、果园样样齐全，而且聚集了来自全国的大中专毕业生，俨然一个小社会，远近驰名。真正成为当时农业战线上的一面旗帜、标杆。记得那时果园里的果树，全是技术员按当时高水准的技术栽培的，无论从哪个方向看都是一条直线。里面的树种都是从全国各地调来的优良品种，夏秋两季果实累累，有蟠桃、红心李、大梨子、芝麻香瓜等。蟠桃的直径达三四寸，大的重达半斤左右，白里透红，令人不忍下口。最难忘的是红心李，外绿内红，呈鸡心状，又甜又脆。每当成熟时节，果实密密匝匝、累累垂垂挂满枝条，姹紫嫣红，鲜艳夺目。常有胳膊粗的果枝被压断。可惜那时没有相机记录下这美景。还有一种罕见的红色糯米，称"补血糯"，是父亲为解决农场里撂荒的深水沼泽地而引进的一种深水稻，又名"汋水禾"，稻子成熟后达一人多高，秆粗粒大，米粒鲜红香糯，是贫血病人和产妇的补品。因品种罕见，极受推崇，所产稻米多被调往中央。"文革"中仓库稻种被抢一空，此后失传。前几天看到湖南报道说培养出了高大的深水稻，可信丰农场早在50年前就已经有了类似的良种。

这些优质产品，当时远近驰名，极受欢迎，后虽因农场的没落和管理人才的流失而失传，但至今仍被人们津津乐道，赞叹不已。

乐善有恒　大爱无疆

父亲虽然身居高位，但从不居功自傲，一生平易近人，宽厚博爱，无论对待下级还是家中保姆、街道清洁工、素不相识的残疾人，全都一视同仁，只要见人有难，总是尽力帮助。

20世纪70年代，电视机刚刚问世，家里买了一台九寸的小黑白电视机，弄堂里的居民听说后，全都挤进我们家里观看电视节目。每天晚上，家里闹哄哄的，从大厅到门口，总是挤得满满的，连落脚的地方都没有，我们被扰得不得安宁。父亲却总是热情接待，不准我们有不满脸色，还指挥着我们搬凳子倒茶水，招呼大家就座，却让我们站在后面"听"电视。

1953年，父亲在江西省志愿军康复医院（院址在鄱阳）任政委时，有一天在鄱阳街上路遇一位老人，老人本是个渔民，因常年在水中打渔讨生活，腿生恶疾无钱医治，导致双腿严重溃烂流脓，不能站立行走，只能流落街头，在地上爬行乞讨。父亲问明缘由，立刻叫来两个战士，将这位老渔民抬进医院，请医生进行救治，直到痊愈出院，父亲连他的姓名都不知道。

20世纪五六十年代，那时候父亲和地委、专署的领导干部，年节大都在基层过，很少有待在机关里的。1961年春节前夕，哥哥学校放假，因其年少顽皮，父亲怕他在家惹事，所以带他下乡。大年三十的下午，父亲从乐平涌山煤矿开完会，又赶去鄱阳，恰遇漫天大风雪。离鄱阳还有一段路时，路遇一个农村妇女带着三个年幼的孩子，手牵一个，抱着一个，背上还背着一个，大的才七八岁。母子四人在风雪中一步一挪，艰难前行。父亲见状立刻让司机停车，问她们去哪里？农妇回答了一个地名，父亲吃惊地说：哎呀，那还有很远很远呐，你们这样怎么走啊？父亲当即叫哥哥和秘书都下车，让司机和保卫干部护送她们母子四人去目的地，然后他们三人步行，边走边等候司机返回接他们。哥哥回忆说，那天风雪特别大，寒冷彻骨，风雪刮在脸上像刀割一样生疼。父亲带着哥哥和秘书，冒着大风雪，在雪中深深浅浅地走了一个多小时，才与返回来的司机会合，重新上车，到鄱阳时已是深夜。

听他的部下说，这样的事有过多次。有一次他下乡至德兴山区，时逢大雨，见一农妇携小儿在雨中蹒跚，他立即让司机停车，请其上车，送至家中。

父亲一生节俭，生活上非常朴实，直到晚年，子女们给他买的好烟，他都拿到小卖部去退换成很廉价的差烟。20世纪五六十年代，他因为是在部队转业下来的，初到地方时工资较高，他常因自己工资比别人高而不安，一生竟三次将晋级加薪的指标转让他人。

但他这一辈子资助的人，无以计数，无论是他的老部下、同事、邻居、农场知青，甚至路上遇到的里巷小市民、残疾人或乞丐，只要看到别人有困难，无论认识与否，他都慨然相助。而且常常是倾囊而出，掏空腰包。他的工资，有相当一部分被用于帮助别人。而女儿下放时向他要两块钱买个新脸盆，他都舍不得。

"文革"初，父亲下放在农场任党委书记时，有位知青因父病逝来请假回家治丧，父亲批假时问他：回家有钱吗？那知青掉泪答：没有。父亲二话不说找出十几元钱给他。那是当时一个知青两个多月的生活费啊，而父亲当时每月工资都被造反派扣掉，仅发生活费。那位知青到现在说起此事，仍不禁哽咽。

有一次，父亲与哥哥在街上遇到一个无法行走的残疾乞丐，趴在地上乞讨，境况十分凄惨。父亲当即把身上所有的十几块钱，还有一些粮票，都掏出来送给那个乞丐。那时的十几块钱，相当于一个工人一个月的工资，就这么送给一个素不相识的乞丐，哥哥想不通，埋怨父亲几句，却被父亲含泪教训了一顿。

父亲一生到底救助过多少人，我们不知道。但听过很多很多人对我们述说父亲曾经帮助他们的故事，有些事在今天看来似乎不值一提，如每年都为某贫困户送一大车的柴火，过年时总是送钱给里弄的贫困户，有些老部下来访，聊家常时说起家里困难，临走时他总是要塞些钱物给人家。虽然都是些小事，但却反映了他持之以恒的乐善好施。此类善例，不胜枚举。

也正因为父亲常怀亲民之心，多行为民善举，"文革"中当他受到造反派的冲击迫害时，农场当地的农民群众自发地起来保护他，有人甚至将他藏在圩堤上的茅棚里几天。他去世时，听到消息前来参加追悼会的人，有很多是自发而来的普通百姓，仅从外地赶来的农场知青，先后就来了几十人。

为官一时，为人一世。父亲一生转战南北，在60多年的革命生涯中，对党对人民无限忠诚，对革命事业矢志不渝，他把毕生的精力都献给了祖国的解放事业和社会主义建设事业，为后人留下了一笔宝贵的精神财富。他是真正悟透了为官和为人的亘古之道，才能做到行高于众，大爱无疆。

父亲虽逝犹生，德范长存，他的高风亮节将永远活在我们心中。

【信州艺苑】

从信州走向文坛

——张恨水生平与创作道路

吴凑春

一

张恨水，1895年5月18日（农历四月二十四日）生于江西广信西大街老城南门口（今上饶市信江东路夜市街），1967年正月初七晨病逝，享年72岁。曾名芳贵，谱名芳松，学名张心远。他的笔名很多，最初用的是"愁花恨水生"，其他有：哀梨、哀、梨、并剪、旧燕、藏稗楼主、画卒、崇公道、于戏、半瓶、逐客、报人、不平、我、油、大雨、杏痕等。他最常用笔名"恨水"，是1914年给汉口一小报投稿时取的，采南唐后主李煜词《相见欢》（又名《乌夜啼》）中"自是人生长恨水长东"句截取"恨水"二字。意思是勉励自己珍惜光阴，不让时间如水一样白白流逝。

张恨水祖籍安徽潜山，后移居江西，其父钰，曾在景德镇做税务官。张恨水因家境不宽裕，少年读书不多，童年在江西的上饶、景德镇、南昌、新干等地度过。因此，他说话夹杂着江西和安徽两种口音。

张恨水是我国著名的小说家，一生著有《春明外史》《金粉世家》《啼笑姻缘》《八十一梦》等120多部小说，总字数达3000多万字，其中绝大多数是中、长篇章回小说。他把中国传统的章回体小说与西洋小说的新技法融为一体，语言风格古典与现代相通，雅俗共赏。其作品风行于华人世界，文学史上把他看作是20世纪通俗文学的经典巨匠，被尊称为现代文学史上的"章回小说大家"和"通俗文学大师"第一人。

6岁时，张恨水开始习读"三百千"（《三字经》《百家姓》《千字文》）和四书五经等典籍。稍长他阅读《列国志》《三国演义》等文学书籍，甚至于看《红楼梦》等。加上童年的好学，他阅读了大量古今中外的文学作品，并揣摩其中"腾挪闪跌"的写作方法。

他1919年在报纸连载第一部长篇小说《南国相思谱》。五四运动后，他希望到北京大学读书。但是沉重的家庭负担，使他到北京后只能成为一位报人，先后任几家报社的记者、编辑。在编报纸副刊时，他需要刊登自己的小说以充篇幅，只好自己动手写作，却由此显露了自己创作小说的才华。

1924年4月起他在《世界日报》连载《春明外史》，至1929年1月止，一举成名。该作的重要成绩之一，是体现作品在反"大团圆"的结局模式，增加了通俗小说的悲剧感和反映社会的深度。

1927年2月起他在《世界日报》连载《金粉世家》，至1932年5月历时5年。这是张恨水第一部具有现代意义的通俗巨制。作为表现大家族崩溃命运的小说，该作经常被学者拿来与《红楼梦》相比，也被平行地与巴金的小说《家》作比较。

1930年12月三友书社出版的《啼笑因缘》，是奠定张恨水作为全国性市民通俗小说大家声誉的作品。该作最初连载于同年3月至11月的《新闻报·快活林》上。《新闻报》是当时上海一份非常流行的报纸，经此张恨水成为一位有全国性影响的作家。据胡风回忆，当年鲁迅特意寄给母亲看《啼笑因缘》，还开玩笑说："我的版税就是这样用掉的……"作者自己也曾说："我这次南来，上至党国名流，下至风尘少女，一见着面，便问《啼笑姻缘》，这不能不使我受宠若惊了。"其后各色人等所作"续啼笑因缘""新啼笑因缘""反啼笑因缘"一类的书达十余种。于此足见该作的影响力。事实上，该作创了市民读物畅销的纪录，在作者生前印行了20多版次，达十几万册。

成名作《春明外史》和代表作《金粉世家》情节生动，格调高尚，在北方深受好评。由于当时交通不发达，媒体传播相对迟缓，张恨水的影响和作品发行网络还只能局限在华北一隅。《啼笑因缘》诞生在南方，被视为异军突起，充满"京味"魅力，是作者一生最享盛名的作品。就这样，张恨水由北而南，大红大紫于中国广大读者群中。难怪老舍先生生前曾评价张恨水为国内唯一妇孺皆知的老作家。

张恨水在抗战期间及之后的创作进入一个新的阶段。他不再是迎合市民读者的流行小说作家，而是腐败社会的无情的诅咒者和批判者。代表作如《八十一梦》《魍魉世界》《五子登科》等，社会蕴含和批判精神均进一步强化了。其中《八十一梦》实际只写了14个梦，对国难期间大后方的丑陋现象做了奇特的观照，是一部社会讽刺幻象小说。《魍魉世界》原名《牛马走》，描写了奉公守法、甘赴国难的牛马和寡廉鲜耻、追逐利禄的牛马，在对比中反映大后方的生存现实。书中有一名言："当今社会是四才子的天下，第一等是狗才，第二等是奴才，第三等是蠢才，第四等是人才。"这样的世界，真的是"魍魉世界"。《五子登科》则揭露战后到处侵吞"金子、女子、房子、车子、条子"而大发横财的那些国民党政府的"接收专员"们的丑恶嘴脸。

解放后，张恨水曾任文化部顾问、中国作家协会理事等职，并改写创作了《梁山伯与祝英台》的历史故事等。

二

张恨水继承古代小说传统，在沿着老百姓喜闻乐见的民族形式发展道路上，使通俗小说的现代化突进到一个新的水平，使轻视通俗文学的某些精英作家也不能小看这位通俗作家的存在。可以说他是使通俗小说在现代中国历史上再度中兴的头号功臣。

张恨水的主要成就和贡献是把中国旧式言情小说改造成为适应新时代需要的社会言情小说，并对传统章回小说进行了重大改良，使之完成了向现代的转型。要评价张恨水的通俗小说创作，我们必须回到20世纪20年代历史现场。当时，知识精英文学在舆论上占据了主流和中心的位置，对市民通俗文学和通俗文学作家持鄙视、打击立场。鲁迅就曾认为他母亲看《啼笑因缘》这样的作品，就是因为"她的程度刚好能读这种书"，他对胡风提到了鸳鸯蝴蝶派影响的严重性，认为"应该做工作消解它"。这流露出他对通俗文学的轻视态度。显然，他完全是站在新文艺精英知识分子立场的。由此观之，张恨水是在艰难跋涉，克服了重重阻力，勇敢闯出一条改造旧章回小说、吸收五四新小说一些技法的创作道路的，实属不易，功勋卓著。如钱理群等著《中国现代文学30年》所说，张恨水"经过自觉的改革，创立了现代性的章回小说体式"，"完成了他实现章回小说体制现代化的文学革命"。因此，可以说张恨水是20世纪中国文学史上少数几个最杰出、最有影响的通俗小说大师之一。

除了小说，张恨水在旧诗、散文领域也多有建树，尤其是散文，其创作总量至少在600万字以上。如1945年出版的《山窗小品》，很多作品是淡定闲适而又隐含锋芒机趣的小品散文，具有独特的价值和艺术魅力。另作有近5000篇杂文。

张恨水的文学作品，因为受到广大读者的欢迎，很多成为影视剧改编的来源。据不完全统计，《啼笑因缘》先后被13次改编成影视剧，《金粉世家》6次，《秦淮世家》2次，《夜深沉》3次，《黄金时代》（又名《似水流年》）2次。其中以2003年董洁、陈坤、刘亦菲主演的《金粉世家》，2004年袁立、胡兵主演的《啼笑因缘》，2006年陶虹、何冰主演的《夜深沉》等作品，最为大陆今天的观众们所熟悉。

关于张恨水小说受到影视剧改编追捧的火热程度，可以从民国改编电影《啼笑因缘》的"双包案"中窥见一斑。1932年《啼笑因缘》单行本出版后，当时上海的老牌电影公司——明星影片公司向张恨水购得版权，计划改编成电影。该公司把作品名字改"因"为"姻"，易名为《啼笑姻缘》。为了一鸣惊人，还把作者张恨水请到上海，每月发给工资数百元。原计划拍上、中、下3集，后认为这部改编之作肯定叫座，又决定拍成6集，并由无声改为有声。明星公司购得版权后，片子还没有动手拍，报纸早已登出大幅广告，在大肆宣传的同时，还在媒体刊登"声明权益所有，不准他人侵犯"的通告。就在此时，由刘筱衡、蓉丽娟主演的同名京剧《啼笑因缘》在上海的北四川路广东大舞台上演。明星影片公司得知后，派出聘请的常年法律顾问顾肯夫等人提出严重警告，不准公演。后来通过流氓大亨黄金荣出面调停，改名《戚笑姻缘》，才同意作了短期公演。

巧合的是，在1925年创办了大中国影片公司的顾无为此时正在南京办大世界游乐场，也在演出《啼笑因缘》舞台剧。明星影片公司以侵犯版权为由，告了顾无为一状。面对侵权事实，顾无为疏通无效，只好对簿公堂，出庭应讯。

眼看官司失败的顾无为意外得知一个消息，明星影片公司虽然拥有《啼笑因缘》的小说版权，但他们没有向国民政府内政部拿到电影摄制许可证。

他急忙以大中华电影社的名义，赶写出一部《啼笑因缘》的电影剧本，打通国民政府内政部，获得摄制电影《啼笑因缘》的许可证。随后顾无为立马在上海报纸上，登出醒目启事，并配发内政部颁发的许可证照片，同时声明大中华电影社取得正式摄制电影的专利权，以后任何人不经许可，不得摄制电影。

顾无为戏剧性绝路逢生，变被动为主动，变被告为原告。而明星影片公司原以为稳操胜券的这场官司，一夜之间乾坤颠倒，输了精光。后来双方还搬出杜月笙、黄金荣这两位上海江湖老手来站台。这次官司从1931年10月一直打到1932年9月，双方在长达一年多时间里你争我夺。因《啼笑因缘》版权纠纷所引发的这场官司，当时被称为"《啼笑因缘》双包案"，是中国电影史上的第一桩官司。可以说，这场讼诉打得"南北哄传"，"既啼又笑"。由此不难想象，当时张恨水的小说受到大众追捧到了什么样的程度。

三

张恨水一生足迹遍及大江南北，到过无数的地方，但与江西上饶有着非同寻常的因缘。他在上饶出生长大，7岁时已迁家景德镇。9岁时因为父亲往南昌任职，遂移家住南昌。11岁时父亲病逝，他全家转回安徽潜山原籍。他虽然在上饶生活的时间不长，但是对儿时生活过的故乡也是念念不忘。1939年9月的《前线日报》曾发表一篇张恨水的散文《我与上饶》里面就写道："……真愧对昔日上饶街头观我坐轿父老也"，"每出郊，常过一横跨河面之浮桥。儿时以浮桥为奇，故上饶之桥于予印象较深也。"《我与上饶》字里行间透露出了张恨水对儿时上饶的深深眷念。

据张恨水自言：其祖父张开甲曾随曾国藩作战十余年，得红顶花翎三品衔。因为不是湘人，不得提携，终身坎坷。直至光绪三十年后，得友人帮助，才得任广信府参将。其父张钰亦在广信税务当职员。因而张恨水也在上饶出生。并在上饶度过了童年和少年时代。1939年，《战地》报曾发表一文，叙恨水与上饶事，其中对他祖父的记叙有误。于是，他专门写作了《我与上饶》的文章，发表于该报。文中回忆了他的童年生活，跟从祖父阅操出巡，同乘肩舆，"轿前旌旗招展，剑戟罗列，侍卫鸣金呵道。途人鹄立目送之"的盛况。尤其记得出郡过浮桥，印象极深。文中回忆父亲本将门之子，习武善骑，持丈八长矛,有小张飞之号。一次受同营招待,随十余骑下乡观剧,"归已黑夜,途遇大雨,父以衣履予,狂驰二十里回署"。后父亲弃武就文,恨水亦入蒙学。当年之豪气,无复存者。在就读之书馆,他沉溺于《西游记》《东周列国志》一类古典小说中,尤其喜爱《红楼梦》的写作手法,醉心于风花雪月式的诗词典章及才子佳人式的小说情节。这为他今后的艺术创作,打好了基础。

后来张恨水常提及上饶童年趣事。晚年的他向人提及最多的就是自己在上饶的童年趣事,祖父的英武慈祥以及自己在上饶城里城外的快乐而有趣的童年往事。他在《回忆录》中有过一段详细的文字描述:"忽然发现船篷底下有一本绣像小说《薛丁山征西》,我一瞧,就瞧上了瘾,方才知道小说是怎么一回事。"南门外信江码头上这本小小的书,引导了张恨水后来一生的旅途。从此,他开始沉溺于《薛丁山征西》《西游记》《列国志》《水浒传》《封神演义》《聊斋志异》一类古典小说中,而父亲为他选的书馆老师恰好也是一位小说迷。张恨水在《回忆录》中还说:"我家里请了一位先生,这位先生也爱看小说,他常常带一本《三国演义》来,我有机会就拿起来看一点……我把零用钱积攒下来,够个几元几角,就跑到书铺里去买小说书。有时候父亲要审查,他只准我看《儒林外史》《三国演义》之类,别的书往往被扣留,有时还要被痛骂一顿。于是我把书锁在箱子里,等着无人的时候再拿出来看。"

2012年5月上饶市信州区政府筹集巨资在三江片区动工,新建杨家湖湿地公园,其中工程一期即是"张恨水公园",现在已经竣工。后来,张恨水长女张明明女士、四子张伍先生等来到上饶寻访父亲在上饶的早年足迹。张明明女士、张伍先生在"张恨水公园"欣赏一件件张恨水文化景观雕塑作品时,感动地反复说:"上饶人没有忘记张恨水,建了这么大的一个纪念性公园!我们衷心感谢上饶人记着家父!"

(作者简介:吴凑春,上饶师范学院副教授,文学博士)

附：

我与上饶

【民国】 张恨水

不久以前，《战地》发表一文，叙恨水与上饶事，误先祖父焉。先父颇拟修函剑兄更正，旋以他故，返忘之。今提笔为《战地》写稿，又思及之矣，请约略言其事。

先祖父讳上字开，下字甲，曾随曾国藩作战十余年，得红顶花翎三品衔。故以非湘人，不得提携，终身坎坷。而公又赋性落落，不奔走王公之门。直至光绪三十年后，其蒙兄子爵黄某过赣，见其贫而怜之，为言于督抚，乃一带景德镇保安军，指任广信府参将，时公六十有三矣。

余本非长孙，惟随先父（讳钰）从先祖宦游，公酷爱之。阅操出巡，骑马同乘。尝与先祖同乘一肩舆祀冥庙，轿前旌旗招展，剑戟罗列，侍卫鸣锣呵道。涂人鹄立，目送之。初语曰："轿第一小儿，张大人孙也。"归，先父切谏："为国家典制，不得为孺子仁乱。黎民肃立致敬，小儿尤无此福。"先祖父笑而止之。然出衙仍必携之与俱，改与先父同骑，随之后乘而已。每出郊，常过一横跨河面之浮桥。儿时以经桥为奇，顾上饶之桥，于予印象极深也。

先父以将门之子，习武善骑，所持丈八矛，遂有小张飞之号。时先父二十七八岁，在上饶曾代先祖父出征土匪，二次皆捷。一次受同营招待，承洪骑十余下乡观剧，余又兴盛会，归已黑夜，途遇大雨，先父攫鞍，以衣履余，狂驰二十里回署。先祖父闻之大惊，即牵视爱抚，见予神色自若，大笑抚予背曰："张某之孙，当无阿斗。"自是爱予更甚。令予罢中骑者，学习弓箭，日以为课。明年先祖将调河口协镇，未至而卒。先父弃武就文，予亦入蒙学，至今遂成一穷措大，当年豪气，无复存者。真愧对上饶昔日街头观我坐轿父老也。

中国积弱之因，轻其道甚，多而祛之，重文轻武，乃为主因。百年来，虽为将门之子亦多弃长旌大战，而握毛锥子，可概一生余矣。恤予家乘既竟，颇有兴感，容他日详言之。

思致隽逸 绵密郁勃

——信州文人画家黄起凤

潘旭辉

上饶地处赣东北，四省通衢，山清水秀，人杰地灵，自古文风鼎盛，唐宋以降文人墨客多会聚于此，于书画史可称大家者即有唐阎立本、宋朱熹、元周伯琦、明祝世禄、清齐彦槐等；晚清民国以来，书画家更是层出不穷，信州黄起凤便是其中杰出的一位。

黄起凤，近代画家，字晓汀，号西江学人，寒山，晚号鹤床居士，鹤床逸叟，鹤叟，晓道人，晓汀居士，黄山翁，室名芝兰室，芝兰仙馆，读书养性之斋，上饶（今属信州区）人，父云亭，能书画。幼从父习画，童年即能对花写生。早年旅学浙江。后居桐庐十余年，工山水，花卉，诗文，饶有书卷气；初宗"四王"晚年作浅绛山水，亦近石涛，笔墨恬静，思致隽逸；又有似黄鹤山樵一路者，绵密郁勃，气息醇厚，张大千居沪时亦颇服膺，亦善写真，流传甚佳，晚年虽病偏瘫，仍作画不辍，传世作品有《松下谈道图》等。

一、生卒年考略

上海人民美术出版社出版俞剑华编撰的《中国美术家人名辞典》援引《枫园画友录》中记载黄起凤生卒年为：生于光绪十五年（1889）卒于民国二十八年（1939？），在1939年后加"？"号辛巳）以后，可能卒于1942年（壬午），因为在黄起凤的传世作品中我所见到1939年以后的作品即有：1940（庚辰）作的《山居读易阁》，其落款为"仿宋旭笔法，以为芗耕先生方家雅教，庚辰冬黄晓汀画。"钤印为："黄起凤印""晓汀画记""晓汀先生五十以后所作"；1941年（辛巳）作的《湖庄清晓图》，落款为"湖庄清晓，辛巳五月，黄起凤画。"还有著录的山水成扇一件，所记时间为1942年（壬午）所作，惜未见实物。根据黄起凤最晚的作品判断其卒年当为1941年（辛巳）五月以后。

秋山观瀑布

二、书画艺术成就

　　黄起凤一生作品以山水画居多，占十之八九，亦有少量的花卉及肖像作品，书法作品亦不多见。黄起凤出生于一个书画世家，父亲黄云亭即为书画家，黄起凤自幼从父习画，后又入上海龙门书院（后改为苏松太道立龙门师范学校），民国元年（1912）改名为江苏省立第二师范学校，民国十六年（1927）与江苏省立第五商业学校合并为江苏省立上海中学，即为解放后的上海中学；当时就有著名书画家沈恩孚、袁希濂等在校任教，培养了很多杰出的人才；黄起凤当在此时受过系统的教育。他的山水初宗"四王"，"四王"即为清初山水画家：王时敏、王鉴、王翚、王原祁。王时敏为清初画苑之领袖，王翚为其弟子，王鉴与其是同乡，王原祁为其孙。"四王"提倡摹古，笔墨功力极深，画风对后世影响很大。晚近石涛（1642—约1717），清画家，本姓朱，名若极；出家为僧后名原济，或元济，别号石涛，苦瓜和尚，大涤子，清湘散人。明藩靖江王后裔，父朱亨嘉于南明隆武时在广西自称"监国"，遭

松荫图觅句

俘杀，他便四下隐匿，后出家为僧。早年游历名山大川，后居安徽宣城，又迁南京，并北上京师，晚年寓扬州，以卖画为生。擅画山水、花卉、人物、山水师法宋元诸家，并受沈周、董其昌及梅清的影响，融古会今，参酌造化，自创面目，笔墨苍秀多姿，豪迈老劲，构图新颖，变化丰富，花卉萧洒隽朗，天真烂漫，清气袭人，人物生拙古朴，别具一格，其画论主张"法自我立"，强调个性，重视造化学养，"搜尽奇峰打草稿"，"笔墨当随时代，"传为名言，对后世影响很大。与髡残（石溪）并称"二石"，加朱耷、弘仁合称"清初四画僧"。亦近黄鹤山樵，黄鹤山樵即为王蒙（？—1385），元画家，字叔明，号香光学士、黄鹤山樵，赵孟頫外孙，元末事张士诚、官理问长史，后隐居临平黄鹤山，明初任泰安知州，因胡惟庸案受牵累，死于狱中。擅画山水，受赵孟頫影响，师法董源，巨然，集诸家之长，自创风格，以繁密见胜，层峦叠嶂，长松茂树，郁郁苍苍，气势充沛，笔力雄壮，变化多端，喜用解索、牛毛皴，干湿互渗，寓秀润清新于厚重浑穆之中；点苔多用焦笔，顺势而下，如高山坠石，倪瓒称："王侯笔力能扛鼎，五百年来无此君"，兼工人物、墨竹，擅行楷，端庄雅丽。与黄公望、吴镇、倪瓒合称"元四家"。对后世影响极大。文献记载黄起凤主要师法这三家。但根据我所见过黄起凤近百幅作品中以学"四王"的作品传世较多，此类作品用笔严谨，传统功力极深，且多大青绿，千崿万壑之作，代表作品有1939年作的《富春垂钓图》山水长卷，卷首有齐白石的题记"富春垂钓图"（篆书），晓汀居士晚岁仿古长卷，癸未冬齐璜题。卷后有陈半丁的跋："富春江旧乡邻烟，树云汀上景色新。如此江山如此画，输他清赏钓鱼人。晓汀先生此作用笔点染颇类烟客（王时敏），其平日功力可知，并题一绝以志观感，半丁老人八十有三。"学石涛之山水，多为师石涛晚年的所谓"粗笔石涛"，笔墨放逸，气息氤氲，以浅绛和水墨山水为主，多写小景，如《青溪逸兴图》即为此类作品。但黄起凤的山水作品以学黄鹤山樵王蒙一路的山水成就最高，也最为世人所推崇，此类山水以扇面居多，细致缜密，严谨精微，一丝不苟，简静松秀，潇洒出尘，皴擦烘染。气韵极为生动，从构图上看是像王蒙的，但在笔法形态上却大不相同，王蒙多用牛毛皴，而黄起凤则在皴法上多用己法，他主要用枯笔干钩，其线条如锥画沙，一波三折，皴擦不多，而是多用焦墨点苔，他不是用色彩来烘染画面，而是用色彩来作画，设色清雅，用笔极为精到，多见苍茫浑厚之势，以《松下谈道图》为代表。其实在我所见到的黄起凤的诸多作品其画路极广，远不止以上这三家，唐宋以来据迹，董源、巨然、李成、范宽、米氏云山、南宋院画赵孟頫、元四家、高房山、方方壶、曹云西、戴进、明四家、谢时臣、董其昌、清初四僧、江西画派及清中期的张夕庵、戴熙等画家的画风多有涉略，摹古功力深厚，因取法各家，笔力灵秀幽雅，墨气苍润华淳，深得古人神韵，乃至受海派画家的影响以西洋画法入画，所以黄起凤并非一味地摹古，也极有创新精神，亦擅写生，晚年居桐庐后多见其写富春江之风景、山水，多为写生之稿，画风清新自然，处处显出一派新意，给人以清新扑面的书卷气，可称之为逸品。其花卉作品传世不多，以取法青藤（徐渭）、白阳（陈淳）为主，笔墨放逸淋漓，颇具大家风范，且多用水墨，构图简约，在惨淡枯硬中有一种超然于物外的清气。黄起凤之书法也极可称道，但因书名被画名所掩，且传世作品不多，鲜有人提及，他精隶、楷、行、草各体，以行草书常见，隶书习《石门颂》后参以李瑞清之笔法，浑厚多姿，楷书主要从晋唐出，楷法森严；行草书，初习黄庭坚，后习颜真卿，晚年转习董其昌，骨力俊秀，裹锋入纸，起止不露锋芒，如棉裹铁内力无穷，且擅临摹，其为民国政要陈果夫作的《仿倪云林山水轴》落款即为用倪瓒的书体与款识，与倪书如出一辙，不得不令人叹绝。

三、画史地位

大凡一种成熟的造型艺术都有其特定的形式语言，对于历经千年的传统中国画而言，文人画的精神、境界、格调等都已有公认的笔墨、技法即审美形式语言来之实现，自然这些完美的形式语言将其逐渐完善的历史，它是艺术史上众多杰出艺术家竭力奉献才智、添砖加瓦的一个漫长过程，就不知后继者要忝列其中该是何其之难。黄起凤虽为传统文人画家，他也不一味地摹古，不是"无景造象"，也不是"对景造形"，而是"对景造意"，抒写山水之神情，其山水画在民国初年享有很高的地位。曾参加国民政府教育部1929年4月10日在上海举办的全国第一届美术展览，后来民国著名画家陈定山曾撰文《从美展作品感受到现代国画画派》，他将展出国画分为六派：复古派（顾鹤逸、冯超然、吴待秋、黄晓汀），新进派（钱瘦铁、郑午昌、张大千、许徵白），折中派（高剑父、陈树人、何香凝、汤定之、方人定），美专派（刘海粟、吕凤子、王显韶），南画派（金城、萧谦中、齐白石），文人派（吴湖帆、吴仲熊、陈子清、郑曼青、狄平子）。他所指的复古派指延续"四王"正宗或兼师明代吴门四家的画派，举顾为首，随后列冯超然，吴待秋，黄起凤四人为代表。黄起凤在居上海未到桐庐之前的画风确实是以"四王"复古画风为正宗的，其功力达到了很高的水平，所以被举为复古派的代表，此方面的成就被张大千、陈半丁等人所推崇。黄起凤的交游也极广，自晚清上海开埠以来，工商业极为发达，当时全国很多书画家也都集中在沪，黄起凤与当时居沪的书画家多有往来，且经常合作书画，合作最多的为张大千、吴湖帆、马公愚、余绍宋、童大年、高时丰、朱积诚等，其中以和张大千的情谊最深，在《张大千传》中刊登的张大千老师《清道人画像》即为与黄起凤合作完成。李端清（晚清著名书画家、诗人、清翰林、江西临川人）的纪念像，张大千绘头像，黄起凤写衣履补景，在画面左侧裱边上有张大千署书真迹一行"先师李文洁公画像，新之仁弟供养，丙戌三月弟子张爰谨题"，画面右下角有一竖行行书，款曰："乡后学晓汀黄起凤补景"，题跋者三人，分别是朱孝藏，吴昌硕、曾熙，皆为民国的一流书画大家。在台北历史博物馆藏的张大千书画中还有这样一则题记："二十年前与西江黄晓汀同醉江山船上，历历犹眼前事，偶作此图，并录旧作于上，此乐何可复得，良可兴感，丁亥秋日，张爰。"可想与其情谊之深。民国时期黄晓汀的书画润例也是很高的，在《近现代金石书画家润例》所载1933年书画价目中，黄起凤的一张二尺五寸的山水标价为二十元，此时黄宾虹四尺山水为十二元，可见当时其地位是与这些书画大家并驾齐驱的，是民国书画史上承前启后的名家之一。

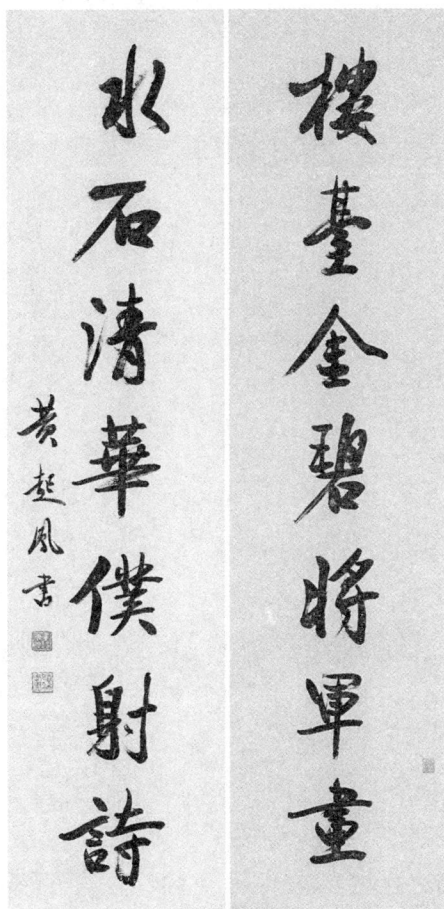

楼台金碧将军画
水石清华仆射诗
黄起凤书

行书对联

四、论画鉴赏

黄起凤虽为专业画家，但他亦精鉴赏，在流传的很多名家巨作中经常可以看到他的题跋，每遇宋元据迹，名家佳作往往临摹数遍，且对名家书画有独到的见解。如："郭河阳流传极多，顾见之怀尝饥渴，昔在戏梅楼得观，其笔力超逸奇，纯非能知正法者能窥其微蕴耶。""书画，文人雅士清闲之品也，胸怀清旷，明窗静几时则方能欣赏，如杂尘满目不可轻与人谈论书画而赏古人墨迹也。""叔明以吴兴山川为粉本，烟岚晚风，霜红林密，笔笔生动，当在巨然妙悟处参之，所谓直沂其源头也。""余爱戴文节画，亦雅亦秀，有词人风格，四王吴恽以后，风格四王吴恽文节均能仿佛。"其论画虽无惊人之语，但每每道出画之本源，似古人之胸意由其语出之也。

五、常用印鉴

黄起凤为典型的文人画家，用印地极为讲究，且多为佳作。《近代书画家印鉴款识》中刊载有数十方，我所见到的为五十余方，大致可分为三类：一为名号印，有"黄"（朱文）、"黄起凤印"（白文）、"晓汀"（朱文）、"西江黄氏晓汀长寿"（朱文）、"黄起凤印"（白文）、"起凤涂鸦"（朱文）、"晓道人"（朱文）、"鹤床逸叟"（朱文）、"鹤床长年"（朱文）、"晓汀客桐"（朱文）、"黄山翁"（白文）、"西江学人"（朱文）、"起凤长寿"（朱文）、"晓汀书画"（朱文）、"江西寒山黄晓汀印"（朱文）等。二为斋馆印，有"芝兰室"（朱文）、"芝兰仙馆"（朱文）、"读书养性之斋"（白文）、"晓汀山房"（白文）。三为闲章，有"老问江南作画诗"（朱文）、"能除一切妄根"（朱文）、"万里江山鸿通"（朱文）、"偶爱宁静"（白文）、"风月平分"（朱文）、"读书不求甚解"（白文）、"古信州"（朱文）等；印为何人所刊已不可考，从其当时的地位肯定不乏名家，也可能有其自刊之印，风格近西泠浙派，有数方印风颇吴昌硕、童大年。

六、诗词风韵

黄起凤深谙诗词创作，但其生处民国乱世，诗文稿亦多散佚，又无诗文集传世，其诗文成就很难综述，只能从其题画诗中窥见一斑。如：

"云领天地静，秋清石壁高，
博大疾眼力，摹写到纤毫。"
又："爱此山中居，清荫满萝藤，
饱饮无所移，石山坐秋色。"
又："静云几万里，江山为神之，
比之黄一峰，苦居富阳上。"
又："云山烟树总模糊，此是南宫鹊突图，
自笑顶门天慧眼，临窗墨迹谈如无。"

诗风近似陶渊明与王维，五言绝句尤佳，一派田园山水诗气象，诗意隽永，显现秀逸之美，虽不可称为大家，在题画诗中亦属上乘，与其画相得益彰，诗亦画，画亦诗。

黄起凤一生坎坷，曾迁居数处，抗战军兴又避居富春山水间，以鬻画为生，晚年因于病榻之上，正值壮年而逝，殊为画坛之不幸，若假天年，则极有可能成为近代山水画之巨擘，虽未创宗立派，但因其笔墨精湛，古雅有致颇受藏家珍重，信州能有此一位传统文人画家，留下了诸多高雅古逸的佳作，这也是我们信州艺术史上的一笔宝贵的精神财富。

（作者简介：潘旭辉，上饶市文献学会会长，上饶市博物馆文博馆员）

画品当须人品立　画意还凭诗意传

——饶草荣先生及其书画艺术

陈之耀

　　说起饶草荣先生，我与其颇有渊源。其为家父学熙公之中学国文教师，又为吾师书画家王克敌先生之业师。20世纪80年代初，在上饶县中，我与其女饶春鸣老师相邻而居，有幸与草荣先生有过一面之缘。当年先生已经八十五六岁了，个子不高，但是精神矍铄。当时听父亲说饶先生是位德高望重的书画高手，乃艺术大师刘海粟的高徒，往时每届学生毕业都会赠一幅作品留念，于是敬慕之心油然而生，我常以无缘目睹其挥毫泼墨为憾事。过了几年，我因其家人之邀为其整理遗作，才有幸一睹其书画神采。所留遗作大部分为其晚年之作，因保管不善，其中大件精品已被他人取走，甚是可惜。我到书画院工作之后，遂与其孙女饶红雨商定将为其举办一次文献遗作展、出一本作品集，为老先生完成未了之愿，亦不负平生之缘。经过多方征集，许多藏家拿出了先生的作品拍摄出书，我才有幸再次瞻仰先生的精品力作。观后，我为之震撼不已，其不愧是一位修养全面、造诣精深的书画大家，可惜因人生际遇，被埋没于闾里，今先生过世已三十余载，今日方宣达于世，真乃感慨系之。

　　饶草荣先生1898年10月诞生于铅山石塘镇。此地为千年古镇、江南纸都，历来人文荟萃。其出身于书香门第，积善之家。据《铅山县志》记载，其曾祖父饶廷标与祖父饶佩珍皆好收藏且仗义疏财，闻名乡闾。其小祖父饶佩勋为清末进士、翰林院庶吉士，其父饶祇轩为铅山名中医。草荣七岁丧父，从母刘氏生活，八岁就读于石塘丙等小学，毕业后考入江西省立第四师范学校（即鹅湖师范）。因爱好国画、书法，1921年草荣先生考入上海美专，师承刘海粟、汪亚尘、吕凤子等大家，与潘天寿、张书旂为同窗。因其学业精勤，海粟大师对其极为赞赏，称其与潘、张皆为平生得意弟子。美专毕业后，饶草荣先生回到故乡从事教书育人工作，先后在吉安、鄱阳、贵溪、铅山、上饶等地执教。解放后草荣先生历任上饶师范、上饶一中、上饶共大教员，"文革"中被抄家并下放到上饶吉阳山共大，备受煎熬。草荣先生从事教育工作近60年，主要担任美术、国文教员，有时还兼历史课。他教学认真、诲人不倦，凡学生、友人求画皆欣然挥毫相赠。其一生培养了很多美术人才，如：原《美术》杂志主编、著名美术评论家华

松鹰图

夏先生、江西省社科院原名誉院长、著名学者姚公骞等，当代著名书画家王克敌、胡润芝等都时常向他请教。

　　饶草荣先生是一位多才多艺的艺术大家，于诗词、书法、中国画、篆刻、中医等领域都有涉猎。因其出生于诗礼之家，受业于高校名师，奉献于教育事业，先生一生安贫乐道，笔耕不辍，在书画创作上自然出手不凡，气格高

迈。今从其遗存的书画作品中看，真可谓笔苍墨润、骨秀神腴。具体而论，先生的书画艺术有如下几个特点：

一、取法高古、传统功力深厚

作为一名传统的文人画家，对诗、书、画、印等多方面的修养是必不可少的，尤其是对书法的锤炼至关重要。书法的好坏直接影响到绘画的格调。应该说饶草荣先生的书法水平在同时代画家中是佼佼者。从存世的作品看，其在篆、隶、真、草、魏碑等各体都下过功夫，直至晚年仍坚持临帖。其行草以欧阳询为根基，再上溯王羲之笔法，体势用方，写得俊朗秀劲，很有书卷气，如："滴露研朱晨点易，垂帘扫地昼焚香"等联，以及题画诗皆以此类书风为主；其大字行草参以篆隶、魏碑之风骨，并受康有为、刘海粟之影响，写得气势开张、遒劲矫健，如其为黄永勇先生所书"惊蛇入草、飞鸟出林"之联，是为此类风格之精品。其国画山水、人物、花鸟皆能，尤以花鸟画成就最高，远取林良、徐渭、朱耷，近取赵之谦、蒲华、吴昌硕、刘海粟等，总体上草荣先生书画艺术深受海派影响。

潘天寿《中国绘画》将海上画派分为前海派和后海派，认为吴昌硕是后海派的开拓者，吴茀之认为王一亭、潘天寿、王个簃等人是后海派的第二代画家。饶草荣先生与潘天寿同窗，虽不在海派文化中心，偏隅一方，但其艺术自有独到之处，所以他应该是海派的一位重要传人。

二、绘画题材广泛、注重写生与写意并举

中国画在宋代院体花鸟画很流行，很注重写实。后来由于苏轼提倡一种新的

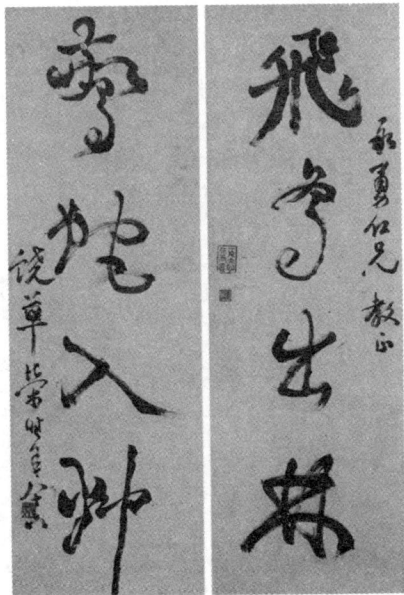

行书对联

绘画理论，崇尚象征意义，在技法上提倡以书入画，强调逸笔草草的抒写，不追求物象的形式，这样使处于写实主义颠峰时期的中国画开辟了另一片新天地。后来，许多文人都参与到书画创作中来。元代赵孟頫就有关于"行家""利家"之说。所谓"行家"就是指专业画师，"利家"就是指业余文人。一直到明清时期，文人画的地位是压倒专业画师的。文人画的兴盛固然有其积极的一面。陈师曾高度评价文人写意画，认为其虽然"形式欠缺"，但有诗、书、印的加入，就"精神优美"了，因此具有极高的人文价值。但文人画也有其致命的弱点，其技法的业余性则极易为"护短者的窜入"，以欺世盗名，最终导致画法的衰败。20世纪是中国文化充满急剧变化的世纪，前50年在绘画上虽然出现了象吴昌硕、齐白石等这样的大师，但文人画已是强弩之末。随着西

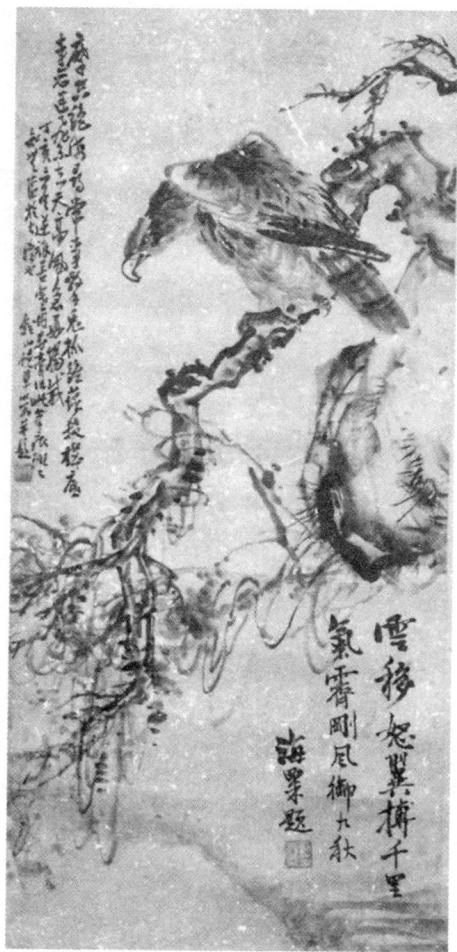

英雄独立图

风东渐，以刘海粟、吕凤子、徐悲鸿为代表的美院派对中国的绘画带来了很大的冲击力，它一直影响着饶草荣先生一生的创作。所以，我们看他的作品题材很广泛，既有像传统文人借物寓志为题材的作品，如：梅、兰、竹、菊、松、荷等，又有以反映新社会劳动场景以及田园诗意为题材的作品，甚至还有以毛泽东诗词为题材的抒情作品。因其具有传统文人画家的笔墨功夫，又具有专业画家精准造型的能力，加上真情实感的注入，所以他的表现形式是那样的丰富多彩，游刃有余，富有情趣。这是非常难能可贵的！他笔下的鹰隼、雄鸡、八哥、飞鸟、虫鱼等在笔墨上隐约有着林良、朱耷、任伯年的影

子，却有自己的笔墨语言。他不走变形夸张的路子，而是走像潘天寿主张的"意笔工写"的路子。他笔下的动物生动活泼、栩栩如生，笔墨通透，富有情趣。这些是得益于草荣先生时常深入到大自然中去细致观察、去体验写生所致。他以敏感的心灵去体悟自然的律动，去感受花鸟虫鱼的生机，故齐白石先生云："善写意者志言其神，工写生者重其形，要写生而复写意，写意而复写生，自能形神具见。"

三、诗中有画、画中有诗

宋人论画尤重"诗"意，如东坡评王维诗画"诗中有画、画中有诗"。画因成象可见，可是有象无诗意，却非上品。画意还凭诗意传！我们看草荣先生的许多作品都具有诗情画意。如创作于1979年的《竹石小鸟图》，数竿修竹横斜，繁茂的竹叶以行草笔法写之，水墨淋漓，张弛有度，似闻风声吹过竹林一般，尤妙在右下角一巨石上，一小鸟伸长脖子、尾翼上翘、张开小嘴在呼唤同伴，形象生动活泼，灵动可爱。其题诗云："疏影筛风瑟瑟音，拂尘清暑最宜人。嘤鸣小鸟更多趣，爱作丛篁求友声。"诗画交融，气韵生动，是一件难得的精品。值得关注的是草荣先生以毛泽东诗词为题材创作了一批佳作。如创作于1960年春节的《一唱雄鸡天下白》。此作集花鸟、山水画于一体，构图采用山水画之高远法，以大篇幅绘一雄鸡昂立于巨石之巅，引颈高歌，巨石之下精心刻画了青松、田畴、远山、村庄，天空乌云

双鹅图

渐渐散去，表现了一派祥和的川原景象。尺幅虽小却具浩荡之势，与词境相吻。另外如《已是悬崖百丈冰》《鹰击长空》等都是此类题材的佳构。这些作品表达了画家以诗人的情怀与毛主席胸怀天下的情感产生了共鸣，惺惺相惜。还有饶先生因晚年下放农村，常以田园诗意为题材作画。如1979年10月为纪念中华人民共和国成立30周年所创作的《喜庆年丰图》，此作以极其写实的笔调描绘了稻田里一群神态各异的青蛙嬉戏抓害虫的情景。其题诗云：害虫猖獗群蛙围攻，稻香蛙肥喜庆年丰。此作寄托了他对"文革"刚过，企盼国富民丰的心愿。另外如《牧童》《茅家岭下》等作都是情景交融的好作品。这类作品充分表达了一位历经沧桑的艺术家热爱祖国、热爱生活、乐观向上的情怀，也体现中国传统文人那种不记得失、安贫乐道的风骨。

四、笔苍墨润、构图新颖

中国画是最讲究用笔、用墨的。从用笔论，清王翚曰："凡作一图用笔有粗、细、浓、淡、干、湿方为好手，若出一律则光矣"。黄宾虹在《宾虹书简》中云："名画家一笔之中，笔有三折，一点之墨，墨有数种之分，方为高手。"观草荣先生之作确实是一位用笔、用墨的高手。他画的松、竹、梅、兰、飞鸟、虫、鱼笔挟元气，用笔果敢，苍劲老辣，轻、重、徐、疾，节奏明快，有极强的书写性，达到了沉着痛快炉火纯青之境。草荣先生爱用湿笔宿墨，他画的物像，有一种水淋淋的效果，透出一股清新的生气，苍翠秀润。宣纸作画，水分过量，渗化无度，极易出现疲软、板滞、痴肥的弊端，而先生能将水墨运用到恰到好处的程度，筋、血、骨、肉俱全，可见他的功夫非常人能及。他在用色上常常将西画的水彩画法与中国的没骨画法相结合，如他画的雄鸡、向日葵、青蛙等，色、墨交融，艳而不俗。

由于草荣先生是书法篆刻高手，中医行家，所以他是深谙阴阳之道的。表现在绘画构图上，他非常讲究主宾、开合、疏密、虚实、剪裁、均衡的法则。如其作品《鹰击长空，鱼翔浅底》，此作着墨不多，画面的下半部几尾鱼儿在水中游动，有藏有露，有聚有散，用笔虽简而极生动；画的右上方一只雄鹰翱翔于空，凌历矫健；画的中间空出大面积空白，是天空？是江海？由观众去遐想，或许正点出了毛泽东诗词的下一句"万类霜天竞自由"的意境吧。另外，如《八哥篱菊图》，他又吸收了西画点、线、面的构成法。在老一辈的画家中，那是一种很现代的面目了。总之他的作品立意新、手法新、构图新。

饶草荣先生作为20世纪中国最早美术专科院校毕业的高材生。他经历了近一个世纪的风云变幻。从他的书画作品中，我们看到了一个时代的艺术特色与变革历程，感受到其精堪的艺术功底与高尚的人文情怀，也感受到他对艺术的那份真诚与热爱以及对艺术创造与创新的勇气，令人景仰！

画品当须人品立，画意还凭诗意传。我们相信通过此次作品集的出版发行与饶草荣美术馆的成立，饶草荣先生的书画艺术与人格精神定将传之久远！

（作者简介：陈之耀，上饶市书画院负责人，书画家）

忆霜红老人

潘旭辉

我生也晚，又居在小城信州，自然没有民国那时人的境遇，心中未免快悒，但却让我遇见了两位先生：庐陵王克敌、婺源胡润芝，何其有幸受此两位乡先生的影响让我始终保持一旧到底的心绪。

我自幼居水南南屏山麓，很少进得郡城，许些年了并不知晓城里有位会写字的王克敌先生。学堂毕业那年

王克敌先生挥毫旧影

我被分配到了城北的市立医院，去医院报到时见到办公楼前的女墙上镶着几个用繁体写的榜书大字"上饶市立医院，九十五叟王克敌书"，其书法骨力开张，有气吞万里之势，再加上这勇冠三军之名，霜红期颐之寿，真是让人印象深刻，这是我第一次见到先生的字。报到处负责人是本院专家刘志刚主任，我唯唯诺诺地回答了她问的几个问题，然后她对我说："我带你去见见王院长。"我便跟看她走进走廊深处的一间办公室，王院长也是很客气地问了几个类似的问题，我的目光却注视着墙上挂的王克敌先生的一幅字"为善最乐"，王院长见我不停张望着那幅字便对我说："你也喜欢书法？这是我爸爸写的。"我只是轻声回答了"嗯"，后来我才知道志刚主任是老先生的儿媳，倒是因为我的工作却向先生走近了一大步。

几个月后我找到志刚主任，对她表达了想去拜访先生的意愿，没想到她

清供图

很爽快地答应了，头一天夜里总是想到能取这样名字的先生应该是何等的威严，因仰慕之深便有了戒慎与恐惧，怕万一失礼时老人家看不起就失去了这一次求学的机会，忐忑了一夜终于等到东方之既白。大约上午九点的光景，志刚主任带上我不几分钟就到了先生的住处，她告诉我先生现在与际华（王院长）一同住。志刚主任敲了敲门便用钥匙打开了门，先生已经站在甬道里等我们，我战战兢兢地向先生鞠了个躬，等抬起头来，先生却笑盈盈地弯着腰向我点了点头，忙说道："我年纪大了，腰弯弗下来，不能向你还礼，还请你原谅！我知道你会来，一直等你，你快坐，志刚去泡茶吃。"听到先生这么一说，我一时不知所措，定过神来后仔细打量着先生，这一年先生96岁，中等的个儿，走几步路略有些蹒跚，清癯得很，无发无须，眼神如炬，深邃而有神，并无我想象的半点威严，慈祥而和蔼。先生连叫我坐下，还要把我让到沙发上，"听说你会写字？喜欢写字好。"说完便一直笑看着让我喝茶，我支支吾吾地答道："我还不会写，只是喜欢。""喜欢就是好，我像你这个年纪时，也不会写，也是先是喜欢，我是到退休后才重新开始写字的。"其他的话我没有认真地记得，先生这些自谦而为了鼓励我的话我却当作自己疏懒的托词，至今还从未写出过一个像样的字来。先生问了我些近况，并说了很多鼓励我的话，因是第一次拜访，又怕影响先生休息，坐不多时我便起身告辞，先生也起身说："你等一下，不久前我印了本书画册子，你拿去看看，帮我指点指点，你们年轻人视野开阔，也让我今后可以有点子进步。"先生说到这里我竟一时语塞，他扶着墙壁走到里屋，拿出一册不久前出版的《王克敌书画》，我打开一看里面的扉页上竟已写好"旭辉贤弟指正，庐陵王克敌求教。"我接过这册书画集感觉沉甸甸的，心里顿时充满着感激与鼓舞！我又向先生鞠了个躬告辞，他走过来拉着我的手对我说："以后有时间常来看看我，让我也好知道点新思想。"并执意要把我送到门口，扶着门框笑着向我不停地挥着手，口中连喊着"慢慢走！下次再来！"直到我转过墙角看不见他了。

自从那天拜访，得蒙先生欢喜，我便经常去看望先生，先生间或与我讲起些旧事最是让我感兴趣。先生告诉我他生于前清光绪三十一年，那一年清廷废了科举，他家是个普通赣商家庭，先生原名开泰，行三，大哥在乡办学，二哥开甲后来就读于上海美专，宣统二年他进了私塾，因私塾先生还是教四书五经等课艺，后来便读了新式学堂，中学读的是白鹭洲中学，后来改名江西省立第六中学，他告诉我这个中学可不简单，前身是白鹭洲书院，是南宋著名诗人江万里创办的，位于赣江中的白鹭洲上，洲上四面环水，波光粼粼，隔岸的青原山，连绵起伏，苍茫叠翠，李白有句诗："三山半落青天外，二水中分白鹭洲"，景色非常好，是个读书的好地方，造就了很多人才，如文天祥、刘辰翁、邓光荐等人，当时的山长欧阳守道还开创了"巽斋学派"，在中学时他也写了很多的诗，后来认为自己写得不够好，就没有存稿。先生就是在这样一个充满诗意的学堂、这样一个"文章节义之邦"完成了中学的学业。说起故乡时先生往往会沉思良久，也许是我的好奇勾起了先生浓浓思乡之情。民国十四年中学毕业先考入北平民国大学预科，十六年考入北京朝阳大学，他告诉我这是一所享有盛誉，以法律、政治、经济等系为主的著名的法科大学，"南有东吴，北有朝阳"，是中华人民共和国成立后中国人民大学法学院的前身，他就读的是经济系，以我当时的孤陋并不知道民国时候的北京竟然有这样一所著名的大学。刚到北平那年，局势很不稳定，北洋政府已经风雨飘摇，但教育界还是比较稳定，学生还是可安心上课，最让他印象深刻的是开学不久正赶上故宫博物院正式对外开放，他也是第一次有机会看到清宫旧藏的书法名画，印象非常深刻，他还写信告知在上海美专就读的二哥，

行书对联

让他有机会也来看看，还有一件极其传奇的事，先生告诉我他二哥曾在杭州写生时亲眼看到雷峰塔的倒掉。

在北平的那几年他常去琉璃厂的来薰阁等书店去访书读帖，也买些珂罗版的法帖回来临摹，先生在耄耋之年所作《书事忆久》有云："余少时学颜柳，系承师教也，然唐书中最爱褚字。后见二王书俊逸流行，勤习有加。即长，喜山谷书，倔拗有欹侧之势。后又学苏，爱其肥厚短悍，超妙入神。又习米襄阳运笔，变幻莫测，时出新致。"可见先生于书法是早已有见地的。先生民国二十年毕业，此时日寇占领东三省，时局越发不稳，便受聘于开封某校。在豫数年，处处可见汉碑唐碣，谒龙门访汉阙，此时更专意于北碑，为他今后骨力开张的书风奠定了基础。抗战爆发后先回吉安阳明中学教授文史，后受聘于江西国立中正医学院法医学一级教授兼总务长，解放战争时任中国革命第七军司令部秘书长，秘密从事策反工作。解放之初其中学同学陈正人任江西省委书记，即委先生回泰和助我军定鼎吉泰。先生回乡后见家乡百废待兴，尤专心于教

育，遂留吉安阳明中学任教务主任，后调吉安师范，直到1973年退休。每每谈到中华人民共和国成立后的这一段时光，先生欲言又止，只是常说："现在很好，那一段时间过去了。"因我留心于史，遂把先生告诉我的点点滴滴记下，大致勾勒出先生来上饶前的一些事迹，旧雨词翰未免有失，尚待后来。

王克敌先生创作旧影

先生退休后来到了上饶二子王纪安伯父处（志刚主任的先生），他视上饶为第二故乡，所以常在他的书法作品上写：庐陵王克敌书于第二故乡上饶。他说他真正专意于书画就是来上饶以后，"你们这里有位饶草荣先生，这位先生了不起，毕业于上海美专，字写得好，画也画得好，还能够作诗，不简单，了不起，我时常向他请教。"

先生为人平易谦和，奖掖后学不遗余力，又有博大的襟怀。一个冬日的下午，天气极为寒冷，先生半卧于床，与我闲谈着往事。床头的电话响了，先生提起电话，耳已有些失聪，听了几句未曾听清，便让我接听一下，对方的人说某位领导想要一幅先生的字，想请先生多写几幅以便领导挑选。我大声告诉先生，先生迟疑了一下，便说叫他两个小时以后来取。我问天那么冷，您下得了床吗？"旭辉，麻烦你先把桌子帮我清开。"我走到桌前把纸墨备好后，来到先生的床前，问道："您吃得消吗？""吃得消，你把小被窝拿过来，帮我用绳子绑在腰上，既可不冷，也可聚气。"我扶着先生慢慢地走到桌前，先生拿起笔，奋力连写了十幅"清廉"二字的榜书大字，先生虽处期颐之年，但提笔作书却是雷霆万钧，不愧克敌笔下，写毕后已经气喘吁吁，口中还说："旭辉，盖印还得麻烦你。"我急忙把他扶回床上取取暖，再回来一一把印钤好，不一会儿取字的人来了，一进门即说："王老的字写得真好，那我拿走了，谢谢！"先生答道："承蒙领导看得起，年纪大了，写得不好，还请领导莫怪。""哪里！好字！好字！"说完便把十幅字全拿走了。我问先生来人是谁,先生却答道:"不认得","那您还写那么多幅?","人家要我的字,是看得起我,我写的都是'清廉',这些字都挂在领导那里,你说好不好?他们看到这幅字也会多为老百姓办办事,我年老力衰,对社会做不了贡献,也只能做这些了,希望能起到点作用。"先生就是有这样的襟怀,不得不让人叹服!

一年以后,先生写字更少了,我还是时常陪先生聊聊天,听他给我讲民国的掌故,他还说起民国时各大学的故事,说那时学风如何的好,可以到任何大学去旁听自己喜欢的课,他就曾去北大沙滩红楼里旁听过胡适之先生的课,现在的我们都不知如何去想象那个时代。作为世纪老人,他的一生的经历就是一部中国的近代史。我也问过他为什么改名克敌,先生没有马上回答,然后说道:"自我出生的时侯起,中国便是内忧外患,并没有像我的名字那样开泰,上大学时课堂里都常听到炮声隆隆,我是一介书生,也有保家卫国之志,遂更名克敌,因又感到自己势单力薄,所以更字曰微之。"

一天先生忽然对我说:"这几年我们成了忘年交,谢谢你还常来陪我聊天,我很是高兴,我想写幅字送给你,留作纪念。"我何曾不想得到先生的墨宝,但只是考虑到先生年近百岁,体力亦衰,于心总是不忍,但这次先生很坚持,还要自己爬起来,我急忙说道:"那还是让我先准备一下。"我急忙把纸笔准备好,还是用老办法把小被子系在先生腰上,先生问我想写什么,我想了想,最近得了古人的一幅听松图,可不可以写个斋名"松涛书屋",先生说:"这个斋名好,意境很好",我给他选了一支大点的笔,他却弃而不用,提起一支小秃管蘸饱墨后一按到底便隽拔神朗地挥洒起来,待写完款字后只问我字全写到纸上了吗,我说:"写上了",拿近给他一看,笑着说"写上就好,年老力衰,写得不成样子了,手不知道轻重了,怕小字都没写到纸上,印章还要请你自己盖。"看过先生写字才能感悟什么叫人书俱老,心手相应,才能理解什么是"锥画沙、印印泥、折钗股、屋漏痕",涩纸劣笔在先生笔下却是往往出奇境、融北碑的雄壮、鲁公的厚重、东坡的沉健、山谷的奇绝、先生胸中的丘壑,才能写出这样雄浑俊逸的字来,可能这就是书论里所言"师造化"的境界吧!这幅字我一直挂在书房里未曾动过,每每抬头望见便是对先生的追思!先生还告诉我写字没有捷径,一是多写,二是多读书,没有其他的玄奥。

不久先生便因肺炎住院了，开始还渐渐好转，可数日后病情却急转直下，用尽了当时所有能用的药，时而清醒时而昏迷，一次醒来看我在身边对我说："我有一块戴了几十年的手表在床头的柜子里，你拿去做个纪念道！"说完便又昏迷了过去，弥留之际，常听他口里喃喃念到："一声……痛哭……一断肠！"眼角还滴落几滴清泪来。后来在整理先生遗物时，在他老伴照片后面写着一首这样的诗：

> 三年生死两茫茫，物是人非时悲伤。
> 长对遗容暗洒泪，一声痛哭一断肠。

先生走了，与草木一样有枯荣之时，走过了他百年的历程，人非草木，能不悲悼？死生亦大矣！岂不痛哉！先生却没有一丝的怨与恨，留给我们的是他豁达的襟怀！

风轮弹指，转眼先生也已离开我们十几年了，想起那时蒙先生规诲，殊深感激，回忆前尘，捡摭尘箧成此小文，愿我这些粗陋的文字能揉成一抔黄土洒落在先生的灵前来寄托我对先生的怀念之思。

（作者简介：潘旭辉，上饶市文献学会会长，上饶市博物馆文博馆员）

忆恩师胡润芝先生

吴 皓

胡润芝像

"陶渊明赏菊东篱，南山友之；垂钓渭水，周公友之；独坐幽篁，琴瑟友之；流水曲觞，兰亭友之；斯为陋室，鸿儒友之；赤壁夜游，明月友之；余生余生，君为友之。"每当读到润芝先生所赠的文字，心中总是感慨万千，这是否真的应验了那句老话："人生得一知己足矣，斯事当以同怀视之。"

"山中无历日，寒尽不知年"，恍然间先生离开我们十多年了，然故园人影、音容笑貌、无言字画、无声之诗又仿佛在提醒我，先生还在我们身边，其艺术精神、人格魅力是永存的。每当这时，我总会想起几句话："有的人活着，他已经死了。有的人死了，他还活着。""人固有一死，或重于泰山，或轻于鸿毛。"和冰心先生的文章《小橘灯》，他宛如黑夜中的一盏灯，给迷茫的我带来了温暖、光明和方向！

我从小受外祖父影响喜好琴棋字画，逢年过节总有牵纸和贴春联的任务，这引发了年少的我的好奇心，觉得那纯粹的黑白世界、优美的线条有种神秘色彩，正所谓"字里有乾坤"。外祖父一辈子酷爱写大字、诗词，家里到处写满了字，如客厅正堂上书写《朱子家训》，其他墙面上写毛泽东诗词或自作诗词，谷仓上写"五谷丰登"，农具上写"抓革命、促生产"，等等，带碑味的楷书结构险峻挺拔，气势磅礴，越大越好看耐看，在上饶县颇负书名。印象最深的就是常听他对人说"字是人的面目""何绍唐的字太好了"。那时也不知何绍唐是何许人（何绍唐，上饶前辈书家）。其性格爱憎分明，刚正不阿，疾恶如仇。如有习作，外祖父所见总是喜形于色，给予鼓励。因为喜欢写字，门下那么多小孩，对我最是偏爱，我的名字也是外祖父所取。如遇他外地少小同学、知心朋友谈诗论词，往往通宵达旦，不知东方之既白。在那些个艰难困苦、四处充满冷漠、恶俗、激情一点也无法燃烧的岁月里，这个世上最疼爱我的人于1991年因病过早地离开了我。个人以为艺术是灵魂的避难所，可以逃避现实，也有可能是命运的护身符，可以改变人生。

初见润芝先生的名字是我在读中学的时候，1985年《书法》杂志刊登了先生的篆书作品"寿而康"，落款是江西胡润芝，印象非常深刻，觉得字能印在书上多了不起啊！心中非常景仰，并不知先生就住在上饶。

一晃好多年过去了，命途多变，1994年初我成了下岗工人，因爱好围棋和几个棋友主办了上饶市围棋研究会，因是非营利性社团组织，从根本上还是改变不了生存状态，只是棋艺有所提高和多认识了几个棋友。1996年到邮局打工做了半年邮差，微薄的收入仅供糊口，更别奢谈感情生活和兴趣爱好。就在这种精神信仰、艺术追求、生活信念几乎为零的时候，我发现了先生家居然在上饶，而且是我服务的片区，我想这么好的机会，何不哪天去拜访下这位久仰了的书法家，可心中很犹豫，以自己的身份又没有这个勇气。

胡先生一年四季全国各地书信不断，我认真做好本职工作，故先生对我印象甚佳，并不知我是书画爱好者，所以后来有人见我两人老少相见甚欢，就说这是鱼雁传书的功劳，其实是场误会。白石老人有诗云："青藤雪个远凡胎，缶老衰年别有才。我欲九泉为走狗，三家门下转轮来。"可见老人对徐青藤、吴昌硕、朱耷的激赏之心。在此虽然不能相提并论，但我觉得如能有这样的老师是幸运的。

一天我写了些习作，带着忐忑的心情按了门铃，过了一会儿门开了，一个个头不高、面容清正、神情平淡的长者出现在我面前（后来才知道，因先生性喜安静，一般不喜欢的人是不开门的，那年先生应是六十有八）。一进门是钱君匋先生题写的隶书横批"抱残守缺"四字，左边书房门上贴着"非请

竹林七不

胡润芝作品

莫入"字条（因发现了顺手牵羊的人），往右拐入客厅是君匋先生所题"莽堂"（野草塞路之意）二字和一幅先生油画肖像，油画中的先生背靠一巨幅汉碑拓片，倚墙端坐在藤椅上，姿态安祥清逸，目光深邃沉静，有坚毅、矜持、执着、慈爱、忧郁等这些本色的气息，我不得不佩服画家的鬼斧神工，一个人身上的学养、气质、品位、内蕴之气能通过色彩、明暗、线条、空间感的处理而表现得如此神奇，它让你第一感就产生对一个传统文人的正大之气、书卷之气油然而生敬佩之情，让你的心灵为之震憾，先生曾刻印"心地光明"四字（附边款"心地光明始爱才"），我觉得这"四字"是这幅油画肖像的最好解说（此画为先生次子志颖所作）。还有一个小会客室挂着宋文治的山水和一些秦砖汉瓦拓片。先生说话声音不大，语调平缓，但音色清晰、音质可触，普通话非常标准，名望那么高却一点也没有名人架子，从骨子里透出的是对人的真诚和尊重，他一张一张地看了我的习作并作了点评，说学书法要从传统中来，要多临帖、读帖，点明我的字属"聪明字"，功夫下得不够，并强调"字外功夫"即综合修养的重要性，但对有些作者专业去搞"字外功"表示了否定，称之为"外交家"，说我"字少"作品要比"字多"作品写得更好，对我的书法悟性表示了肯定。说完这些，他看了看我的脸说："你脸上的这些痣不好看，我写个条子，你去点了吧！"说完写了张条子叫我去找市皮防所长，回家后我激动万分，恍如做了一场梦。过了几天，有一次送完信件我正要离去，先生叫我进屋，拿了一张甲骨文横披"初月在林"四字给我。又过了一段时间，因我属鸡，赠国画"闻鸡起舞"，对年轻人的鼓励、要我勤奋、刻苦之心溢于言表，我感觉到了他对年加工能轻人爱好艺术的喜爱之心。"踏破铁鞋无觅处，得来全不费工夫"，后来果真时来运转，或许是缘分，或许是巧合，还"捡漏"了一个大山里的性情温和、纯朴善良的姑娘，我们同甘共苦，打下了今天这份事业的基础。胡先生也说我福气好，找了个"好老婆"（指没费人力、财力，当时也没有条件），谁也没想到半年的邮差生涯会有那么多故事，但确实我的生活发生了本质上的改变。

后来熟悉了，先生也会谈一些"字内"和"字外"的故事，他曾说"写大字要当小字写（如小字那般精到），写小字要当大字写（如大字那样气足）"，"齐白石真奇怪，个人生活非常小气，作品却是非常的大气"，"钱君匋有个秘密……"，"吴湖帆可惜呀，居然死在儿子的手里"，"这个人太厉害了，面目可憎"。我有时也到先生书房看他写字、画画，他画风泼辣酣畅，细节小心收拾，往往逸笔草草，不经意间一幅花鸟画便出现在你面前，而题跋、钤印往往是最精彩的地方。他的书房不大但很整齐，墙上用一根绳子零散地夹着些成品或半成品书画作品，一些摆设和家具已明显有了岁月的痕迹，案头上的文房清供，它让你强烈地感觉到先生的翰墨情深和满屋的书香弥漫，印象最深的是一个橱子上居然刻着王文治（字梦楼，清代书法家）的书法行书条幅，尺幅不小，令我惊奇、惊叹前人书法之精妙，我不禁触摸了这些有了些年代的雕刻的线条，仿佛前贤就在眼前（王梦楼是我最喜欢的书法家之一）。在先生的卧室所见是一幅朱屺瞻的小镜片和傅抱石的中堂山水配陆润庠（清代状元）对联，可惜我只记住了下联内容"精神流照左右交辉"。他的客房挂了一幅百吉图，一百个小鸡雏，毛绒绒的煞是可爱，我曾问"这么多小鸡不会画多了或少了吗？"，先生说"先算一百粒米放在旁边，然后画一只鸡就拿去一粒米，这样就不会有错了"，还挂着一些老照片和瓷板画，整个房子很简洁、朴素，没有任何现代的装修，因他反对奢华浪费，曾说："房子装修得高级，人就能变得高级吗？"

为了生计，1997年初我们白手起家开了广告装饰店，1998年初结婚，后来有了个活泼可爱的女儿，在各方面朋友的帮助下，后来还有了店面和住房，历尽艰辛总算有了自己的窝。然每有喜事，先生总是会赠画、题诗、题字祝贺，并"两肋插刀"（先生自语）地给予解决实际困难，引我为知己、为忘年交，譬如赠我结婚的中堂红梅国画，两只小鸟在一片怒放的红梅树梢上低语，一派生机喜庆的气氛，并题诗"绿梅开罢蜡梅稀，又见

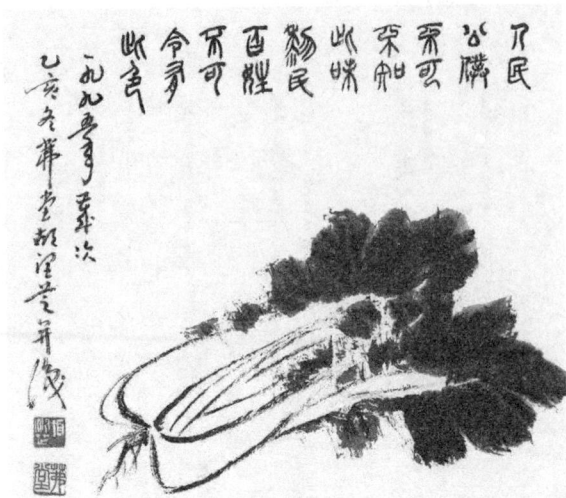

胡润芝作品

红梅占晓枝。吴牛巧配张仙女，卿卿我我两心知。"配对联"又文又史亦足乐，无车无鱼归乎来"，整幅作品既古朴又清新，既热烈又含蓄地表达了先生的喜悦之情和鞭策之意。在乔迁新居时，先生赠我梅、兰、竹、菊"四君子"镜片一套，格调清新、淡雅，传统"文人画"的书卷气扑面而来。附赠对联"古文自有初中晚，益友时来一两三"，使我想到人一辈子有好书读、有益友在是多么的幸福。他还以我夫妇名字作联题赠"当户红云照，临窗皓月明"，以我妻子的名字作画并题诗"风吹莲花红云乱，雨打芭蕉翠袖翻"，以我的名字作联题赠"吴娃出水款款至，皓月当空夕夕明"，诗情画意是多么的生动和谐。记得1998年10月我请先生为小女取名，过了两天，他给了我一张篆书横披"雨后碧苔"并题款"此朱晦庵句也，余为吴雨苔小友取其中二字为名"，原诗为："雨后碧苔院，霜来红叶楼。闲阶上斜日，鹦鹉伴人愁。"我感觉很雅，在"艰难苦恨繁霜鬓"的日子里有暗喻生活会逐步好起来的意思。他还亲自为我及妻子、好友篆刻了常用印章并附赠石材，大年三十也会邀我们一起共进晚餐，欢庆新年。他如出远门都会带些纪念品给我们并题字以存念，如他在景德镇为我们所作的瓷版画和在武夷山所赠玉佩及女儿吉祥物挂饰，可惜的是搬家以后玉佩、挂饰都找不到了。他的艺术观点、人格魅力也

潜移默化地影响着我们，先生尝说"树以曲为美，人以直为高"，认为人的品格是第一，无品凡事不立。在用笔用墨上他强调"既要干裂秋风，又要润含春雨，线条要粗犷而不霸悍，纤细而不柔弱"和"否定传统就是否定历史，死守传统就是割断历史"，"艺术家要悟性加勤奋，缺一不可"，在章法上讲究留白，崇尚简约、空灵的布局，这些审美观点和做人的态度都对我们产生了深远的影响。

有些人说先生孤傲、清高不好打交道（这其实也是老一辈知识分子和一个真正的艺术家的共性）。从表面上看先生确是一个孤独的老人，没有老伴，洗衣、烧饭、会客等生活起居全是一人打理，他的物质生活一切从俭，不喜应酬，但他的精神生活一点也不孤独而是非常的丰富，他很喜欢和年轻人交朋友，家里经常充满着欢声笑语。我觉得他是个非常慈祥和平易近人的老人，对投缘的人他的笑容像孩童一样纯真、灿烂，包括有些人开玩笑过头了他也不生气，只微笑着说"这个放牛娃"。我女儿两三岁的时候到先生家玩，光着的小脚丫，先生高兴起来也会亲几下，他最喜欢讲笑话和"反意话"，如我有时在他画室会偶然看到一些名家真品，他会调侃地自言自语"都是假的"，但语气中还是感觉得出一丝得意和自信。他的记性非常好，谁讲了什么话，谁答应了什么事一定要办好，不能以忘记了做借口（客观原因除外），他最痛恨品行不端、信口开河、不讲诚信的人。有次他把珍藏的1949年刚参军的穿军装戴军帽的照片给我看，先生年轻时确实是英俊潇洒，仪表堂堂，他还让我看他的藏品，为他的旧藏书画整理、拍照，这让我长了不少见识，开了不少眼界，如齐白石山水、陆俨少山水、林则徐、康有为对联、吴昌硕篆刻、花鸟等。我最喜观先生画上的题句，观之每有所得，譬如国画《农家乐》里题句："贫富欢乐俱末事，人生第一求心安"，《棕榈图》中题句"任君千度剥，意气自冲天"，《白菜图》中题句"人民公仆不可不知此味，黎民百姓不可令有此色"，《金鱼图》里题句"且饮清泉洗心"，写宋人词意《蛛丝闲锁晴窗》，在《苦瓜图》中题句"天下之至乐当于至苦中求之"，在《白菊图》里题句"宁可枝头抱香死，岂肯吹落北风中"，特别是赠我的"四君子"条屏中的题句，文字读来往往令人产生一种淡淡的忧伤和莫名的惆怅，如其一红梅题句题句："桃李纷纷斗艳新，孤山闲煞一枝春。出门尽是看花客，真赏寒香有几人。"

其二兰花题句："蒙卿爱我墨兰花，我画兰花学马家。可惜秦淮人已去，空留名姓至无涯。"其三墨竹题句："青青何森然，沉沉独曙前。出墙同淅沥，开户满蝉娟。"其四秋菊题句："日入群息归，鸟动趋林鸣。啸傲东轩下，聊复得此生。"故先生长子志强兄到访时所见感触良多，挥毫留下了墨迹"登堂纵观丹青色，归去犹带管弦声"联句，令人潸然难以释怀。"石不能言最可人"，我想笔墨丹青也是一样的，它虽不能言语，但它们都能通过诗书画印的完美结合可以表达出一种深沉含蓄、博大精深的美和情怀。

现当代许多艺术大家也在先生作品上题诗题句或共同创作，如珠山八友之一刘雨岑先生1962年在景德镇收到先生从赣州寄来的作品，欣喜之余补腊梅并题诗："郁孤台畔早莺声，千里神交气味亲。他日艺坛留韵事，春风先醉后来人。"留下了这幅珍贵的二老合作的《鸲鹆腊梅图》。在《横窗竹影夏生凉图》中，钱君匋先生题句"此润芝指墨之作，不在阿寿（潘天寿）之下也"，在《兰草》手卷中君匋先生又题："昨宵春雨蕙初开，写入鱼笺香到腮。手段谁家超雪个（八大山人），忽深忽淡潜风雷。"在《指墨山水》里孙中山秘书田桓先生题句："眼底如亲高铁岭（清代画家高其佩别号），横涂竖抹总闲闲。"在《兰竹图》中陈大羽先生题"双清"二字；在1972年所作《古柏芝鹿图》中，程十发先生欣然补麋鹿、芝草并题。在《绿牡丹图》中，陶博吾先生题诗："移来牡丹大

胡润芝书法

如盆，一夜东风次第开。不向庭前夸颜色，新诗还待故人来。"这些老艺术家或已成为艺术的坐标，或已成为人生的典范。2004年初，在熊良华先生的热情关心下，在上饶成功举办了"胡润芝书画篆刻展览"，并出版了《胡润芝国画集》和《中国篆刻百家——胡润芝卷》，程思远先生题写了展标，程十发先生题签了国画集书名。这件事的完成，了却了先生一辈子的心愿。2004年还应泰国政府的邀请在曼谷成功举办了书画篆刻展并获世界教科文卫组织专家组成员称号。

先生才读了二三年小学，14岁就没有了父母，在杂货店做学徒，从小自立，一生坎坷，后来参军，历经各种运动，他自谓"老运动员"。然而先生的学养非常高，他胸中有丘壑，笔底有风云，眉宇有英气，心中有同情。他非常重感情，同情弱者，交往论投缘，不分高低贵贱，不喜官场。我觉得他有一颗敏感而又高贵的心灵，正如冰心老人所说的"有才、有情、有趣"和傅雷先生所说的"又热烈又恬静，又深刻又朴素，又温柔又高傲，又微妙又率直"的有风骨的一个人。

我们一起去婺源乡间地头，一起去武夷朱子故居，一起去畲族篁碧，一起去五府山区，一起去大坳水库，看了许多山山水水；还一起去看他的老同事、老朋友，并热情接待我的老朋友、老同学，这些都给我留下了很多美好的回忆。记得在畲族篁碧他说："你知道'门当户对'吗？这就是。"他指着一座古祠堂门口的两块青石和门上的扣环对我说。他有时又很幽默，一次有位祝姓电工朋友去他家做点事，他悄悄地问："祝枝山是你家什么人？"那朋友立马回答："祝枝山是我哥哥，在公安局上班。"那种想笑又不能笑也不好明说的感觉真有趣啊。我曾问他："你一人居住何不养个小动物、小鸟玩呢？"他说："有生命灵性的动物如果养不好，心里会难过的。"还有每当谈到他的师友刘雨岑、钱君匋、程十发、胡献雅、陈大羽、陶博吾、朱屺瞻等诸先生，他总是钦佩有加，面容安详、淡定地说些他们之间的交往故事，有时也会突然沉默不语，我感觉到了他内心的忧伤，因为有些师友都不在人世了。

唐人有句"十觞亦不醉，感子故意长。明日隔山岳，世事两茫茫"。在历史的长河中，我觉得先生是一本书、一个宝藏。我最喜听他讲过去的一些陈年旧闻，家乡的风俗人情，艺坛的奇闻逸事，他是个一辈子都在追求真、善、美的人，他精鉴赏、喜收藏、传统文人四绝"诗书画印"在江西乃至全国都受到广泛的尊重并深深地影响着后学青年。天有不测风云，2005年3月4日，先生赴深圳途中因心脏病突发，在他工作、生活过的地方赣州永远地离开了人世，享年78岁。他在火车上还给我们发了三个字信息"我走了"，没想竟成永诀。惊闻噩耗，夜不能寐，曾作挽联以寄哀思："奇缘相识十年常恨短，悉心教诲一生当思量。"

"红了樱桃，绿了芭蕉"，看着先生国画上平淡如水的题句，花开花落中人生总有太多的无奈，但如能拥有平淡、平常、朴实的心灵不也是一种幸福吗？不觉夜已深了，我忽然想起了鲁迅先生的话："我家的门前有两棵树，一棵是枣树，另一棵还是枣树。"而我的生命中难以忘记的却是两个人，一个是外祖刘大筹先生，一个是恩师胡润芝先生。

（作者简介：吴皓，上饶信州书画院书法家）

我的父亲黄永勇

黄 健

北京立夏后，天气进入倒春寒的阶段，空气湿度较大，偶尔也微微下些小雨，到底是最像南方的时候。一段时间以来，我窝在工作室画画写字，平静寂然的日子里，经常想到的是我的父亲。

父亲离开我们已经13年了，世事如梦，人生苦短，阴阳两隔。所幸的是我们都从事的是艺术之路，在游于艺中，却总能和父亲神会，也在自我修习的过程中越来越理解和懂得我的父亲。

父亲喜欢北京，对北京有特殊的感情，20世纪70年代因为画毛主席像，得以来北京

黄永勇先生旧影

参观学习，80年代又有幸进入中央美术学院版画系进修，90年代以后，为了江西版画群体和藏书票更是频繁来京。种种因素成就了我也在1991年考入了中央工艺美术学院学习，并如愿以偿地留在了北京艺术院校工作。如今，更可以告慰父亲的是姐姐的孩子蒋艺也在2014年考入了中央美术学院就读人文学院美术史论硕士，并于2017年毕业留在了故宫陶瓷部工作。这些都和父亲从小的培养和熏陶分不开。

小时候，父亲从北京出差回来，我们姐弟三个最开心的是第二天父亲睡觉起来，从他的行李包里拿出给我们带的北京特产面包、果脯、果丹皮等，

黄永勇先生创作旧影

那时候觉得北京面包是天底下最好吃的食物了，蓬蓬干干的，微微带些发酵的甜酸，现在想想应该是当时北京到上饶3天的火车，使得面包再度发酵，气味醇俨，更具口感。这些童年的记忆一直延续到现在。

在记忆里，父亲一直是个严父的形象，很小就让我们临摹动植物图案、临摹介子园山石花草人物，并为我们姐弟三人各自规定了临习书法的书体，姐姐学的是瘦金体，哥哥学的是赵孟頫的赵体，而我从小坐不住，好玩，所以被规定学的是柳体，唐的法度让我小时候没少挨打。但最苦的可能还是我哥，记得有一年因为要参加全国少年书法大赛，赶上春节，结果大年三十晚上写了一晚上的字，我们也不能玩，都陪着。另外，父亲还让我们养成了早起锻炼的好习惯，不允许我们睡懒觉。我们一直到高考之前基本上每天都早起沿信江河边跑步，体能的长时间的自我训练，为我们今后的学习工作带来了很多好处。

父亲对我们严厉的同时，对自己的艺术追求更是精益求精。在担任繁重的社会职务的同时，白天不管多忙，晚上是一定要到工作室写写画画的。在上饶我们搬过很多次家，每次父亲总会有办法在房间里隔出哪怕几平方米的空间作为画室书房。而这一书房同样也涵养着我们姐弟几个。画室里面永远是干干净净的，东西摆放得整整齐齐。所有的书按门类摆放，书信也有专门存放的地方，印章有特别的盒子放

春种一粒粟
檏收万颗子

隶书对联

書積家方慶

心期體自舒

隶书立轴

着，毛笔写完也一定是洗净挂在架子上，门后面一定挂着他从文化馆就一直穿的蓝色工作大褂，墙上始终挂着他的九江同乡好友徐冬麟给他画的肖像。现在我的脑海里随时都可以浮现家里书房的样子，和闻到父亲在的书房写字所散发出来的墨香。那里对于童年的我来说是个神秘的地方，以至于我们不能随便进去和随便乱动。青春期的我经常偷偷进去翻看各类画册书籍，但只要听到门外父亲熟悉的脚步，我就会飞快地整理好关上门出来。现在想想真是人生之乐事。我的艺术启蒙和家中的画室书房是分不开的。欧洲大师的素描、色彩画册，中国各个时期的书法字帖，在我开始需要的时候，我总能在画室里面找到。当然包括当时的所有艺术期刊和连环画报等。

记忆中，除了父亲对于我们的严格教育外，也充满有趣的事情。夏天，我们都会搬竹席在外面乘凉，父亲就会经常给我们拉二胡、吹吹笛子；天气好的日子，父亲会装好画夹，带我们去郊区的汪家园写生，在自然的草地里，休息的时候会给我们展示他灵巧的身体动作，毕竟他是学过体操的。而更多时候，是他在画画，我们在一旁自由地嬉戏，看水车、玩水牛、摸鱼儿，少年不识愁滋味，懵懂而过。而在我们姐弟几个人生求学道路的转折的关键时候，父亲又是全力支持，并不计较送我们到外面学习绘画。而今，我和哥哥都在艺术院校从事艺术教育和创作，感谢父亲培养了我们，因为艺术，让我们在纷繁的世界可以保留一颗纯正的心，享受传统文化带给我们的美妙境界。

父亲学农出身，因为从小喜爱艺术，而一直坚持自我学习，在农校毕业留校作为文体老师，其间又去江西师范大学进修体操，练就一身好的身体和矫健的身手，期间又将其他体育项目，如游泳、乒乓球、篮球、排球、羽毛球、毽子等逐一学习而且无一不精，更可贵的是二胡、笛子等乐器也完全是在课余的时候，自学加好问和不断地练习而掌握的，也达专业水准。而他最喜欢的还是画画写字，也因为出色的绘画天赋在"文革"期间被借调到文化站绘制巨幅主席画像，最终调入文化馆开始职业画画的道路。当我在整理父亲早年期间的笔记文件时，我常常深深地叹服，一个人要多勤奋才能掌握这么多技能啊！

进入文化馆工作，父亲是美术工作组组长，那时候的美术宣传工作任务很重，经常有创作任务，父亲几乎一直是忙碌的。而美术创作班又成了他培养地方美术工作者和美术爱好者的重要阵地。在父亲的积极热情努力下播下的火种，早已开花结果，成就了上饶过去和现在的美术事业，成就许许多多的从上饶走出去的艺术家。回首看去，我们都会为在简历中写上家乡上饶而自豪。

工作的调动，父亲后来去了地区群众艺术馆，从级别上上了一个台阶，由原来负责市里的美术工作，转向更广大的上饶各个县，同时担任地区美协、书协主席的职务，社会工作更为繁重。那时候我们家就像梁山聚义厅，经常有各个县的美术工作者来来往往，而搞艺术的人在我小时候看来一定是怪怪的，各类大侠经常在我们吃饭的时候悄然而至。为了提高地区美术创作的水平，父亲经常组织各种美术创作班，把各县的优秀艺术创作者聚在一起，共同学习，一起写生，在我的印象中，父亲是经常出差的，上饶各个县他是跑遍了。在这样的情况下，他仍对自己的艺术追求精益求精，并最终如愿以偿地进入中央美术学院版画系进修。他们这个班是美院版画系第一届进修班，选拔苛刻，更是集中了美院版画

版画（木刻）－农舍

版画－墟日（水印）

系所有优秀的教员，1985年的中央美术学院版画系现在看来可是群星荟萃啊；老一辈的李桦、古元、彦涵、梁栋、伍必端等，稍年轻的吴长江、徐冰、苏新平、广军等都在这个时间段或者给父亲上过课或者在一起切磋、交流。"85新潮"更是当时的艺术思想活跃的表现。父亲如饥似渴地在艺术的殿堂汲取着养分，也就是在这个时期，父亲坚定了自己立足家乡本土文化，走民族特色的艺术道路。

在北京学习期间的另一收获是父亲发挥了他书法的特长，广泛地接触京城书法大家，多交流碰撞，无意中书法提升到一个很高的境界，以画入书，形成以篆入隶的浑厚俊朗的书风。大的视野、大的平台加上父亲的好学谦逊成就了他以后的艺术水准。

我大学毕业以后留在北京工作，忙于工作安身立命，竟在一段时间里疏于与父亲的交流，在书信中父亲仍孜孜教导我要努力工作，好好画画，并经常将一些展览信息寄给我，印象最深的是我读研究生期间，父亲把9届美展的通知寄给我，嘱我择一门类好好准备，可惜我当时忙于毕业，心思不在这上面，现在想想也是深深的遗憾。今年适逢12届美展，我积极准备参加，其实是希望去还父亲一个愿望。

商业社会下，艺术创作变得艰难，一些美术工作者下了海，父亲又努力成立了书画院，继续为地方美术出力，创办了《江南书画报》，举办各类书法比赛，建三清山书法碑林、葛仙山碑林，绘制三清山邮票，组织江西上饶版画群体，参与中国藏书票艺委会的工作，去捷克交流访问，等等，忙得不亦乐乎，干得热热闹闹。一个小小的上饶却因为版画而全国有名，这一切因为有父亲的不懈努力，很多人因为参加版画展而加入了中国美术家协会。我知道他很累，也会有一些不舒心的事，我们都希望他能推掉一些社会杂务，注意身体。因为他办什么事情都是真心全力地去做，没有私心，为大家，为周围的朋友。他是真正的为了地方美术事业，为了宣传上饶的文化，为了让更多的美术书法工作者走出上饶，走向更大的空间。可惜天妒英才，父亲最终被病魔夺去了生命，离开了我们，离开了他热爱的土地，离开了他热爱的艺术。他留给我们的是在我们成长成熟的过程中无尽的思念和在我们艺术创作过程中的无尽的原动力和加持力。

如今，我和哥哥黄胜都已过了不惑之年，又不约而同地沉醉在传统书法艺术之中，每每在相互切磋的时候，会说起父亲的书法，我们都会为发现验证父亲书法的出处而兴奋，通过反复地观看父亲的书法作品去解读其背后丰富的学养经历，在这一过程中，我们也获得了极大的提高，遗憾的是当初怎么就没有和他多交流，多探讨，多学习。好在父亲的精神已经在我们的身上得到了传承和继续，这是值得欣慰的事。

（作者简介：黄健，中国戏曲学院舞台美术系副教授，中国美术家协会会员）

上饶民歌演唱家——姚金娜

商建榕

上饶民歌演唱家姚金娜

姚金娜（1929—2017），女，上饶市信州区郭门村人，出生于一个贫困的农民家庭。因幼年丧母，几个月便送给人家作童养媳。生活虽然困苦，但没能掩饰她天生的艺术天赋。过去农村流行串堂班[①]，她的父亲和哥哥都是当地民间业余艺人，农闲时在串堂班唱戏。姚金娜自幼耳濡目染，喜欢民间文艺，爱听爱唱上饶民歌，和民歌结下不解之缘。

从农民中走出来的民歌手

中华人民共和国成立后，只读过一两年女子学校的姚金娜，又上夜校学了些文化知识。1951年春开始参加东市街道居委会工作，1953年东市街道政府成立，她被选为街道分管文化宣传工作的干事。从那时起，姚金娜先后开始师承信州区民间老艺人李国器、姚振坤、卢发生、梅山尼、张金刚等人，

---

① 串堂是一种传统民俗音乐艺术形式，流传于赣东北地区（江西上饶一带），为群众喜闻乐见。从事这种传统民俗音乐的组织，叫"串堂"班社。其成员都是业余的，平时该干啥干啥。有人邀请，就临时聚集起来，走村串户，堂前一坐，吹吹打打，说说唱唱，故名"串堂"或"打串堂"。一个"串堂"班社，少则五六人，多则十几人，人人都能吹拉弹唱、敲击演说。

学唱民歌。受他们影响，姚金娜在长期的基层演出中，锻炼出了即兴填词、即兴演唱的本事。

青年时期的姚金娜，目睹了中华人民共和国翻天覆地的变化，又亲身感受到新社会的幸福温暖，她就把自己身边的人和事、自己的感受编成民歌唱出来，满怀激情地歌唱共产党，歌唱祖国，歌唱生活。她提笔写的第一首歌是《开口就唱共产党》，以简洁直白的语言歌颂党恩。她演唱时全然不怯场，红袄绿裤，台风质朴，声音洪亮，音域宽广，常常是一开口便艺惊四座，博得满堂喝彩。即便是和一些名家同台演出，她也落落大方、泰然自若，于是一举成名，在上饶军政各界举行的新年晚会或其他重要会演中，常可见到她落落大方的身影。

但她毕竟是以一个家庭妇女的身份，站在舞台上为各界政要和广大观众演唱，而且迅速成名，难免引来一些冷嘲热讽，家里人也不愿她抛头露面。但姚金娜无视这些流言蜚语，歌唱的热情却越来越高。1957年，姚金娜主演领唱的《上饶茶灯舞》，参加江西省民间艺术会演，获优秀节目奖，个人获优秀演员奖。

1962年，她代表上饶地区参加江西省首届音乐周，以一曲纯朴的上饶原生态民歌《呼牛调》，"牛哎，太阳都要落山了，快点转来了"，把农民傍晚呼唤牛群回家的场景演绎得淋漓尽致，让专家和观众叹服不已，夺得了全省演唱一等奖。之后，上海唱片厂又委托江西省广播电视台将她演唱的《开口就唱共产党》《好粮好棉卖给国家》等民歌灌制成唱片，在全国发行。从此以后，姚金娜成了远近闻名的上饶民歌演唱家。

20世纪70年代，她又改编《茶灯舞》参加省里民歌民舞会演，获省民歌民舞优秀节目奖。

1989年，姚金娜的名字被列入《江西省群众文化大观》一书。1991年荣获"江西省民歌演唱家"的称号。同年5月，上饶地、市联合为她主办了专场音乐会。为业余歌手主办专场音乐会，这在全省尚属首例，可见其声誉之高。

1992年姚金娜的名字被列入《中国当代文艺家辞典》。

1995年，姚金娜的事迹被列入《可爱的家乡——上饶市》和《上饶当代名人录》等书刊。

2000年，中国国际广播电台播出了介绍姚金娜的专题节目，她的歌声通过电台传向100多个国家和地区。

2002年正月初三晚，央视一套在《新闻联播》中播放了姚金娜演唱的上饶民歌《我们国家喜事多》。第二日，央视二套、八套、北京电视台播放了其演唱的《方志敏》。

2004年，姚金娜被评选为江西省首批"民间艺术家"。

几十年来，她不但熟记了数百首民歌，而且为新民歌填词近20首。在省、地、市的民歌演唱和调演中，荣获各种奖励10多次。著名歌唱家郭兰英听过她的歌后，连连称赞她的歌声风格浓郁，情绪奔放，嗓音明亮，吐字清晰。代表作有上饶民歌《开口就唱共产党》《呼牛调》《摘菜》《上饶龙船调》《上饶渔鼓》《好粮好棉卖给国家》《茶灯》《方志敏》等。她所创作的上饶民歌作品，不论是呼牛调、渔鼓调、山歌，还是民歌剧，其比兴手法以及活泼、风趣的民间语言运用，都达到炉火纯青的地步。从事业余民歌演唱60余年，她成就斐然，终成大家。

孜孜以求 终生不渝

口里唱着共产党，心中向往共产党，姚金娜心中渐渐有了一个梦想，那就是申请加入党组织，成为一名光荣的共产党员。1956年，姚金娜用质朴的语言写下了第一封入党申请书。但不理解她的婆婆，却悄悄把它撕毁了。1963年，姚金娜再一次燃起了入党的愿望，郑重地向党组织递交了第一份入党申请书。但在之后的"文革"动乱中，姚金娜被打成了"黑歌手"，遭到非人折磨和批斗。漫漫十年，她把对党的那份炽热的感情和追求深深地埋在了心底！

十年动乱结束后，姚金娜没抱怨自己受到的冲击，又向党组织递交了入党申请书。但由于种种原因而被一误再误。满腔热情却屡遭拒绝，没有动摇姚金娜对党的信念。她说，没能入党当然遗憾，但只要心里装着党，勤勤恳恳工作，踏踏实实做人就可以了。因此，她仍然一如既往，坚持在做好本职工作的同时，参加各种宣传活动，用发自内心的歌声，歌唱伟大的党，歌唱可爱的家乡。

1985年，姚金娜退休了。退休前，她再一次郑重向组织递上了自己的入党申请书，表达了对党组织多年的渴望和执着追求。但直到70多岁，她才被批准入党。2004年，75岁的她，终于成为光荣的中国共产党党员。2013年，她觉得自己年事已高，于是一次性交纳了400元党费。对于长期生活窘困的姚金娜来说，这是一笔很大的家庭开支，但这又是一笔特殊的党费，人是要有点精神的，而精神来自一个坚定的信念。纵使生活过得艰难，她始终保持对党的忠诚和信仰，矢志不渝。

2016年，姚金娜义务为上饶市第三小学担任校外辅导员。每到一个班级，她总是用质朴的话语对孩子们说："姚奶奶一辈子没有上过正式学堂，能在这里和大家一起快乐地歌唱，都是因为有了共产党啊。"于是，孩子们从她那学到的第一首歌就是《开口就唱共产党》。

姚金娜数十年追随党，歌唱党，"不唱山歌喉咙痒，唱起山歌心舒畅，东不唱来西不唱，开口就唱共产党……"这首歌，反映了她对党始终如一、忠贞不贰的追求，伴随着她走过了大半个世纪的人生历程。

与时俱进的民歌演唱家

姚金娜有一个绝活，她没学过谱曲，却能够即兴发挥，开口就唱，而且歌词朗朗上口，曲调悠扬动听。更绝的是，首次演唱之后，不管过多久，她都能记得这些自己独创的曲子。改革开放以后，新人新事新气象不断涌现，给她提供了创作的源泉。她开始利用更多的时间参加各种义演活动。她的民歌演唱，一直追随着时代的足音，与时俱进。

1997年迎香港回归演出前，姚金娜摔伤了双腿，有关部门为此临时撤换了她的节目。没想到演出前几分钟，姚金娜准时出现在演出会场，并演唱了一首自己即兴创作的《喜迎香港回归》，赢得了群众雷鸣般的掌声。1999年中华人民共和国成立50周年，又逢澳门回归，喜事连连，姚金娜一口气写了6首歌，到基层演出20多场。多年来，街道、区、市组织宣讲党的十六大精神、"三个代表"重要思想、农村税费改革、计划生育等活动，都少不了她。虽已年逾古稀，但她仍和年轻人一样翻山越岭，走街串巷，在社区学校、田间地头，以歌声传递着党中央的精神，和她对党的一片深情。

姚金娜创作的民歌很受民众欢迎，因为她的歌曲总是与时俱进，和时代的节拍紧密结合。她的歌词朴素自然，而且洋溢着浓厚的时代气息。姚金娜坚持每天看新闻。她说："我喜欢看《新闻联播》。我喜欢看人家写的东西，可以学得到知识。我唱的民歌大部分是自己写的，就是看得多、见得多，就写下来，写写不就会了。"她常常自编、自导、自演民歌或者民歌剧，来表达对国家的方针政策的领会，表现新鲜事物新风尚。"新鲜词"在她的民歌中层出不穷。

她到工厂，就唱工厂；到农村，就唱农村。见人唱人，见事唱事。歌曲《一根针》是姚金娜创作的一首民歌："杨柳一支青哪，得儿音呀，哈，吃了个早饭，我来缝衣襟哪，一下我不小心哪，得儿音呀，失了一枚针……它是工人同志的结晶，勤俭又节约哪，得儿音呀，爱惜一枚针。"这首歌经她演唱后，一下子就在上饶传播开来，大人们都拿这首歌教育孩子要勤俭节约。

20世纪80年代初，农业形势激起了姚金娜创作的冲动。她结合上饶方言的特色，自编了民歌《摘菜》。轻松欢快的曲调，幽默风趣的唱词，体现出农民丰收的喜悦。

为了宣传优生优育政策，姚金娜写了《妈妈娘，不糊涂》；为了展示家乡新气象，她写了《上饶山美水美人更美》；为了反映当地的发展情况，她写了《开放的上饶等你来》；为了庆祝2008年奥运会的召开，她又写了《赞北京奥运会三个八》，唱响了当代主旋律。

她编写的每首歌曲都那么朴素自然，音乐韵律明快有力，朗朗上口，永远洋溢着时代的气息。在她激情四射的演唱中，嘹亮的歌声里充满了喜庆，根本看不出这是一位历经苦难和病痛的老人。

唱了一辈子民歌的姚金娜，自己创作的民歌就有260多首，为群众演唱650余场次，先后获得了江西省民歌演唱家、全省基层文艺先进工作者光荣称号，名字被收录到《中国当代文艺家辞典》中。但这位享誉江南，拥有无数奖牌奖杯的民歌演唱家，家中却十分简陋。儿子媳妇下岗，孙子孙女又患有不同程度的残疾，一家五口住在一起，仅靠姚金娜一点退休金和政府发给的低保金生活。尽管如此，姚金娜参加各种演出时，却从不肯索要一分额外的报酬。汶川地震时，她一直在城区为灾区募捐义演，所得款全部汇往灾区。有企业慕名请她为产品做形象广告，付给她报酬，她再三谢绝，最后只收下一个600元钱的小灵通，为的是参加演出活动联系方便。

饶信民歌的传承人

近年来，在流行音乐的强势冲击下，上饶民歌渐渐淡出了人们的生活。面临着"断层"和绝响的境地。晚年的姚金娜，在搜集、整理、创作民歌的同时，经常思考一个问题，那就是：怎样才能让这些口口相传的上饶民歌后继有人、发扬光大，她开始认识到文化传承的重要性。于是她开始随时留意身边的民歌爱好者，并把他们组织起来。2005年，她组建了一支30多人的"夕阳红民间艺术队"，队员主要由喜爱民歌并有一定演唱基础的中老年人组成，壮大了民歌传承者的队伍。每个双休日，姚金娜都和艺术队的成员一起，或者走街串巷、登台表演，或者排练节目、自娱自乐。他们受到了上饶百姓的热烈欢迎，仅2016年就受邀演出64场。

2013年，年已85岁的姚金娜还登台参加了江西卫视综艺节目《妈妈来了》。为了将信州民歌文化传承下去，信州区对她的民歌进行搜集整理，确认她为第二批省级非物质文化遗产项目信州民歌代表性传承人，通过搜集、整理、分类等方式，建立了完整的信州民歌档案。并利用录音、录像、数字化等多媒体手段进行真实、全面、系统记录；利用报纸、广播、电视等媒体，对信州民歌进行广泛宣传。

2017年4月16日，89岁的民间艺术家姚金娜因病离世。她去世后，上饶网站被刷爆，人们纷纷用各种方式表达自己的哀悼和敬仰。

60年来，她的事迹多次被中央电视台《新闻联播》《金土地》栏目、中国国际广播电台华语台、《江西日报》、江西电视台、江西人民广播电台等媒体报道。她早已成为上饶民歌的名片，是信州区家喻户晓的名人，各届政府引以为傲。重要的文化活动场合有她，平常的社区文艺表演也有她。她的民歌，被列为省市级非物质文化遗产，她的歌声伴随了几代人的成长，她把自己的一生都献给了上饶民歌事业。她被人们称为"饶信民歌的灵魂"。

（作者简介：商建榕，上饶市方志办原副主任）

【信州理学】

朱子信州门生陈文蔚①

冯会明

南宋时期，由于朱熹学术的巨大影响，信州本地的不少士子前往武夷，归依朱熹门下，陈文蔚就是其中的佼佼者。他深得朱熹理学之精髓，自甘淡泊、克己内省，与信州学者余大雅、余大猷、徐元杰等人一道，在信州以传播朱子学说为己任，并身体力行，以"理"作为立世处事的价值尺度，在信州的田园山丘中体验并践履着理学的精神，使信州成为朱子理学传播的重要阵地，并且推动了信州士子接受朱子学说，信州因而成为著名的理学之乡。

陈文蔚（1153—1239），字才卿，号克斋，南宋信州上饶县上泸人，学者称克斋先生，是南宋著名的教育家、散文家和诗人。上泸陈氏是由德安义门陈氏迁徙而来，陈文蔚是普通的农家之子，他在《戊寅老人生旦》中提道："吾家本是田家子，其先世世居田里。儿因逐食浪飘蓬，欲归无以供甘旨。"②其父陈邦献，字叔举，号竹林居士，以耕读传家，在辛勤耕作的同时，饱读诗书，中年谢场屋，专课子孙，品行高尚，赢得乡人的爱戴。"居后植竹数千个，自号竹林居士。婆娑丘园，无世间念。"③其母周氏，自幼也识文断字，素有贤声，为其子取名文蔚，亦寓有文墨生辉之意。

---

① 本文系笔者主持的国家社科基金项目"鄱阳湖地区理学传衍的时空研究"（项目号12BZX40）阶段性成果。

② 陈文蔚：《克斋集》卷一五《戊寅老人生旦》，《景印文渊阁四库全书》第1171册，台湾商务印书馆1986年版，第112页。

③ 陈文蔚：《克斋集》卷一二《先君竹林居士圹记》，《景印文渊阁四库全书》第1171册，第97页。

一、求学于朱子，为朱子晚年得意门生

陈文蔚是朱熹的一传弟子，也是朱熹晚年非常得意的门生，人称："朱子门人在豫章者，虽信多贤士，然未有过先生者也。"①亲炙朱子多年，他的很多见解与朱熹相契合。"从学朱子，洙泗渊流，多深造而自得之。著书立言，俱得朱子旨趣。"②

陈文蔚自幼从父学，淳熙十一年（1184），受上饶同乡士子余大雅（正叔）的影响，开始接触朱子学术，并与余大雅一道，前往福建崇安武夷精舍，正式拜师于朱熹门下。对于自己拜师朱熹的经过，他在《克斋集》中有详细的记载，他说："始予与公其生同乡，予自为儿已闻公誉，第未知其有为学之志，暨其壮岁，声气既同，不期自合，遂相与同游于朱夫子之门。甲辰之秋，同往同归。在道一月，切磋讲究，剖心露诚，纤悉无隐。"③朱熹见到文蔚，与之交谈后，对他非常欣赏，厚爱有加，"朱子见其好读书，每叹以为难得。"④朱熹教导他们为学要勇于实做，勇于笃行："大抵为学，须是自家发愤振作，鼓勇做去；直是要到一日须见一日之效，一月须见一月之效。诸公若要做，便从今日做去；不然，便截从今日断，不要务为说话，徒无益也。"⑤此后十多年中，陈文蔚通过书信往返，向朱熹问学不断，"与朱子往复书甚多，皆以工夫精进相规切"。在《克斋集》中，还保存有《请问朱先生书》《通晦庵先生书》《通朱先生书》《拜朱先生书》等向朱熹问学求教的九封书信，在《通晦庵先生书问大学诚意章》就记载道："曾以《大学诚意章》请问，蒙尊谕已失其书，谨再录拜呈，乞赐明以见教。文蔚向来未得章句，看于此章，尝以意通之，谓自欺者。"⑥朱熹对他循循善诱，悉心开导，师生感情至深。

陈文蔚对朱子思想进行了发挥，他的很多见解得到了朱熹的肯定和称赞，他论《中庸》"戒惧"和"慎独"之见解，以及对《大学》"诚意"说的阐述，

① 陈文蔚：《陈克斋集》卷首，张伯行《陈克斋集原序》，中华书局1985年版，第1页。
② 蒋继洙、李树藩等撰：同治十二年《广信府志》卷九《人物·理学》，《中国方志丛书》（华中地方·第106号），第796页。
③ 陈文蔚：《陈克斋集》卷四《祭余正叔》，中华书局1985年版，第67页。
④ 陈文蔚：《陈克斋集》卷首，张伯行《陈克斋集原序》，第1页。
⑤ 黎靖德编，王星贤点校：《朱子语类》卷一一三《训门人一》，第2750页。
⑥ 陈文蔚：《陈克斋集》卷一《通晦庵先生书问大学诚意章》，第8页。

甚得朱熹旨趣,深得朱熹赞赏。朱熹注释《仪礼》时,由于陈文蔚不在身旁,不由感慨道:"失贤者助也。"只能与他书信往来,探讨仪礼问题。

淳熙十五年(1188),朱熹以江西提刑的身份入都奏事,停留玉山,讲学于此,陈文蔚前往玉山亲聆教诲。《克斋集》记载了这次聆听教诲的情形:"先生辞免,俟旨,宿留玉山道中。忽散其生徒,毅然而至。文蔚时侍先生侧,先生喜其徙义之勇,挈之偕至玉山,留止余月,教诏甚详。"①在朱熹的悉心教诲下,陈文蔚全面接受了朱子学说。庆元元年(1195)四月十八日,他再次向朱熹求教:"文蔚窃自惟念荷先生已十余年,所恨资质凡陋,不能勇于进学以变化气质,有负提耳者甚多。""今若稍从容顺适,自此以后,或可冀其少进,更望先生终教之,文蔚誓当力行以不负大惠。"②

庆元三年(1197)冬和庆元四年(1198)春,陈文蔚受聘于朱熹家塾,教其孙儿读书,故得朱子指授最详。"丁巳之冬,戊午之春,招之使来,授业诸孙,因获终岁,侍教谆谆。冬暮告归,拜于席下,期以己未,复到精舍。"③此时正是党禁开始,朱熹遭受打击之际,他不畏强权,表现出对朱子一如继往的尊崇。他的品行和举止,受到了后人的赞誉。四库馆臣在《克斋集提要》中评价他是真正的儒者,与后来的依门傍户之人有本质的不同。认为他"又尝馆于朱子家者。当理宗之时,朱子之学大行,故所著之书得闻于朝廷,朝廷亦遂命以官也。然文蔚实亦笃信谨守,传其师说。……其文则皆明白淳实,有朱子之遗。《讲义》九条,剖析义利之辨,亦为谆切。均不愧儒者之言,与后来依门傍户者,固迥乎殊矣""。④

庆元六年(1200),朱熹去世后,陈文蔚悲痛万分,亲作《祭朱先生文》:"往省未果,讣告忽临,仰天长号,涕泗满襟。嗟我小子,业犹未卒,天夺老师,云胡甚疾。有信无征,有疑无质,既失依归,莫明统一。……呜呼先生!仪刑永别,念昔暂违,今焉永诀。历历在耳,言犹未绝。薄奠诉情,岂知予切!"⑤其丧师之痛的悲伤欲绝,难以言表。他在《朱先生叙述》中,对朱熹一

① 陈文蔚:《陈克斋集》卷三《书徐子融遗事寄赵昌甫赵许志铭》,第42页。
② 陈文蔚:《陈克斋集》卷二《四月十八日拜朱先生书》,第21页。
③ 陈文蔚:《陈克斋集》卷四《祭朱先生》,第68页。
④ 永瑢等:《四库全书总目》卷一六二《克斋集提要》,中华书局1965年版,第1389页。
⑤ 陈文蔚:《陈克斋集》卷四《祭朱先生》,第69页。

生给予了高度的评价，对其教诲终生不忘："先生气质刚毅，进道勇决，涵泳充养，纯熟深固。文蔚尝窃窥之，虽夙兴夜寐，终日应接，条理益精明，未尝有厌弃事物之意。虽曰禀赋之异，实亦繇学力之充也。以成就后进为己任，登门之士甚众，稍有意趣，百端诱掖，惟恐不至，各随所长，以成德达材，庶几善类浸多，斯道有托。"①

二、陈文蔚的理学思想

陈文蔚在继承朱熹理学思想的基础上，又进行了发挥。其学以求诚为本，以仁义为宗，以学问思辨为反躬力践之地。"其学以求诚为本，以躬行实践为事。"② 他发扬了朱子"仁即心"的思想，认为"圣门求学，无非求仁"。③ 他在《白鹿洞书院讲义》中，也强调："孔门之教，无非以仁，群弟子之学于孔门，无非求仁。"④ "不知仁而为学，是为学而不知本也。"同时，又对朱子"仁说"有所发挥，在求仁的同时，也注重求心。陈文蔚曾讲学于景德镇双溪书院，并订立《双溪书院揭示》，他说："为学之道，无如收放心以讲明义理。端庄专一，整齐严肃，所以收放心。亲师取友，切磋琢磨，所以讲明义理。苟身居一室之内，心驰万里之外，虽日亲方册，口诵圣言，亦欺人耳！于己实何益哉！"⑤ 将求放心作为为学之道的根本，认为求仁归根到底就是求心，这样，"他就把朱子的仁说与象山的本心说结合起来了"。⑥

同时，陈文蔚把朱熹的格物穷理功夫纳入求心、明心的功夫之中，主张在博文的同时，又强调约礼。陈文蔚认为朱子的格物穷理，多就自身的心性情上说，他说："格物功夫，朱子多就心性情说者，盖为察之于身，尤为亲切。吾身万物之理皆备，自一身推之，万物之理莫不皆然。非谓只察之于身，

① 陈文蔚：《陈克斋集》卷三《朱先生叙述》，第41页。
② 黄宗羲原著，全祖望补修，陈金生、梁运华点校：《宋元学案》卷六九《沧洲诸儒学案上·迪功陈克斋先生文蔚》，第2320页。
③ 陈文蔚：《陈克斋集》卷三《求仁斋记》，第41页。
④ 陈文蔚：《陈克斋集》卷三《白鹿洞书院讲义》，第57页。
⑤ 陈文蔚：《陈克斋集》卷三《双溪书院揭示》，第43页。
⑥ 王伟民：《陈文蔚、徐元杰和会朱陆的倾向》，《江西社会科学》1994年第10期，第73–76页。

而不复推之于物也。"① 他在《祭朱先生文》中，也强调朱子"致知力行，曰无二理。章分句析，其功切己。谁谓博文，而不约礼"。② 要做到博与约的统一。

同样，他在《龙山书院讲义》中，也力主朱熹的格物致知之说。他说："大学之书，极其功效而言，必至于齐家、治国、平天下。而至精至要，不外乎致知、格物而已。……幸从事于古人为己之学，格物致知、正心修身，志在天下则不私于一己。"③

陈文蔚尤其重视力行，认为修身之道关键在于力行。他对朱子所倡导的"博学之，审问之，谨思之，明辨之，笃行之"的"为学之序"，尤其重视笃行、力行，"是五者穷理力行之目"。他又说："学、问、思、辨乃穷理之事。为其穷理，故能力行，修身之道功夫实在于此。盖不穷理则无以知其事之当然，不力行则无以遂其志之决然。虽欲修身，不可得矣。然力行，又以穷理为先。穷理之目有四，而力行则一言而足。盖修身，穷理之功为多，而力行则行其所知而已。故修身非穷理力行有所不能，忠孝非修身有所不能，以是而应事接物未有不尽其情矣。大学修身、齐家、治国、平天下必本于致知格物其以是欤。"④

三、安贫乐道，讲学授徒，致力于朱熹理学的传扬

陈文蔚性格恬淡，安贫乐道，一生以著书讲学为念。正如他诗中所云："水饮已忘三月味，囊中真乏一钱储。屡空本是我家事，赢得闲身且著书。"⑤ 他并不热衷于科举，"文蔚自惟蹇钝，科举岂敢有望，但以亲老在堂，不得不勉应之耳"。为遂父母之意愿，参加过科举，也曾中进士。端平二年（1235），因其所著《尚书类编》有裨于治道，有助于教化，朝廷诏补为迪功郎。《宋史》卷四十二《理宗纪二》亦载："三月乙未，诏太学生陈均编《宋长编纲目》、

---

① 陈文蔚：《陈克斋集》卷一《答傅子澄》，第3页。
② 陈文蔚：《陈克斋集》卷四《祭朱先生》，第69页。
③ 陈文蔚：《克斋集》卷八《龙山书院讲义》，《景印文渊阁四库全书》第1171册，第61页。
④ 陈文蔚：《克斋集》卷七《克斋揭示》，《景印文渊阁四库全书》第1171册，第50页。
⑤ 黄宗羲原著，全祖望补修，陈金生、梁运华点校：《宋元学案》卷六九《沧洲诸儒学案上·迪功陈克斋先生文蔚》，第2320页。

进士陈文蔚著《尚书解》，并补迪功郎。"但他并没有步入仕途，而是以著述讲学为事，同郡后学张时雨评价文蔚："隐居丘园，累聘不起，以斯文自任，乡邦尊仰之。"① 陈文蔚著有《易本义大旨》《原画》《原辞》《四象数说》《先天图说》《河图洛书说》等。其《克斋集》十七卷为《四库全书》所收录，四库馆臣在其《克斋集》提要中，评价他"诗虽不工，而文章则淳厚精确，不愧有道之言"。②

陈文蔚潜心学术，聚徒讲学，认为讲学之功，意义巨大。他说："其大者则取讲学之功、道统之继，辨异端似是之非，发前圣未明之蕴，扶人极，立世教，有功于万世者。"③因此，他归隐田园，一生致力于朱子思想的学习、研究和传播，是朱子去世后最重要的传人之一。他曾效仿朱熹讲学授徒，先后在饶州州学、信州州学、袁州州学、宜春南轩书院、丰城龙山书院、景德镇双溪书院、庐山白鹿洞书院等处主持讲席，留下了《克斋讲义》《信州州学讲义》《龙山书院讲义》《袁州州学讲义》《南轩书院讲义》等诸多讲义，制定了《双溪书院揭示》《克斋揭示》等书院的规章教条，从中可见他丰富的教育理论和教育思想。他在长期的教育实践中，将朱熹的教育思想进一步传承和发扬。

陈文蔚十分注重道德教育，认为教育的核心就是明人伦，知礼义，主张崇儒重道。他说："欲正人心，则莫若崇儒重道，教学明伦，使为士者，知所趋向而明礼义。"④强调修身为天下之大本，他说："盖自天子至于庶人，壹是以修身为本，其本既立，推于国家天下。"

而其方法步骤就是朱熹在《白鹿洞书院揭示》中的"学、问、思、辨、行"等为学之序。他在《南轩书院讲义》中，将这一理论发挥得更为透彻："学者诚能以致知为力行之本，以力行尽致知之实，交用其力，无敢偏废，则达德以全，达道以行，中庸在我矣！"⑤

南宋绍定元年（1228）陈文蔚到铅山鹅湖讲学，提出了"为学之道，自当尊敬先生，凡有疑问，皆须诚心听受"的教学主张，以阐述朱学、护卫师

---

① 陈文蔚：《陈克斋集》卷首《纪述》，第2页。
② 永瑢等：《四库全书总目》卷一六二《克斋集提要》，中华书局1965年版，第1389页。
③ 陈文蔚：《克斋集》卷一〇《铅山西湖群贤堂记》，《景印文渊阁四库全书》第1171册，第79页。
④ 陈文蔚：《克斋集》卷一〇《铅山西湖群贤堂记》，《景印文渊阁四库全书》第1171册，第78页。
⑤ 陈文蔚：《克斋集》卷八《龙山书院讲义》，《景印文渊阁四库全书》第1171册，第64页。

门为己任。"所作《州学修礼器记》，亦推尊朱子仪式而损益焉。"① 他深得铅山百姓敬仰，绍定三年（1230）铅山知县章谦亨立群贤堂，将陈文蔚从祀其中。其弟子徐元杰作《群贤堂赞》："世重文蔚，隐于丘园。聚徒讲学，尚论群贤。俯仰鹅湖，追随泗源。只领俎豆，独属吾铅。"②

陈文蔚曾居家建克斋讲学，来学甚众，他订立《克斋揭示》，以示来学之朋友子弟，使知立身之大节，修为之次第。

《克斋揭示》共三条，第一条就是"入则孝，出则悌"。他认为"人之立身，莫先于孝悌，盖孝悌为人之本。人所以戴天立地而异于物者，以其亲亲长长而有是良心故也。苟以失其良心，而不孝不悌，则无以为人矣。"③ 孝悌是人的良心之体现，也是人之所以为人的基本前提。

在家能够孝悌，在朝廷就能忠于君主，顺从长官，就可以移孝作忠。他说："事父孝，故忠可移于君；事兄弟，故顺可移于长；居家理，故治可移于官。"陈文蔚认为："有父子然后有君臣。父子、君臣，人伦之首。故为人臣子者，事父必以孝，事君必以忠。然则不孝则不能忠。忠孝虽二事，事君之忠实自事父之孝移之耳。为僚而顺其长，居官而治其事，又非自外得，即事兄居家者推之也。盖长官者，君命之使长我者也。官事者，君付之使我任其责者也。为僚而不顺其长，居官而不理其事，皆事君不忠也。事君不忠，皆源于事父不孝也，忠孝立身之大节，于此二者一有缺焉，则不足以立身。"④ 因此，忠孝为立身之大节，居家则可孝以侍亲，立朝则忠以事君，顺以事长。

揭示第二条为"居处恭，执事敬，与人忠"。认为恭、敬、忠这三者是修身应事、待人接物的基本要领。他解释道："是三者修身、应事、接物之要。人之处世，忠孝固其大节，然不能不应事，不能不接物。临事贵乎不忽，待人贵乎尽己。应事接物各得其道，则于事无失，于物无忤。要之，二者又自修身以始。盖人能修身则大而忠孝皆由此出，而应事、接物特其余耳。故居处恭是所当先，而圣人谓'是三者，虽之夷狄，不可弃也。'学者岂可以斯须

---

① 陆心源辑撰：《宋史翼》卷二五，第264页。
② 转引自王立斌，刘东昌：《鹅湖书院》，湖南大学出版社2013年版，第26页。
③ 陈文蔚：《克斋集》卷七《克斋揭示》，《景印文渊阁四库全书》第1171册，第50页。
④ 同上。

不念哉。"①

揭示第三条为："博学之，审问之，谨思之，明辨之，笃行之。"这五者是穷理力行之目，但五者之中，他最重力行，为学、修身的最终立足点就体现在力行之中。

陈文蔚在宁宗嘉泰四年（1204）前后，入主白鹿洞书院讲席，进一步发明师训，"辨义利"之别，"论求仁"之方，"辞和而字切"，使学子听后，"辄有兴起"，并以此为阵地，将其师朱熹未竟的事业，发扬光大。《克斋集》中收录有《白鹿洞讲义》二则。一则为义利之辩，他说："《孟子》之书，惟辨义利。……今世之人，非不知义利之辨，惟私心之胜，则义不暇计。有国则曰何以利吾国，有家则曰何以利吾家，有身则曰何以利吾身。凡有所事无非为利。一事之成败，一物之得丧，惟利是计，止知利己遑恤害物。"②义利仁义是人们处世之道，无论是待人还是治国，"怀利以相接，然不亡者，未之有也……怀仁以相接，然而不王者，未之有也"。因此，他期望学者，明辨义利，"学于此者，读其学，淬其心，切磋讲论，无非天理人欲之辩，何者为天理，何者为人欲，毫厘之间，必有区别"。主张"存义去利"，甚至是"舍生交义"。另一则言仁，他认为："盖孔门之所讲者，仁而已矣；不知仁而为学，是为学不知本也；终讲学而不知其本，是犹水之无源也。"③他说："孟子曰'仁，人心也。'不知为学之本，是失其本心。人有一心而已，失其本心，何以为人？"④告诫诸生，为学之本就是求仁，就是发现自己的本性仁心。

对此，张伯行在《陈克斋集序》中，评价道："先生杜门养志，屡聘不起，间以诗文自娱。晚年为部使者聘入白鹿洞书院，发明师训，辞和而旨切，学者闻之，辄有所兴起。"《万姓统谱》卷一八称其"著书立言，得其师旨趣，高风雅操，为乡邦所共仰"。

陈文蔚有着隐逸情怀，终身未仕，俯仰林泉，对名利得失，随顺自然，淡然处之，甘于穷困，但追求高洁，追求精神的超越，追求安闲与知足之乐，

① 陈文蔚：《克斋集》卷七《克斋揭示》，《景印文渊阁四库全书》第1171册，第50页。
② 陈文蔚：《克斋集》卷八《白鹿洞讲义》，《景印文渊阁四库全书》第1171册，第66页。
③ 陈文蔚：《克斋集》卷八《白鹿洞讲义》，《景印文渊阁四库全书》第1171册，第67页。
④ 同上。

"贫"且有"节"。

他生平所喜竹与梅，他在《赠说相道人》中有道："我生本是山泽痈癯，只爱竹林痴读书"，是个"独爱山林闲"的"书痴"，晚年寓所多植竹，人多称其"竹林翁"。

他性格冷峻内敛，闲居山林，以讲学授徒，交游吟咏为事。与信州名贤，如章泉赵蕃、涧泉韩淲等交往密切，经常一道在信州游名山赏秀水，彼此唱和，诗酒风流，"唱酬之诗，频来狎至"，他在为赵蕃所作的诔文中为其盖棺论定，高度评价赵蕃："不知章泉者，知擅一世之诗豪；心知章泉者，叹风节之孤高。"陈文蔚与韩淲也经常诗歌酬唱，如韩淲就有《二十五日文蔚携酒饵，夜同访郑教授》诗："携酒问吾党，有诗当岁穷。城头数疏更，窗外飞过鸿。悠悠澹澹里，忽忽茫茫空。我尔且一杯，古今多三公。"将陈文蔚视为志同道合的"吾党"，可见关系非同一般。

陈文蔚也是一个著名的诗人，傅璇琮等编选的《全宋诗》中，收录其诗303首，其中咏物诗有37首，尤其咏梅诗最多。陈文蔚特别喜欢梅花，他的《见梅》："晓鸡残月更离程，只见梅花不忍行。水郭山村谁是伴，惟伊与我共孤清。"①《和正叔咏梅一绝》："儿童剪伐未须施，竹外横斜一两枝。冷艳更开深雪里，此花应不冀人知。"②借梅花表达其不卑不亢、清癯高雅的高标逸韵和超凡脱俗、与世无争、甘心寂寞的淡趣闲情，表达自己宁愿寄情山水之中，在平淡中追寻本我的情怀。他还留下了"凌霜傲雪"这一典故，"岁披草棘访槎牙，为爱凌霜傲雪花。不学春花娇女面，朱帘翠幕几重遮。"③时近岁末，分开草丛荆棘，寻找即将开放的梅花，只为了喜欢这种傲视寒雪的梅花，喜欢梅花那洁净修长、清高孤傲、潇洒脱俗的风姿。

作为朱熹的晚年得意门生，陈文蔚终生不仕，归隐田园，潜心学术，聚徒讲学，与徐子融、吴伯丰、李敬子等同道之人，勇于求道，致力传道，相互唱和，使豫章之学因之而不孤，上饶县状元徐元杰就是他著名的弟子。

① 陈文蔚：《克斋集》卷一六《见梅》，《景印文渊阁四库全书》第1171册，第123页。
② 傅璇琮等主编：《全宋诗》，北京：北京大学出版社，1991年版，第31924页。
③ 陈文蔚：《克斋集》卷一六《十二月廿三日举故事访黄冈梅》，《景印文渊阁四库全书》第1171册，第132页。

他们在信州一带积极传扬朱子学说，推动了信州士子接受朱子学说，信州因而成为理学之乡，对朱子理学在信州传播起了重要作用。

在传播朱子理学的过程中，也历经重重困难。他曾感叹道："呜呼！甚矣！传学之难也。道晦千五百年，世之儒者，鲜克有志，有志而业不终，岂不痛可恨哉！"[①]

陈文蔚去世后，被祀于郡、县乡贤祠，葬于上饶县五十八都（今黄沙岭乡），明万历四十三年（1615）铅山县以其在鹅湖"讲习讨论，久而弥坚，与考亭、正叔当在师友间"，又将其祀于群贤堂。遗憾的是，《宋史》并没有为陈文蔚立传，其事散见于载嘉靖《广信府志》卷一六、《考亭渊源录》卷一〇、《宋史翼》卷二五、《宋元学案》卷六九小传等处，学界对他的研究成果相当有限，对信州这位乡贤的生平与思想还有待于进一步挖掘和传扬。

（作者简介：冯会明，上饶师范学院历史与旅游学院教授）

---

① 陈文蔚：《陈克斋集》卷四，《祭余正叔》，第67页。

杨时乔理学思想浅探

双子力

　　杨时乔（1531—1609），字宜迁，号止庵，上饶（今信州区）人，嘉靖四十四年（1565）进士，历任礼部主事、员外郎、太仆寺卿、南京太常寺卿、通政使，万历癸卯（1603），升吏部右侍郎，寻转左侍郎并署部事，凡五年。卒于官，谥"端洁"，赠吏部尚书。

　　魏晋以至隋唐，兵连祸结，民不聊生，玄风大盛，释教流行，儒家学派自汉武帝采董仲舒"罢黜百家，独尊儒术"之议定于一极以来，感受到了空前之压力，理论建构既不及佛家之精深绵密，修行实践复不如道家之神妙高蹈，其时佛徒颇以大道精微之理为儒家之所不能谈而自雄，世之儒者每于浩如烟邈之三藏十二部佛典前亦自愧弗如，承认释教"如香象渡河，截断众流"之法言慧语为《六经》所未尝语，孔孟所未尝及，乃群起而信释书，宗释道。终于在华夏文明登峰造极之有宋一代，儒家乃知耻后勇，奋起反击。

　　自古文运动起，由欧阳修先声夺人，提出要"修其本以胜之"，至于北宋五子，形成了一个前赴后继的以天人关系为视域，以体用不二为方法，以本然与实然、现实与超越两翼并重为指向的"造道"运动，至二程"体贴"出天理并以"性即理"为理论立足点，催生出了一套既融会道家之天人合德观、复贯通佛家之去情复性说，又继承孔孟正宗，并能安邦定国的新儒学，即理学是也。

　　南宋朱熹"致广大，尽精微，综罗百代。"集理学思想之大成，"存天理，灭人欲""格物致知"之说大行其道，复有陆九渊以"宇宙即是吾心，吾心便是宇宙"为旨，主张发人之本心，蒙元以降，朱学定于一尊，至于明代王阳

杨时乔旧第

明绍象山遗教，大倡"知行合一"，心学乃兴，夺朱学官方正统之风头而为显学，唯其矫枉过正，以至文人空疏浅薄，流于禅学，猎奇求新，腹空心高，时国困时危，内忧外患，乃有东林党人力主儒生回归朱学正统，以天下兴亡为己任，干政为民，匡时济世。今就个中翘楚信州人杨时乔为引，就其理学思想做一鸟瞰，为正本清源之探。

杨时乔，字宜迁，号止庵，上饶（今信州区）人，据《明儒学案》传，生时其父梦至一夹室，见像揖之。像乃举手答曰："当以某月日降于公家"，如期而时乔生。他日其父过学宫，见夹室一像，甚类梦中人，则易主所迁之故像也。嘉靖乙丑（1565），时年三十四的杨时乔登进士第，历任礼部主事、员外郎、尚宝司丞、南京尚宝司卿、应天府丞、右通政、太仆寺卿、南京太常寺卿、通政使，万历癸卯（1603），升吏部右侍郎，寻转左侍郎并署部事。乙巳（1605），大计京朝官，先生清执，不徇奸相。给事钱梦皋、御史张似榘皆四明注意之私人，察疏上，四明以两人之故，并同察者，特旨俱留用，且切责部院。先生累疏求去。己酉（1609）二月卒官，检其箧中惟存一敝裘，同僚诸公聚资以殓，赠尚书，谥号"端洁"。

观其行止，杨之生平可谓光风霁月，两袖清风，领袖群伦，卓然独立！查其著作，则受业广信永丰之吕怀，作为湛若水四大入室弟子之一，甘泉学派于江右之代表人物，杨时乔于官宦之余，勤于著述，传世者《周易古今文全说》《新刻杨端洁公文集》《大学古今四体文章句》，为集其理学思想大成之作。

一、理一分殊与气质变化

晦庵先生有云："宇宙之间一理而已。天得之而为天，地得之而为地，而凡生于天地之间者，又各得之以为性；其张之为三纲，其纪之为五常，盖皆此理之流行，无所适而不在。若其消息盈虚，循环不已，则自未始有物之前，以至人消物尽之后，终则复始，始复有终，又未尝有顷刻之或停也。"[①]对理之所以为天地之大本做出了具体而细微的阐释。复云："圣人未尝言理一，多只言分殊。盖能于分殊中事事物物，头头项项，理会得其当然，然后方知理本一贯。不知万殊各有一理，而徒言理一，不知理一在何处。"[②]于空谈一理而不着力于格物之功做出了切谏。杨时乔秉其宗旨，于《吕巾石类稿序》中亦曰："圣门以尽性为教，而辨性近习远、上智下愚不移之异。其能尽者，民受天地之中以生，继善成性，理之一也；其不能移者，智愚上下之间，气质禀赋不齐，形生知发，善恶万类，分之殊也。是故善反其殊，以复乎初；系于习，驯而习之则变，变而不已则化。气质变化，乃人欲消息，久之无欲而一，斯静虚动直，而天命之性全尽。"为变化气质、全尽天性给出了善反其殊、消息人欲之修行路径。复于心学之流弊，乃痛言曰："乃今之为道者，祖真觉是性，见解为病，禅诠日析，于讲观恰入之旨，自谓至精至妙。藉言致知，而文以穷理穷此，尽性尽此，至命至此，儱侗之说，高标之为圣学的传，而冒当乎精一一贯。闻者喜其简径，竞相崇尚附和，遂置气质于不复论，况能进而求所由变化之功哉！谛其行，卒任气质，而堕于知慧自便，私意自执，犹兀然直命曰道。"于其时"内则心无所主""外则其言不归于释老即归于庄列"

① 《朱文公文集》卷十七。
② 《朱子语类》卷二十七。

之轻薄流风，直揭其短，痛斥其非。

二、格物致知与禅学流弊

《大学章句》有云：

> 明德者，人之所得乎天，而虚灵不昧，以具众理而应万事者也。但为气禀所拘，人欲所蔽，则有时而昏。然其本体之明，则有未尝息者，故学者当因其所发而遂明之，以复其初也。

又云：

> 所谓致知在格物者，言欲至吾之知，在即物而穷其理也。盖人心之灵，莫不有知，而天下之物，莫不有理。惟于理有未穷，故其知有不尽也。是以《大学》始教，必使学者即凡天下之物，莫不因其已知之理而益穷之，以求至乎其极。至于用力之久，而一旦豁然贯通焉，则众物之表里精粗无不到，而吾心之全体大用无不明矣。此谓物格，此谓知之至也。

于格物致知之理做了深入浅出之剖析，实为见道语！

唯明中叶以下，儒释道三教合一之说大行其道，官僚士大夫参禅学佛之风甚烈。王阳明继宋代陆九渊"心即理"之说提倡"心外无物""知行合一"，其"无善无恶是心之体，有善有恶是意之动，知善知恶是良知，为善去恶是格物"之王门四句教，即颇依华严宗"圆融相即"、禅宗顿渐说之旨。李贽更是公开打出佛学旗号，以《大乘起信论》所述之"真心"释其"童心"，以般若"真空"否定"伦物"，行事颇类南宗禅僧之自在不羁，颇受李贽影响的袁宏道中年参禅，文学创作上抒发"性灵"，与晋宋之际谢灵运等文人骚客以佛经求"灵性"相呼应。

世风如斯，杨时乔于《太学四体文集注序》中对于"新学惟取人心血气中虚灵知觉者为立大，为养端倪，为体认天理"，"黠者又取善知识之说，合诸《大学》'致知'、《孟子》'良知'二语为言，其功即反目摄神至心，即知至，亦即格物，不必别言致、言格。乃以《大学》言格物不可背，不得已或指为格欲，为正事，为至物。格知物有本末之物，或以明知意心身家国天下之物，或以格不生不灭之物。又以先王礼乐名物典章法度，为非作圣之功，增杂霸藩篱，训诂记诵闻见，皆致格中事。一切指以为名、为博、为侈靡而文致之，支吾笼罩，转换儱侗，难以测识"之鄙陋之识与"凡《中庸》为物不贰，生物不测，体物不遗，物有终始，不诚无物，皆不相蒙，悉以外物名之。不俟工夫阶级，谓万物尽屏，心知炯然，既得一，万事毕，意自诚，心自正，身自修，家自齐，国自治，天下自平。揆其实，乃率意即诚，任心即正，从身即修，家国天下由我操纵，即齐治平。即不齐治平，亦不必问。于虚灵中，为物欲潜滋暗长，恣肆妄行，皆直任为道，不必潜修禁止。一禁止即遏抑，遏抑即外求"之空疏之学做了鞭辟入里之批判，更发出了"自来不师先王，非孔子，一见于秦，再见于今"之痛彻心扉之慨叹！

三、天命之性与气质之性

晦庵先生有云："天命之性，人受其全，则其心具乎仁义礼智之全体；物受其偏，则随其品类各有得焉，而不能通贯乎全体。然天命之性，若无气质相佐，却亦无安顿处。且如一勺水，非有物盛之，则水无归着。"一言以蔽之：性非气质，则无所寄；气非天性，则无所成。至于性理关系，晦庵先生又云："性只是个理，而气质之性，亦只是这里出。论天地之性，则专指理言；论气质之性，则以理与气杂而言之。未有此气，已有此性。气有不存，而性却常在。虽其方在气中，然气自是气，性自是性，亦不相夹杂。唯人之所以有善有不善，只缘气质之禀各有清浊。盖人所禀之气，虽皆是天地之正气，但羁来羁去，便有昏明厚薄之异。"① 于所谓"昏明厚薄之异"晦庵先生复言："人性虽同，禀气不能无偏重。有得木气重者，则恻隐之心常多，而羞恶、辞逊、是非之心为其所塞而不发；有得金气重者，则羞恶之心常多，而恻隐、辞逊、是非之心为其所塞而不发。水火亦然。唯阴阳合德，五性全备，然后中正而为圣人也。"②

---

① 《朱子语类》卷第六十二。
② 《朱子语类》卷第四。

　　杨时乔于朱子之学并未盲目信从，其于《与吕巾石》有言："来教以'天命之性为虚灵不昧，譬则日月之贞明；气质因依假借，迷复不常，譬则浮云之聚散。云聚而日月昏，云散而日月炳，于日月贞明之体，未始有所损益者。'窃以天气地质具而后生人，固圣愚贤不肖所同禀，特其中有清浊淳漓之异耳。"明确反对将"天地之性"与"气质之性"割裂开来，更引孟子"形色天性，惟圣人践形"之言以佐。复云："苟以气质为浮云，则是谓其衹有浊漓，而不谓其有清淳。然则生知安行之圣，学知利行之贤，其有外于此天地气质而生，而人性上有二物矣。抑别有一种气质，而非吾之所谓气质者？"于形而下层面援引"生知安行之圣，学知利行之贤"为例，反驳了气质之性与天命之性的二元论。其于《朱晦翁碑》中又言："天命之性者，太极一本，万物一原，敬轩薛子谓天下公共之理，汪子谓天也理也，天下之公共者是也。气质之性者，二气五行，刚柔万殊，汪子谓梏于形体，乃有我之私者是也。性具于心，心生于形，形之谓气质，而亦谓之性者，谓其有则俱有，非二言之。惟变化其有我之私，至公而无我，天性复初，气质不累，乃性曰天性，而不复以气质并言也。"试图从形而上层面对天命之性与气质之性的二分法做理性批判，虽强调了二者的不可分性，但并未能从逻辑上解决二者仍存在可以区分的不同属性、从而分而待之的核心问题。

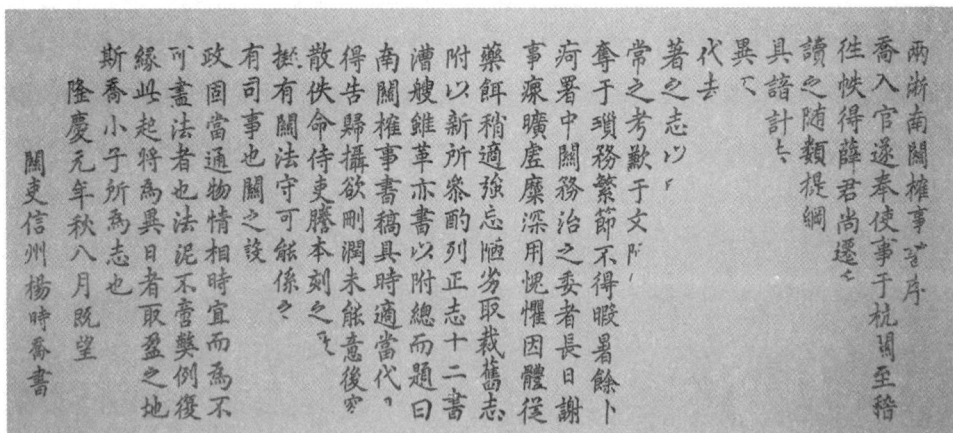

两浙南关榷事书序

四、余论

杨时乔作《南岩朱子像碑记》，内言："程、朱大有功于万世"，"窃意今当必有其人。噫，微斯人，吾谁于从！"满腔的浩然正气，不自觉将自己当成了程朱理学当仁不让的正统继承人，表现出了强烈的道统意识。虽于其理学体系构建，黄宗羲于《明儒学案》对杨时乔之学有过议论，说他欲辨儒释，而视理与佛氏同，徒以闻见训诂与之争胜，恐怕难遂其愿。然杨时乔任官通政时具疏大斥罗汝芳之心学："佛氏之学，初不溷于儒。乃汝芳假圣贤仁义心性之言，倡为见性成佛之教，谓吾学直捷，不假修为。于是以传注为支离，以经书为糟粕，以躬行实践为迂腐，以纲纪法度为桎梏。逾闲荡检，反道乱德，莫此为甚。望敕所司明禁，用彰风教。"万历皇帝倒是乖乖地诏从其言，于世风士行实有匡扶之大效，为程朱理学的赓续相传，起到了承前启后、继往开来之大用。

（作者简介：双子力，上饶市文献学会理事，文史学者）

【信州学术】

程兆熊与信江农专的创办

张 婷

　　笔者偶然在友人处寻得一张拍摄于1945年春的老照片，几排师生英姿挺拔，排列整齐，且照片上赫然写着"上饶七县联立信江农业专科学校开学典礼摄影"字样（见图1），这不禁勾起了我寻其究竟的兴趣。翻阅众多相关典籍资料，笔者对信江农专的创办背景、发展历程以及创办者程兆熊先生的相关信息进行深入探究，现将查阅与探究结果撰为此文，与众识者共同商榷。

图1　1945年拍摄于上饶信江书院的信江农专开学典礼合影

一、信江农业专科学校创办始末

1904年初，清政府废科举，颁布由张之洞、荣庆、张百熙主持拟定的《奏定学堂章程》，全国教育体系开始实行"癸卯学制"。"癸卯学制"以"中学为体，西学为用"为指导思想，西学东鉴，中国近现代教育的雏形在变革中渐渐形成。

1911年辛亥革命后，作为中国近代由国家颁布的第一个在全国范围内实行推行的系统学制，"癸卯学制"被废止。民国元年（1912）南京临时政府成立后不久，大权便旁落于北洋军阀手中，中国政局动荡不安，社会经济制度没有本质改变，实质上仍然沿袭清末"新教育"的教育体系，故江西的初等和中等教育未得到长足发展。1928年至1934年，江西作为红色根据地，各地逐渐建立了苏维埃政权。红色政权在充分重视人人平等的基础上，提倡大力发展农业、手工业、教育等攸关民生的基础性事业，因此江西省教育厅倡导一县或数县联合创办学校，上饶教育事业有了较大发展。据《上饶地区教育志》记载，1928年4月，信江、鹅湖书院款产清算委员会主席盛渭清请准以信江书院款产开办乡村师范学校，后更名为上饶七县联立信江乡村师范学校。1937年秋，抗日战争全面爆发，校本部由上饶迁铅山鹅湖书院，与设在鹅湖的该校分部合并（民国二十年即1931年，鹅湖中学停办。次年，用鹅湖书院款产办信江乡师鹅湖分部）。1939年冬，校舍被国民政府军事委员会第三战区干部训练团占用，学校被迫迁上饶县上泸坂。

由于抗日战争处于战略相持阶段，局势动荡不安，办学资金不足，经费困难，校址设在上饶县上泸坂的上饶七县联立信江农业职业学校于1941年改办为信江农业职业学校，并于1942年秋迁至信江书院，1945年春，又改办为私立信江农业专科学校。

1950年经省农业厅决定，信江农专由私立改为公立，更校名为南昌农业专科学校，校址迁至南昌莲塘镇。1952年10月，中南区高等教育局召开的高等院校调整会议决定：南昌大学农学院农学、兽医专业与江西兽医专科学校、南昌农业专业学校（由信江农专改名）等合并成立江西农学院。1969年，并入江西共产主义劳动大学。1980年，改名江西农业大学。

二、信江农业专科学校发展史

在抗日战争胜利前夕，国内的仁人志士在教育、商业、农业等众多行业发展对国家兴亡的作用中不断摸索，逐渐认识到农业发展才是兴国安邦的基础。1945年春，经上饶地方人士发起和社会贤达赞助，扩充改组筹办了信江农业专科学校。据王梅雾攥写的《沧桑磨砺铸辉煌——江西民办高等教育发展回顾》一文中，称信江农业专科学校为上饶第一所高等学府，同时也是至1949年解放前夕，江西省唯一一所近现代意义上的私立高校。

信江农业专科学校最初的校址是在上饶信江书院内，借用当时上饶中学的校舍，这就从另一方面印证了友人处老照片是拍摄于1945年春季的信江书院内。抗日战争胜利后，信江农专迁至铅山鹅湖书院，1948年冬，升格为信江农学院（扩为大学）。

该校是在各县公款合办的基础上，并得到仁人志士的赞助而成立的高等农业学校，校长程兆熊，校长室秘书徐先兆，教务长杨惟义，训导长黄野萝，总务长

图2　1948年6月拍摄于铅山鹅湖书院的信江农专附属高农部第五届毕业纪念照

兼高农部主任余缨，正副教授有胡先骕、冯吉安、陈家祥、胡步青等。1946年秋，杨惟义和黄野箩教授回国立中正大学任教，教务长由易希陶教授继任。

拾五　私立信江农业专科学校

校址：江西铅山旧鹅湖书院

校长：程兆熊

一、沿革

信江书院，清末改为广信中学堂。民元以后，改为信江中学，嗣由改为信江师范，其时另有鹅湖书院，亦改为鹅湖师范，继又改为鹅湖职业学校及鹅湖中学，中学停办后，鹅湖书院款产乃并入信江师范，后又改为信江高级农业职业学校。三十二年冬，经地方人士扩充改组，经营年余，于三十四年春，正式成立，改称今名，以信江鹅湖原有款产计租四千余石，作为基金，三十五年春由教育部立案，校址设于江西铅山旧鹅湖书院。

二、行政组织

校址下分设教务、训导、总务三处，教务处下分注册、出版两组，图书、仪器、标本三室。训导处下分生活指导、军事管理、体育卫生三组。总务处下分庶务、文书两组及出纳股，各处组室分设主任一人。又校长办公室置秘书一人，会计室置主任一人。

三、科系数

现有农艺、园艺、农业经济三科。

四、教职员人数

三十六学年度第一学期教职员二十一人。

五、学生人数

三十六学年度第一学期专科部学生77人，农艺科51人，园艺科26人。第一届农艺科学生28人，已于三十六年春季毕业，派赴台湾华中各地实习及工作。

六、图书设备及农林场

现有中西图书3514册，仪器430件，校舍依山建筑，环境优美，有课堂12，办公室13，大礼堂1（可容1300人），教职员住宅5，图书馆1，合作社1，实验室2，研究室4，学生宿舍8，运动场412方丈。

又有农艺场面积381亩，栽培食用及特用作物如水稻、茶叶、烟草、甘蔗等，园艺场面积299亩，栽培果树、花卉、蔬菜等，林场面积5001亩，栽植油桐、松木、杉木等，并设置实验区与标本区，以供学生实习或示范之用。

从以下《第二次中国教育年鉴》（图3）和1937年版的《全国各省市公私立专科以上学校校数及员生数（1936学年度）》（图4、图5）两份文献中可见，信江农专经过两年的精心办学治校，学生数就达到了792人，是当时江西农专的三倍多，更值得一提的是，女生人数达到106人，是当时江西农专的六倍之多，如此悬殊的比例，如此庞大的招生规模，证明了信江农专坚持与完善"以学生发展为本，教授治校、学生自治"教育教学方针的正确性与民主性，受到广大师生的拥护与支持。她不断吸纳西方国家的先进教育理念和先进教育方法，融会中西教育精粹，机构设置健全，科系完备，图书馆的藏书量、实验室、农场等办学设施规模宏大，这些机构、科系与设施相互契合，吸引着省内外心怀报国之志的年轻人，共同为中国培养优秀农业技术人才形成合力。

信江农专开办时，校理事会成员由上饶、广丰、玉山、横峰、铅山、弋阳、贵溪七县组成，学员也来自这七县。学校的经费来源有二：一是信江书院、鹅湖书院的田产、房产收入（每年约租谷1500至1800担）；二是各理事县所筹措的办学基金。此外，学生缴纳的学杂费，作为学校教学杂务开支。1945年冬，余江、余干、万年三县也加入理事会，并派生员。学校初设农艺和园艺两科，后增设农业经济科，还附设高农部和初农部，后初农部改办初中，高农部仍继续办学。

1949年5月3日上饶解放后，8月，经赣东北教育行政会议讨论决定由人民政府接管并调派赣东北行署教育处章惠民同志任校长，原信江农专教授王大顺任教导主任。又因鹅湖书院地处山坳，交通十分不便，9月初，经省人民政府批准，将信江农专迁至上饶县沙溪镇（原江西省立上饶师范学校），10月1日开学上课。

当时，由于上饶地处长江以南的丘陵地带，森林资源和水资源储备均十分丰富，专家学者逐渐认识到森林、水利知识的学习与合理利用对农业生产发展的重要性，于是从上饶农业生产实际出发，经赣东北行署批准，学生除招收二年制农艺科、园艺科外，还增设了森林和农田水利两科。此时，信江农专的内部机构设置更加健全与完备，各种委员会也逐步建立。据《上饶市

第二次中國教育年鑑　第五編　高等教育　第四章　公私立專科學校概況

三〇〇

（七八八）

劉洛百暢籌設立西南美術專科學校公推楊公托為第一任校長萬從木副之，是年十月二日開學於渝市張園。未久亦因事離職，改推劉翌釓何聘九歲印文，求庇月間學校由校董會聘請萬從木任校長先設四副之。二十六年一月該校暫在重慶市賢桐公寓立案，先設四年制圖音組及藝術師範高初兩級，十九年秋翁為永久校基又增設圖音組及藝術師範高初兩級，作為永久校基又增設圖音組及藝術師範。山逃界巴中校舍外地入十五方丈，合計校基約共三十餘畝。二十四年春巴縣熱府復撥輸頭年教育部派員視察川省教育，以該校設備完善具有基礎令校後甘縣捐助改配高初兩級。

抗戰軍興國府遷駐，歇洞淶屋有校舍租與中央宣傳部及中央訓練委員會使用。三十年秋大禮堂及宿舍遭敵機炸毀時淶洞淶亦同建造教圖過成都辦理。房成都三載以經費困難設備缺乏暫停專科於過重慶始行恢復。

三　院科系數

現設有二年制農藝科一班三年制農藝科二班二年制農業經濟科一班。

四　教職員人數

三十六學年度第一學期教職員共二十七人內教授五人，副教授五人，講師七人，職員十人。

五　學生人數

三十六學年度第一學期招學生六六人，圖藝科四七人，農藝科四七人農業經濟科翻設辦理。

六　經費

三十五年第二學期經常費支出約為國幣四千八百萬元，其來源由校董會補助百分之四十，產業總收入百分之三十，學費收入百分之二十，其餘補助百分之十。

拾柒　私立西南美術專科學校

校址　重慶

校長　萬從木

一　沿革

民國十四年楊公托萬從木約嶺例聯九歲坊鎮黃伯廉，校長下設教務訓導總務三組及會計室教務處分駐册。

（附）歷任校長一覽表

姓名	任職時間	備註
楊公托	民國十四年	
劉翌釓	民國十四年	
萬從木	民國十四年 民國十六年	

二　行政組織

三十六學年度第一學期事科部學生七十七人農藝科五十一人。

四　教職員人數

三十六學年度第一學期教職員二十一人。

五　學生人數

三十六學年度第一學期事科部學生七十七人農藝科五十一人。

六　圖書設備及農林場

現有中西圖書三千五百十四冊農藝科四百三十件校舍，實驗室二研究室四學生宿舍四百十二方丈。

又有農藝場面積三百八十一畝（可容一千三百人），設有五教職員住宅五，圖書館一，合作社一，知水稻茶煙桑甘蔗等園藝場直接二百九十九畝栽培果樹花卉蔬菜等林場訓練校五千季一畝栽培油洞松木杉木等，並設實驗區與樣本圃以供學生實習實驗及示範之用。

拾陸　私立漢聲農業專科學校

校長　王印偉

校址　寬庶兩岸前瀨路六十七號

一　沿革

該校創立於三十三年，校址在宜陵南序，初各為鹽材廠，儀器一百件化學藥品九十種博物標本二百六十件化學藥品九十種博物標本二百六十件化學藥品共六百餘試。富卻招生上課三十五年春復准學校立案三十六年改名為私立漢聲農業專科學校。

二　行政組織

校長下設教務訓導總務三組及第一第二兩農場教務，成設駐君審出所三組及勸勸農具業經濟三科訓聚員設。

現有圖書雜誌三千五百冊教材標本一百六十件化學儀器二百四十件化學儀器二百四十件。

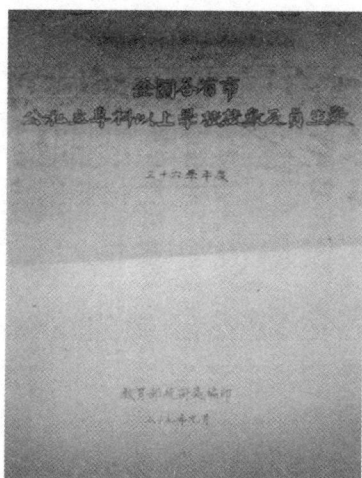

全国各省市
公私立专科以上学校校数教员生数
三十六学年度

图 4

各省市公私立专科以上学校校数及员生数（续）
三十六学年度

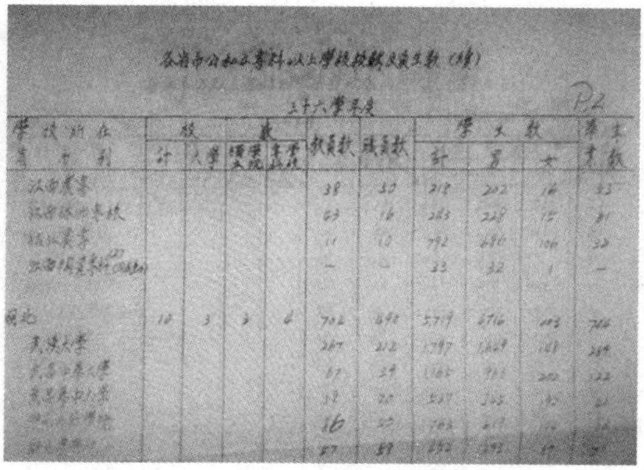

图 5

农业志》记载，1951年，信江农专迁至南昌县莲塘与省农业科学研究所实行教学、科研、生产三结合。1952年高等院校院系调整时，该校又与南昌大学农学院合并，在南昌莲塘成立江西农学院。

三、程兆熊与信江农专

程兆熊（1906—2001），字沸浪，江西贵溪三板桥人，毕业于广州中山大学农学院园艺系，后在巴黎凡尔赛园艺学院取得园艺博士学位。曾加入黄埔军校，先后担任过编纂股股长、国民党军事委员会军训部学员、第三战区文化委员会委员等职务，与熊十力、牟宗三、唐君毅、钱穆等学者及多位黄埔军官友善。1938年，程先生在获得园艺博士学位后，目睹祖国正在遭受着战火的生灵涂炭，他毅然决然地回到祖国，在武汉兴办《自强日报》，自任社长兼总编。1939年秋，日军以九架飞机对不到一百户小镇的报社所在地狂轰滥炸，致使报社损失惨重。经过几年颠沛流离的生活，1943年冬，抗日战争处于战略相持阶段的尾声，正逐渐转入战略反攻，多年的战事使得百姓流离失所，食不果腹，程兆熊、黄野萝、杨惟义、徐先兆、余缨等一些社会贤达意识到吃饱穿暖才是最急需解决的根本民生问题，经过年余的筹备，并得到原国民青年军军长黄维的赞助，经国民党江西省第六行政专员公署易希亮专员同意，于1945年春创办了以程兆熊为校长的信江农业专科学校。但1949年清明过后，程先生便离开学校赴港。同年，钱穆、唐君毅、牟宗三等人前往香港，并与程兆熊一同创办亚洲

20世纪60年代的鹅湖书院

文商专科学校（后改名为新亚书院），但不久后程先生又离开香港赴台，任台湾"中央日报社"编辑委员会委员，后任台湾"教育总长"。

信江农专创办之初，校址设在上饶信江书院，但1945年冬，由于没有农业实验场所，即迁至铅山鹅湖书院继续办学，直至1949年春程兆熊离开农学院时，信江农专一直在铅山鹅湖书院办学育人。可见，鹅湖书院是信江农专发展过程的见证，承载着一代农业教育家农业兴国的梦想，装载着程兆熊先生对创办与发展信江农专的美好回忆。

江西省铅山县博物馆原馆长、副研究馆员王立斌撰写的《鹅湖·书院·斜塔》一文中即提道："原信江农学院校长，后赴台任教育总长的程兆熊先生曾专门撰文回忆鹅湖往事。"

"譬如我有一次远从重庆回到江西鹅湖时，那是信江农专正从上饶信江书院，搬来鹅湖书院，那是全由教授们决定搬迁。我后来被通知，因此还校大事，我一点也不需操心，而在回校时，反大受欢迎。"

另，笔者有幸寻得由程兆熊先生本人撰写的《忆鹅湖》一书，该书由台湾大林出版社再版于1975年春（第一版于1954年秋）。书中采用回忆的形式，叙事性散文的表现手法，描写了一个英年才俊，怀揣农业兴国的抱负，把教育生命扎根于自己的乡土，将农业教育精神于国家文化的使命相结合，处处洋溢着山水—人物—真性情的自然流露，尽情展示了一个农业教育家的爱国情怀与发展远识。

该书分为二十三章，从鹅湖的由来开始切入，从而阐述了作者是如何来

到鹅湖，进而详细地介绍信江—南岩—鹅湖的关系以及峰顶山、大义禅师、大义桥、仁寿寺、鹅湖塔、舍利子、大元坑、狮山、崖洞等地名景点的渊源及其背后的神秘故事。

特别值得一提的是该书"第九章 由鹅湖书院到信江农专"，作者用明快流畅的文字，使读者了解了鹅湖书院的创办与发展史，从鹅湖书院到鹅湖师范学校（原国民青年军军长黄维就毕业于此，后赞助成立信江农专），再到鹅湖商业学校，进而更为鹅湖中学，后其款产并入信江乡村师范学校，再更名为信江高级农业职业学校，为后来信江农专的创办奠定了坚实基础。这也从另一角度印证了上述所说的信江农专创办的背景。同时，从该发展进程不难分析出其演变的原因，从教育救国到商战救国，再转为科学时代、民主时代的兴办中学教育，最终还是认为教育事业要扎根乡村、扎根农业，即兴办乡村师范教育最为根本，这也是国人救国意识不断演变、进化的过程所致。

在鹅湖书院时，程兆熊一家居住在鹅湖山四贤祠后面的虎头山上几间依山而建的房屋，原是抗战时战区司令长官的别墅。从那里走下一条很长的石级，就能抵达鹅湖书院前"斯文宗主"牌坊。

程兆熊先生对鹅湖书院的一花一草、一砖一瓦均甚有情感，仅收录于《忆鹅湖》一书中的诗句和散文就达四十余篇。

《鹅湖岁首》

鹅湖山高，鹅湖水好，鹅湖山与水，百劫至今朝，有朱陆，有吾曹，山自回环水自绕，云浮水上，水在山腰，一丘一壑，一花一草，一心一德一声道：湖山不临岁末，大地满是春潮。

这是一首程兆熊先生撰写于1948年除夕的词，正是他几经周折，奋力奔走，终于在1948年冬，经教育部批准将信江农专正式升格为信江农学院，成为真正意义上的大学。从词面上可看出，作者寄情山水，感叹鹅湖山水之好，喜悦之情溢于言表，一句"湖山不临岁末，大地满是春潮"更是彰显了作者青春勃发，满怀激情，在血液里澎湃着预将信江农学院的办学与鹅湖书院文化精髓糅合，且发扬光大的坚定决心。

而另一篇题为《鹅湖山下稻粱肥》的文章中写道：鹅湖信江农专校长程兆熊有"忆鹅湖诗"十九首，其末句云："昔日曾为鹅湖吟，十年一梦到而今。不须起意惟山色，应莫安排是水心。人世未能辞出处，我身端的识浮沉。鹅湖此日情何似？大海无由测浅深。"反映出程兆熊先生一生经历沉浮，由于时局混乱，未能继续兴办信江农学院，振兴鹅湖书院，致空有一身才学，但无用武之地的怀才不遇之情，回想起在鹅湖度过的岁月和美景，心里感慨万千。

程先生是新儒学的积极倡导者与推行者，从他众多诗词、散文等文学作品中均散发出极力推崇复兴鹅湖书院、复兴书院文化的气息，这既体现了他对鹅湖书院独有的一种故土情怀，又蕴含着他预将农业教育与书院文化融会贯通、彼此相长的理念。程先生与现代新儒家第二代传人的代表人物熊十力门下两弟子唐君毅、牟宗三均为好友，他提倡"以儒治学"，他认识到书院教育不失为一种良好的办学方式，当时中国现代的教育制度深受欧美的影响，过于支离破碎，而传统的书院制度及书院制度下的人格教育，更能体现中国传统文化的精髓，更有利于中国经典儒家文化的继承与传播。因此，信江农专设在历史上有名的"鹅湖之会"发生地——江西上饶铅山的鹅湖书院内，也是想重聚当年朱陆讲学、辛陈雄辩的盛气。程先生与好友唐君毅的想法一致，主张恢复鹅湖书院，由农学院附设鹅湖书院，逐渐改为由鹅湖书院附设农学院，两人均致力于书院教育的恢复，但由于时局变化过快，这一愿望终成泡影。

斯文宗主牌坊

四、信江农专著名教授

信江农专自开办至中华人民共和国成立前，校长一直由程兆熊担任，校长室秘书徐先兆，教务长杨惟义，训导长黄野萝，总务长兼高农部主任余缨，正副教授有胡先骕、冯吉安、陈家祥、胡步青、顾华苏、王惟良等知名专家教授学者。下面着重介绍几位知名专家教授：

1. 杨惟义（1897—1972），号宜之，上饶县茶亭乡人，一级教授，是我国半翅目昆虫分类工作的奠基人，世界著名昆虫学家。他毕业于鹅湖师范，1917年考入上海大同学院，后转入南京高等师范农学系就读。1942年，在国际上已享有很高名望的昆虫学家——杨惟义，在家乡沦陷后，只身赴省府所在地泰和县，执教于中正大学，在极其困难的条件下，为国家培养科技人才。1945年，其与程兆熊、黄野萝、徐先兆、余缨等在上饶创办信江农专，经常挤时间回上饶讲学，为家乡培养了一批高质量的农学人才。解放后，他仍致力于农业的教育与科研工作，他首倡的"三耕治螟"法，红花田留种改革措施，粮食仓库害虫防治法等，都对农业生产的发展起了促进和指导作用；20世纪60年代初，曾被派往越南帮助培训农业干部，获得胡志明友谊勋章，为增进中越两国人民的友谊做出了贡献。

2. 徐先兆（1903—2003），铅山县人，他青少年时代就追求进步，参加了五四运动。15岁考入南昌二中，与学友袁玉冰、黄道等创办"改造社"，并吸收校外的青年志士方志敏、邵式平等加入，出版了开展新文化运动与传播马克思主义的季刊《新江西》。1924年他考入（南京）东南大学，1926年，年仅23岁的他就担任由当时江西国民党左派与中共江西省委共同领导的《江西民国日报》的总编辑。由于徐先兆在文章中反对蒋介石而被罢免了职务。随后又负责编辑共青团江西省委的《红灯》周刊，发表了大量锋芒犀利的文章。在1927年8月1日，他亲眼见证了八一南昌起义的全过程，随后他前往日本留学8年。回国后，他参加了抗击日寇的战斗并获得过抗日勋章。1945年，徐先兆得到黄维的支持，利用鹅湖书院、信江书院的款产，与程兆熊等发起创办了信江农业专科学校，程兆熊为校长，他为常务秘书并兼任国文副教授。中华人民共和国成立后，他在江西师范大学任教直至退休。2003年11月病逝，享年101岁。

3. 黄野萝（1902—1981），原名黄在璇，号正仔，贵溪县人。1920年与同班同学袁玉冰、黄道（两人都是革命烈士）、徐先兆（八一南昌起义参加者、江西师范大学教授）等发起组织"改造社"，创办《新江西》杂志。1924年考入南京东南大学生物系，深得胡光骠教授赏识。1927年任中共主办的南昌《贯彻日报》总编辑，参加震撼世界的八一南昌起义。1933年得胡先骕资助赴德留学，就读于明兴大学，专攻森林土壤学。1937年曾赴匈牙利森林学院进行研究，1938年6月返德，获明兴大学森林土壤学博士学位。1940年，胡先骕被聘为中正大学校长，在江西省泰和县杏岭建校。黄野萝应胡的邀请，于1940年冬由美回国，任该校教授兼农学院森林系主任。在他的精心筹划下，中正大学农学院森林系从无到有，从小到大，至1952年院系调整前，已成为华中、华东各省高等林业院校中较有声望和成就的森林系。1945—1946年，作为信江农专训导长的黄野萝在不影响中正大学的授课进度的情况下，兼顾着信江农专的课程安排，积极奔走于两地之间，为中国培养出了大量高质量、高水平的农技科研人才。

4. 余缨（1907—1968），上饶县人。1930年毕业于南通大学农科高农部。中华人民共和国成立前，先在永修、吉安棉麦试验场工作，后历任上饶七县联立信江农业职业学校校长、信江农专高农部主任及上饶专区农场场长等职务。中华人民共和国成立后，历任江西农专、江西农学院、九江农学院教授、九江专区农干校副校长、九江专区科协委员。毕生致力于农业科研和专业教育，为我国培养了大批农技人才，在大豆研究方面有专著。1968年6月，受林彪、江青反革命集团迫害，含冤去世。

五、信江农专著名校友

在那战火纷飞的年代，信江农专作为上饶第一所高等学府，同时也是至1949年解放前夕，江西省唯一一所近现代意义上的私立高校，办学款产充裕，师资力量配备精良，老师尽职尽责，学生专心苦读，培养出不少农业技术人才，有牧草专家余复陶、水稻专家倪文、农作物栽培技术高级农艺师陈子威、甘蔗育种专家陈逢彩等，为推动我国农业生产、增强农产品竞争力做出了重大贡献。

1. 余复陶（1923—2000），广丰县人。1947年江西信江农专毕业，先后在江西省农林厅有关机构任职。1968—1980年任江西省畜牧良种场饲料试验站站长，1981—1983年任江西省牧草饲料试验推广站站长，1984年任江西畜牧技术推广站高级农艺师。

余复陶是牧草专家，1968年后长期从事牧草试验研究和技术推广工作，是江西省牧草试验研究的开拓者和奠基人之一。1993年园区种植保存牧草品种（品系）达到600余份，是我国南方建设最早、规模最大、试验工作最为规范的牧草品种园之一，在"七五""八五"期间列入国家牧草品种资源保存网。

余复陶在牧草研究方面工作曾多次获省部级科技进步奖，其中主持的项目"磁疗科技发展预测研究"获三等奖，"齿缘苦荬菜选育推广"获四等奖。他发表科技论文20余篇，主编的专著有《江西牧草》、《种烟、烤烟和晒烟》（1990，中国农业出版社出版）等。

2. 倪文（1926—？），江苏省太仓人，原名倪焕文，1948年毕业于江西信江农业专科学校农艺科。长期从事水稻水分、光合生理等应用基础的研究，先后撰写水稻研究论文70余篇，出版水稻专著6部，有5项水稻研究成果在国内获奖，其中《湿润育秧》《兰光育秧》等中央科教电影制片厂拍摄成科教片，是在研究水稻中卓有成就的"水稻专家"。在北京时被北京市委聘为"水稻专家顾问"，多次受到刘少奇、彭真、谭震林等中央首长的接见，他的事迹在首都各报多次宣传。现已收入《中国当代名人录》《中国当代名人成就大典》和《中国大百科专家人物传集》中，在国内外公开出版发行。

3. 陈子威（1928—？），江苏人，江苏省作物栽培技术指导站高级农艺师，1950年毕业于江西省信江农专。同年，就在苏北农业试验场研究小麦春化，1964年起从事麦作推广及农作物栽培研究。80年代以来获国家级科技进步奖3项，部、省级奖6项，国内首创稻茬免（少）耕种麦，1984-1986年三年平均亩增夏粮32.1公斤，共增产9.3亿元，主编出版专著6部，发表论文达50余万字。

4. 陈逢彩（1924--？）江西南康县人，1950年毕业于江西信江农专，借助工具书可阅读英语资料。江西赣州地区甘蔗研究所原育种组组长，高级农艺师。江西甘蔗学会理事。1957年起担负江西甘蔗研究工作，先在植期改革，合理密植和引种等方面取得显著成果并普及到生产中，使亩增蔗20%以上。1959年起专负赣蔗育种工作，经30多年的研究与实践，选育出一批甘蔗良种，1976年起先后普及到赣、湘、浙、粤北、桂北、闽西和河南等蔗区。其中赣蔗1.8号获省科研成果一等奖，国家农委、科委技术推广奖；甘蔗14号、15号获省科研成果二、三等奖；赣蔗1.8、14号经轻工部、国家科委定位国家级良种。在各级甘蔗专业杂志和会议上发表过甘蔗育种论文20多篇，合编了《甘蔗栽培技术》和《江西甘蔗》两书。1990年获省劳模称号，1991年获国务院颁发的政府特殊津贴。

六、结束语

信江农业专科学校经历了从抗日战争末期到解放战争，一直到中华人民共和国成立的整个动荡年代，是江西唯一一所近现代意义上的私立高校，亦是现代教育体制探索、变革中前进的一座里程碑。程兆熊、杨惟义、徐先兆、黄野萝等老一辈知识分子、学者呕心沥血，怀揣着一颗报效祖国之心，欲将自己毕生所学传承下去并发扬光大，使后人在农业生产的技术方法研究与实践上少走弯路，以利于祖国农业事业的发展与进步。信江农专培养出一批高素质、高水平农业技术型人才，成为后来我国农业多个学科的专业带头人，为根本解决人民的温饱问题提供了技术与人才保障，在我国农业发展史上留下了浓墨重彩的一笔。

参考文献

[1]《第二次中国教育年鉴》第五编 高等教育；第四章 公私立专科学校概况，299页。

[2]《上饶县志》486-487页。

[3]《中国草业史》第九章中国草业学术刊物与历史人物585-586页。

[4]唐崇民·《水稻专家倪文》。

[5]《中华人民共和国享受政府特殊津贴专家、学者、技术人员名录（1992年卷）》696页。

（作者简介：张婷，上饶市博物馆文博馆员）

明人夏言与稼轩词比较刍议

——以夏辛二人退居信州所作词为中心 ①

汪 超

文学史上前代作家对后世的影响有多个层面，后世作家对前代的接受也往往多有差异。由于时代背景、自身经验、思想禀赋等因素的左右，后世二三流作家对前代大家的接受常常貌合神离、未达一间。但正是因为有了这些二三流作家的继武，才愈见前代大家之影响。何况一流作家群体远非一代文学之全部，在当时或后来被发掘的较有影响的二三流作家，也是文学史画卷上不可或缺的线条。今拟以地缘为切入点，讨论明代曾经盛极一时，后来却淡出一般文学史视野的词人夏言与最受关注的宋代大词人辛弃疾退居生活心态及作品之异同，探究何以夏词效法苏辛而其成就终远逊稼轩，以此为"明词不振"之判断的一个个案，略见"明词中衰"的某些原因。

---

① 本文所说的"上饶"专指古信州七县，而非当前包含古代信、饶两州大部及徽州一县之上饶市辖区。所引辛弃疾词皆本邓广铭《稼轩词编年笺注（增订本）》（上海古籍出版社1993年版），所引夏言诗文皆本《夏桂洲文集》（《四库存目丛书》影崇祯刻本，集部第74、75册，齐鲁书社1997年版）。所引夏言词皆本饶宗颐初纂、张璋总纂《全明词》（中华书局2004年版），该书《引用及参考书目》有"《夏文愍公全集》五十卷 明夏言撰，有清康熙刻本，四库全书本。"然所见文渊阁《四库全书》未收该书，康熙刻本又非五十卷本。夏言外裔吴一璘崇祯十一年（1638）刻有十八卷本《夏桂洲先生文集》（《四库存目丛书》据该本影印），考校《全明词》所收词的次文顺序及文字，其底本当为该本之卷七。但该卷中尚有《大江东去》9阕，为夏氏嘉靖二十四年再起后所作，《全明词》失收，周明初、叶晔《全明词补编》（浙江大学出版社2007年版）据《四库存目丛书》辑补。笔者撰有《明人夏言词版本述略》待刊。

一、夏言其人及其瓣香苏辛词人

夏言（1482—1548年），字公谨，号桂洲，谥文愍，江西贵溪人。正德十二年（1517）进士，嘉靖间官至吏部尚书、华盖殿大学士，两度位居首辅。坐议收河套，弃市。《千顷堂书目》卷二十二载："夏言《桂洲集》五十卷；又《赐闲堂集》十卷；又《应制集》四卷；又《桂洲词》一卷。"①夏氏以大礼议骤贵，不数年而位极人臣，嘉靖十五年（1536）闰十二月入阁。嘉靖二十一年（1542）六月，帝使严嵩陈言之罪，暴其之短，并怒斥曰："朕不早朝，言亦不入阁，军国重事，取裁私家。王言要密，视等戏玩。"②七月遂革职，至嘉靖二十四年（1545）九月复召，其间退居上饶凡三年有奇。

夏言南归后遂家于白鸥园。《明实录·世宗实录》卷一六八云："嘉靖十三年（1534）十月……礼部尚书夏言请乞有司为建书院、楼堂于里中，以藏御制宸翰及所赐书籍，并乞名额。上从之。书院名忠礼、堂名琼恩、楼名宝泽，令有司缮造，工部给扁。"③此即白鸥园之所由来。贵溪自唐乾元元年（758）设信州始便为信州（明清为广信府）属县，此间所谓"里中"，实指郡城上饶。而稼轩隐居之带湖即在上饶城郊，瓢泉则在信州铅山县到治所上饶之间的官道附近。从空间而言，夏言居西郊白鸥园赐第，稼轩居北郊带湖，相去不过三四华里之遥。

李浩先生指出"不同时期的作者在同样的地域空间中生存并创作"，他们对同一客体世界的一再吟咏、描述，抒发感慨会积淀成特殊的文化岩层。④而在上饶的文化岩层中，宋明两朝无疑有最厚重的遗存。宋朝以前，上饶的人文环境相对处于劣势，本土文人仅有王贞白，流寓者亦唯陆羽、阎立本等寥寥数人可称。中原板荡，宋室播迁，上饶以未遭兵火和优越的经济、自然、交通条件成为中原文人南迁寄寓的绝佳选择之一。宋人话本《碾玉观音》述及崔宁携璩秀秀逃离杭州后便想去信州投靠几位玉作友人，后又以往来杭州、

---

① 黄虞稷：《千顷堂书目》，上海古籍出版社2001年版，第556页。
② 张廷玉：《明史》，中华书局1974年版，第5197页。
③ 《明实录·世宗实录》，台北"中央"研究院历史语言研究所1963年，第3685页。
④ 李浩《地域空间与文学的古今演变》，文载薛天纬、朱玉麒主编：《中国文学与地域风情》，学苑出版社2005年版，第2页。

信州的人多，担心为人识破而再逃去潭州。此虽小说，但必有一定的现实依据。以此观之，上饶彼时之经济是较发达的，否则不会有几位玉作匠人同时开店；且交通条件极佳，往返杭州、潭州的通道顺畅，与杭州人员往来频繁。钱建状先生指出"吕本中、韩元吉、曾几等著名文人定居于此（按：指信州）的就有6家。而定居于两湖的士人总共也不过8家"①，辛弃疾正是其中的代表人物。有明一朝，江西堪称文献名区，举进士数居于全国第三，仅次于江浙。而广信府以198名进士居江西十三府第五，邱进春先生《明代江西进士考证》称"（广信府举进士数）弘治、正德间一度跃居第二，仅次于吉安府"②。嘉靖一朝江西籍阁臣共4人，而广信府有其二且均居首辅（铅山费宏、贵溪夏言），夏言正是本期信州士人的杰出代表。从文学创作上看，稼轩自不必说，夏言亦长于诗文，在当朝颇有影响。邹祗谟《远志斋词衷》引《虞山诗选》云："夏贵溪喜为长短句，诗馀小令，草稿未削，已传布都下，互相传唱。"③沈雄《古今词话》引《柳塘词话》所云略近。则从地域文坛的角度看，对二者的比较也确有必要。

而更重要的是，夏言在诗余创作上对苏辛一派的接受。夏氏之豪放词作，论者每以之方稼轩，这在文学创作的层面提供了二者的交集。王世贞云："我明以词名家者……夏文愍公谨最号雄爽，比之辛稼轩，觉少精思。"④清人《历代词话》云"公谨之于幼安，犹宣武之似司空也。"⑤虽然夏词和稼轩词一样有多种风格，但多半还是取径苏辛天风海雨之作的豪放风格（当然，在后人眼中夏氏以婉约风格的词作更工整，然其刻意学苏辛之豪放风格作词却是显见的）。数据或许是枯燥的，但有时却比满眼藻绘更具说服力。我们据《全明

---

① 钱建状：《南宋初期的文化重组与文学新变》，厦门大学出版社2006年版，第49页。按其书第54至72页《南渡士人地理分布情况》表，南渡士人侨寓信州者有尹穑、韩元吉和韩淲、吕本中、曾几和曾逮、贾逸祖、辛弃疾、赵蕃共七家。而晁补之从弟谦之"渡江来，亲族离散，谦之极力收恤，因居信州"（《嘉靖广信府志》卷十六），且彼时赵善扛、李正之等亦寄寓上饶。则寄寓上饶的南渡士人当在十家以上。

② 邱进春：《明代江西进士考证》，浙江大学古籍所2006年博士论文，第49页。

③ 邹祗谟：《远志斋词衷》，《词话丛编》本，中华书局1986年版，第658页。

④ 王世贞：《艺苑卮言》，《词话丛编》本，中华书局1986年版，第393页。

⑤ 王奕清等：《历代词话》，《词话丛编》本，中华书局1986年版，第1323页。

词》《全明词补编》统计其标明拟和苏辛者，以窥其一斑。统计结果见下表①。

单位：阕

被拟和者	总计	正德、嘉靖两朝拟和数	夏言拟和数	夏氏拟和占总数百分比	夏氏拟和数占正、嘉时期拟和数百分比
苏轼	108	56	14	13% 弱	25%
辛弃疾	84	12	3	3.5% 强	25%

有明一代拟和苏轼者甚多，拟和稼轩在明代中期正嘉两朝的绝对数量则并不大。极巧的是，夏言拟和苏轼、辛弃疾词均占正德、嘉靖期间拟和苏辛词的四分之一。而正嘉两朝拟和稼轩词者共有陈霆、陈铎、夏言、杨慎等五人计十二阕。其中夏言和稼轩词达三首，是当时和辛韵最多的词人，且所选和词作与当时情景极为契合。夏氏和稼轩词如下：《水龙吟·次辛稼轩，贺未斋阁老霖雨堂落成》《水龙吟·夜宴未斋宅，赏坐上牡丹，再和辛稼轩》《沁园春·彭编修凤过白鸥园，用辛稼轩韵》分别步稼轩《水龙吟·甲辰岁寿韩南涧尚书》《沁园春·带湖新居将成韵》。前者乃寿人之作，所寿未斋乃嘉靖宠臣顾鼎臣。鼎臣年长，是以夏氏借稼轩寿韩元吉韵寿之。而后者为夏言初罢相，居白鸥园时作，借稼轩带湖新居韵，有"三径初通"的意味，大概也还有借稼轩言志的考量。凡此皆可见夏言瓣香苏辛，难怪论者多以其风格类似稼轩，王国维即以"豪壮典丽"称之②。

① 这里需要说明的是，限于明词文献整理的实际状况，本表只能在一定程度上反映问题，远非全貌。一则所见明词尚有不少并未标明拟和对象。夏言词便有此情况，其《大江东去》步坡韵五阕，然均未言明是拟和苏轼之作，故表中数据未含这些作品，以免自乱其体。其中《大江东去·扈跸渡河日，进呈御览》一阕在彼时影响极大，题步夏词韵者达33阕。再者，《全明词》的补编工作远未结束，今年初出版的《全明词补编》是"全明词辑佚"工作的重要阶段性成果，但学界关于全明词补辑的工作并未停止，即以笔者所见便有佚词多阕可补《全明词》《全明词补编》之未备。且《全明词》及《全明词补编》均未收明人章回小说中的词作，今举《西游记》为例，其第十回有词《蝶恋花》（烟波万里扁舟小）盖即和东坡《蝶恋花》（花褪残红青杏小）。当然小说中词作的来源问题甚是复杂，然《全明词》已收仙鬼词，则章回小说中的词作也应该在当收之列。

② 王国维《庚辛之间读书记》："有明一代，乐府道衰，'写情'、'扣舷'尚有宋元遗响，仁、宣以后，兹事几绝。独文愍以魁硕之才，起而振之，豪壮典丽。"见《王国维遗书》，上海古籍书店1983年版，第503页。

二、辛、夏信州词中的生活与心态

稼轩信州词多达300余阕，其词对信州风土人情及其寓居生活和心态皆有表现。学界前辈对此也多有论及，单篇论文外，辛词研究专家程继红先生新著《带湖与瓢泉》①专论稼轩信州日常生活，台湾学者王伟勇教授则曾指导东吴大学的硕士生以之为毕业论文选题：1993年何湘莹的《稼轩信州词研究》和2004年李佩芬的《稼轩带湖、瓢泉两时期词析论》。而关于夏言词作的研究尚属罕见，勿论专述其信州词作了。本节以此详夏略辛。

1. 吾爱吾庐——夸说家居之词

上饶交通便捷，山水清嘉，经济较发达，为退居者提供了绝好的居住条件。稼轩和桂洲都花费了不少心力经营上饶居所。夏言在上饶不但有赐宅，亦自购新地。他有《将卜居郡城寄费子美二首》诗，其二曰："小居吾最爱，胜处杳难寻。即买城中地，仍栖郭外林。"据《乾隆上饶县志》卷三记载：白鸥园位于城西泰安坊，宝泽楼位于城西太平坊。②地跨两坊，实在可以称为"甲第连云"了。同郡铅山费氏也有山水台榭之胜，其后裔费元禄在《鼍采馆清课》中每自夸之，但当他说到夏言故居时云："夏故相宫恩庄，台馆富丽，林壑蔚茂。"③宫恩庄只是夏氏宅邸之一区，元禄尚且感叹其"台馆富丽"，无怪乎夏言会不无得意地说："琼堂宝阁，何异洞天仙府。"（《苏武慢·次虞韵，写怀一十二首》其三）而稼轩信州居所前辈多有述及，陈亮说"作室甚宏丽"，朱熹曾"以为耳目所未睹"云云皆是学界熟知的。邓广铭、罗忼烈二公曾专门讨论，所论各有合理成分，程先生在《带湖与瓢泉》中有详细分析，执论公允。我们认为，不论稼轩的经济来源有无问题，其购置田地，建筑房舍是于史有征的。再者，其所建房屋并不仅仅是满足生活的需要，也有享乐的考量。例如雪楼、溪堂、秋水观、停云亭等或非家居所必需。复联系稼轩的起居作派，虽然他也不是没有遣姬之痛；并非没有食无肉，饮赊酒之时，但他

---

① 程继红：《带湖与瓢泉》，齐鲁书社2007年版。
② 《乾隆上饶县志》，《故宫珍本丛刊》影印本，海南出版社2001年版，第380至381页。
③ 费元禄：《鼍采馆清课》，《四库存目丛书》影万历刻本，齐鲁书社1997年版，子部第118册，第116页。

对友人出手阔绰多见记载，如"为友人杜仲高开山田，欲为友人陆务观筑舍，陆辞之，遂止"，"以五十镒馈金坛刘平国"。由此看来，稼轩建华堂，置产业也便很正常了。

君子爱其家，花费大量心力营建的家居在夏言和稼轩眼中皆备受珍爱。夏氏词每言及居住环境，《苏武慢·次虞韵，写怀十二首》是夏氏退居信州后最集中吟咏家居的一组词作，我们择其数句以见全豹。其描摹白鸥园周围环境云："怀玉东来，冰溪西下，百里水清沙白。灵岫参天，芙蓉万朵，屏倚三台楼北"。（其四）；"雨后排青，烟中凝紫，朝暮灵峰秀特"（其六）；"出郭寻春，过桥送客，翠竹白沙江路。芳草长堤，绿杨古渡，隔岸几声杜宇"（其九）；等等，白鸥园傍信城而临信水，宋人范成大赞叹信江沿岸："自入常山至此，所在多乔木茂林、清溪白沙，浙西之所乏也。"① 可以为"百里水清沙白""翠竹白沙江路"之证。灵岫、灵峰皆指信州镇山灵山，乾隆《上饶县志》卷一记载："灵山在城西七十里，道教书列为三十三福地。"② 其山出户可见，远望灵山似处子仰卧，侧看其山如万朵芙蓉。他又有《白鸥园自咏凡十四首》《苏武慢》等多组诗词分咏园中景物。夏言词中也颇多对白鸥园内景致的描绘："白鸥池上，照眼碧波澄澈。更新添、宝泽楼高，邀取大江明月"（其二）；"小池中、跨水虹桥，临流飞阁，相望蓬莱咫尺"（其六）满是对家居环境的夸饰。

稼轩对其带湖、瓢泉寓所的喜爱更是溢于言表，我们看"带湖吾甚爱，千丈翠奁开。先生杖屦无事，一日走千回"（《水调歌头·盟鸥》）；"稼轩日向儿童说。带湖买得新风月"（《菩萨蛮》）。稼轩之爱带湖至于日走千回，日向儿童说。这种情感也可见诸稼轩友人词作，丘崈《汉宫春》夸说瓢泉之好云："闻说瓢泉，占烟霏空翠，中著精庐。旁连吹台燕榭，人境清殊。"该词尤可见稼轩爱瓢泉居所，而夸耀于友朋间。

稼轩与夏言在夸耀家居时有一个重要的区别，稼轩重其家居本身，而夏言每每提及秉政之事，提笔便道皇恩赐第。稼轩在罢职之前已经选定带湖为其居所，其时稼轩南来，居无定所，最终选定上饶建新居以作久安之计，这大概与上饶的地理环境分不开。能改变漂泊的生活，能让家人在安定的环境

---

① 孔凡礼点校《范成大笔记六种》，中华书局2002年版，第47页。
② 《乾隆上饶县志》，《故宫珍本丛刊》影印本，海南出版社2001年版，第346页。

居住，这或许是稼轩爱其居所的重要原因。而夏言虽有赐第，大约是为其致仕后准备的，在严嵩构陷下被迫提早退居殊非本愿。言词中备述皇恩，每以赐第夸耀，又剖白自己的安居乐命，大概和其每逢节庆便上表称贺是同样的道理，皆为复出做努力。

2. 认同信州——梓社与寄寓之情

"故乡"是最容易引起共鸣的词汇。夏氏词中多次出现故乡词句，如："乡心先与白鸥盟"（《浣溪沙·送世行弟京邸贺寿南还》）；"故园春色能相见"（《渔家傲·和欧阳韵十六阕》其十三）。夏言出生在北京，随父亲在临清（今属山东）任上长大，夏氏自陈："十载长安，半生禁闼，饱历燕山冰雪。"（《苏武慢·次虞韵，写怀一十二首》其八）并未久居的故乡却在夏言心中占了如此重要的地位。"富贵不还乡，如锦衣夜行耳！"夏言乞建书院、楼堂于郡城，信州在其心中的重要性可见一斑。

明末信人费元禄云："吾乡饶山水之胜，石壁天悬，腾波云蔚，而名贤足迹兴致当年略不为近所知。"[①] 夏言本期词作中的一组最重要的意象莫过信州"山水之胜"，其中包括葛溪、灵山、鹅湖等故乡山水名胜，尤以灵山、信水两处提及最频繁。夏言与灵山、信水亦颇有缘，灵山山神鹰扬李将军即由夏氏奏报受到嘉靖册封，且册封敕文也是夏氏操觚。夏氏居所滨信江而望灵山，信水和灵山与夏氏朝夕相伴。

作品中频繁出现信州山水名在信州词人中是比较特殊的。南宋辛弃疾、韩元吉等南渡词人几乎没有在词中直接使用信水、灵山为意象。生长于斯的韩淲、赵蕃、徐安国、王奕、谢枋得等人的词作中也很少出现"信水、灵山"意象[②]。再看明代，夏昹、费宏、费寀、费懋贤、杨时乔、郑以伟等人也几乎没有提及"信水、灵山"意象。大量故园意象集中出现在夏氏退居上饶的作品中，虽不乏即景的成分，但更说明作者有强烈的桑梓意识，刻意使用信州物象加深词作地域色彩。

辛弃疾则与夏言有所区别，稼轩词中信州风土名物远较夏氏为多，如黄

---

① 费元禄：《晁采馆清课》，《四库存目丛书》影万历刻本，齐鲁书社1997年版，子部第118册，第114页。
② 其中韩淲提及"灵山"一次，王奕提及"葛水"一次。

沙道上"听取蛙声一片",乡间翁媪"醉里吴音相媚好",路边酒肆的"去年醉处",瓢泉见"县吏垂头民叹语",信谶之"三台出此时",灵山的"叠嶂西驰",信州春天"溪头荠菜花"……而在夏言的词作中,这些生动活泼的信州风物甚少见到,信水灵山只是作为舞台背景式的象征符号出现,其词内容并没有深入到信州社会生活当中。这或许因为稼轩在信州居住的时间长达20年,而夏言退居于此仅三年。居住时间越久,对环境越适应则对当地社会就更加认同。王师兆鹏先生指出南渡词人因为环境的疏离而产生悲苦之情。如李易安对南方雨季的"愁损北人不惯起来听",赵鼎有"忍憔悴,看人颜色"的感喟,陈与义有"不解乡音,只怕人嫌弃我"的顾虑。① 但稼轩则少有这些表述,他对环境没有太多的疏离感,这大概和稼轩的英雄之气有关系。稼轩并不抱怨环境,而是尽可能去适应,所以南方的土音在他耳中也是"相媚好","布被秋宵梦觉"后也是"眼前万里江山"。夏氏一生很长一段时间是在北方度过,故乡对于他来说是亲切而陌生的。作为一个生长于北方的信州人,他对家乡的感情虽然真挚,但却缺乏具体的感知,暮年还乡,加以身份尊显,他对家乡小民的生活显得隔膜也算正常,因此夏言词中很少提及信州百姓的生存状态。而对社会生活的关注面决定了作品描写的深度和广度。

3. 悲中求进——退居心态之表达

王水照先生在对比苏轼和稼轩退居心态时指出:"悲愁是辛弃疾晚年的一种基本心态。"其内容是"失地难复、故土难回的家国之痛";"忧谗畏讥、功名未成的英雄失路之悲";"年华逝去、老衰兼寻的迟暮之恨",并进一步指出"从总体性质上说,乃是英雄失志的悲慨,处处显出悲中有豪的军事强人的个性特色,他的感伤也具有力度和强度的爆发性,是外铄式的",诚是。② 稼轩之悲并不沉沦,在其词中我们时常能感受到悲中之奋进,时常能感受到他年轻时的"把吴钩看了,栏杆拍遍"的冲冠豪气。

夏言也满怀悲愤,其诗云:"酷爱灵峰秀,仍恋葛水清。久怀游业意,剩有卜居情。调艇闲依濑,茅斋静倚城。清湖栖凤地,白口结鸥盟。"(《将卜

---

① 王兆鹏:《宋南渡词人群体研究》,文津出版社1992年版,第68至70页。
② 王水照:《苏、辛退居时期的心态平议》,文载《王水照自选集》上海教育出版社2000年版,第321至341页(原载《文学遗产》1991年第2期)。

居郡城寄费子美二首》其一）他的词也反复表达其盟鸥之心、逍遥态度。实际上，夏氏心中的不平之气和东山再起的意图却也在其中表达得很明确。夏氏为严嵩构陷，被罢。"久之不召，监司府县吏亦稍慢易之，悒悒不乐。遇元旦、圣寿必上表贺，称草土臣。"[①]可见，夏言爱灵峰之秀，恋葛水之清或许是真的，但实在难以断言在他骨子里到底有多少盟鸥的因子。我们看其《沁园春·寄沈韩峰侍御》一阕：

> 骢马循行，玉堂话别，屈指经年。正南浦怀人，绿波春水，西风送客，落木秋烟。我到东山，君居北阙，塞雁江鸿又各天。频问讯，望钟陵明月，相忆娟娟。茅斋日晏高眠。时步屧支筇野水边。喜林鸟如呼，归来可乐，沙鸥作伴，相对堪怜。惟有丹心，浑忘白发，春梦长依黼扆前。愿故人，好力持舟楫，弘济商川。

从"玉堂话别，屈指经年"看来，这是夏氏嘉靖二十二年（1543）前后所作。"我到东山"用谢安典，实在是期待"东山再起"的绝佳注脚。夏氏退居词用谢安典也不止一次，还有："念当年、东山灯火"（《南山寿·贺吴山泉宪副六十》，以词中"同庚初度"等语可知，其词作于嘉靖二十二年。）[②]虽然自述其退居生活"归来可乐"，但一心恋阙，忘记满头银发，每到梦时仍然是"长依黼扆前"。并在全词结句明确希望沈"好力持舟楫，弘济商川"，夏氏却不是孟浩然"欲渡无舟楫"，而是在积极寻求可堪施予援手的"舟楫"。前揭其不忘昔年秉政的词句亦可为此阕之注脚。更妙的是，他还有"笑侧席师垣，滥竽座主，无能荐引，空抱咨嗟"（《沁园春·赠余东台二守》），夏言郁结于胸的不平是如此明显。而其对李廷相述说自己近况的词句则更可见《明史》本传谓其"悒悒不乐"正是实录，其词曰：

> 几度长空南望，尽雁字千行明灭。揽镜堪悲，壮颜非旧，秃尽

---

① 张廷玉：《明史》中华书局1974年版，第5198页。
② 夏氏不仅用谢安典，表达东山再起的期盼，退居期间他还喜和欧阳修、王安石韵，尤其是一再和荆公《桂枝香·金陵怀古》一阕，盖以荆公退居金陵，后又蒙神宗再拜，似意有所期。又如其《苏武慢》之十二词有句："花木平泉，风烟绿野，不减迁翁西洛。"连用李德裕、裴度、司马光三位退居后复出为相者之典自喻。盖凡个中消息，夏言不讳为人知晓。

冲冠发。危楼昨夜，坐到西岩坠月。（《大江东去·次东坡韵，東李蒲汀送蟹》）

身处宦海逆波，仍然表达出不忘王事、感戴皇恩的态度。对在任同年他说："折桂当年夸鬒绿，看山今日羡腰黄"（《浣溪沙·赠同年刘子正都运二阕》其二），又跟费完说："归来几度望燕山"（《浣溪沙·和费清湖永平见寄二阕》其一）。身在江海，心恋北阙，昭昭可见。他甚至对"灵峰麓，喜谩劳车驾，特驻柴门"的车两泉侍御说："边塞烟氛，闾阎疲瘵，须向明廷仔细论。兹行好，愿匡扶圣主，早建奇勋。"（《沁园春·别车两泉侍御》）这口吻哪里是一个退居戏鸥的野老，分明是个黄扉紫阁的秉政重臣。

辛、夏词作中均有大量寿人通好的交际应酬之词。寿词是宋词中的大宗，据统计，现存两宋寿词达1876首之多，占宋词的十二分之一强。而在两宋，寿词是作为一种社会风俗来创作的，是约定俗成的社会行为。"综观南宋词坛，似乎还给人这样的感觉：若不做寿词，便算不上一个真正的词人。"①这种情况延及明代，钱允治说："（夏言）集中三百九十阕，应酬居多。"②辛、夏二人的交际对象主要有四类：京朝官员、当地官吏、地方右族名士、同道友人。而从交结官员这点上看，稼轩与夏言在一定程度上有交集，但并非完全相同。稼轩与夏氏都在交结地方官员，对大多数官员来说，这维护的是家族的实际利益，似乎都不能免俗。夏言的前任首辅费宏也是如此，曹国庆先生就曾举《庆太守杜公世美七十序》为例云："费宏以宰辅之尊，对桑梓七品县令及其老父极尽颂扬之能事，当不是一个简单的礼贤下士问题。"③稼轩和夏言交结官员都希望东山再起，可是在词中看来，夏言更偏重个人价值的实现，而稼轩在谋求任事时虽不乏自我实现的期盼，更是为坚持自己的主张，意图恢复！所以与他交往的朝官在南宋中兴时期的"国是之争"中基本上持恢复之论。稼轩退居带湖和瓢泉间借再度出仕，黄干叹云："一旦有警，拔起于山谷之间，而委之以方面之寄，明公不以久闲为念，不以家事为怀，单车就道，风采凛

---

① 沈松勤：《唐宋词社会文化学研究》，浙江大学出版社2005年版，第271至275页。
② 沈雄：《古今词话》，《词话丛编》本，中华书局1986年版，第802页。
③ 曹国庆：《明代江西科第世家的崛起及其在地方上的作用》，载《中国文化研究》1999年版，冬之卷，第55页。

然，已足以折冲于千里之外。"①稼轩实在是久有准备的，虽然奉祠闲居，他仍时刻关注着朝局，随时准备着再度出山，所以才能"单车就道"。而夏言蒙皇帝"遣官赍敕召还，尽复少师诸官阶"亦非无端，实在也与夏言退居时的尽心疏通、竭力周旋分不开的。

三、从夏、辛信州词成就差距原因看"明词不振"

稼轩词的成就当然远非夏言可以望其项背，尽管夏言的确努力学辛，并且时人也感受到了夏言词中的"稼轩风"，但稼轩之所以为千古词宗，而夏言虽名震一时，却未能居一流词人之列的原因究竟何在？夏言词的情况是否只是个别现象？明人词作尽管不无可称，而论者言明词必曰其"衰敝""不振"，尤其是明代中期的词，即便对明词评价颇高的研究者也以"中衰"论之，其为后世诟病的理由何在？这些问题我们欲在本节借辛、夏词，尤其是辛、夏信州词的差距原因略作探讨。

其一，时代背景的差异。稼轩彼时正值宗庙倾覆，河山破碎。身处斯时，稼轩亲历颠沛，渡江南来。加之身是万军之中取上将首级的豪杰，虽然闲居忧愤，但其信州词中总有一股英雄气在激荡，总有一股忧国之情在喷薄。"醉里挑灯看剑，梦回吹角连营"本非虚言，而是生活写照，家国情怀已然深入稼轩的日常生活，这是时代的声音，是追求恢复中原的归正人的心声。而夏言生当正德嘉靖间，这时的明王朝尚未受到亡国灭种的威胁，其时虽有宁藩之乱，但并未伤筋动骨。嘉靖时倭寇已然愈见猖獗，但不至于颠覆家邦。夏言本身没有戎马生活的经历，所以写不出撕心裂肺的真实情感。夏氏模拟苏辛，实在是下了一定功夫，取得了一定程度的认可的，但从其拟和辛词功用来看，皆是寿词。王国维说："能写真景物、真感情者，谓之有境界。"更谓"词以有境界为最上。有境界则自成高格，自有名句。"②夏氏亦不能脱此判断。当其退居之际，词作选调小令与长调并峙，小令多学北宋人，长调则效苏辛，但夏氏豪放词作有流于叫嚣的倾向。夏氏作于信州的长调，大半涉及其抑郁

---

① 黄干：《与辛稼轩侍郎书》，《勉斋集》卷四，文渊阁《四库全书》本，上海古籍出版社1987年版。
② 王国维：《人间词话》，人民文学出版社1960年版，第193、191页。

心态，从云端跌入谷底的不平，在抒情上明显存在自我化倾向，常以词作抒发失意苦闷的内心世界。恰如业师王兆鹏先生评价辛派后劲所说："他们崇尚抒情的痛快淋漓，而不斤斤计较字工句稳；豪壮之气不足，狂傲之气有余，有时不免流于粗豪叫嚣，而缺乏辛弃疾那种深沉刚健之美。"① 夏氏在学苏辛一派时就差类宋季辛派诸子，又缺乏他们的生活经验。较宋季诸子，夏言更加隔稼轩一层，只是抒发一己之情感，没有达到更高的境界。

其二，词作取材深度广度之差异。尽管一般认为词诞生在急管繁弦之间，但它到底是广义诗歌的一种，其内容有歌儿舞女、红巾翠袖所束缚不住者。敦煌曲子词中就叙述了边塞生活丰富的内容②，而宋人"以诗为词"以来，词之内容、题材更加广泛。辛词中不仅写日常起居、朋侪交游，亦描绘社会状况和身边百姓生活，更常表达对时局的思考和忧心。以信州词来看，稼轩词中从自然风光到农家耕织，从信州谣讖到官民忧愁皆在词中述及。反观夏言，信州词中更多的是官场应酬文字或百无聊赖的闲情。他也写信州名物，但这些名物更多的是抽象符号，缺乏鲜明生动的形象。

推及辛、夏二人词作整体而言，稼轩词中对百姓的关注是一种自然流露的情感，而尽管夏氏在词中每每以民生为辞（前揭"边塞烟氛，闾阎疲瘵，须向明廷仔细论"等语即是）。但这些词句多半是站在秉政者的角度对下属、后生的劝勉，相对程式化，显得呆板而无味。即令退居期间，夏词对家乡普通百姓也漠然处之，这也令其词少了许多生活气息，缺了许多社会意义。实际上，关注社会问题、百姓日常生活是需要有心系天下、心怀百姓的境界的，否则便坠入为文造辞了。

其三，词艺水平之差异。稼轩词杂驱经史，自铸伟词，这也是前人每每论及的。而夏言词作句法重复，结构单调是其致命缺点。夏言信州之什句法重复的问题表现尤为明显：其词最习见的句法结构是"名词＋方位词"的方位短语，我们稍微翻阅便可发现这样的问题。详言之，如："八角塘边，白鸥园上"（《沁园春·彭编修凤过白鸥园，用辛稼轩韵》）；"晚节亭中，赐闲堂

---

① 王兆鹏：《论宋词的发展历程》，文载《暨南学报》（哲学社会科学），2000年第6期。

② 刘尊明：《唐五代敦煌民间词的文化蕴含》（文载《武汉大学学报》1995年第5期），《敦煌边塞词：唐五代的西部歌谣》，（文载《文艺研究》2005年第6期）等文对此皆有论述。

上"(《苏武慢》其九)；"灵鹫山前，葛阳溪上"（同上其十二）；"丹桂堂中，灵溪桥畔"（《沁园春·送朱凤泉秋官北上》）；"宝泽楼前，琼恩堂上"（《沁园春·送佩兰袁子还闽》）。该结构远不止以上五句，其变种还有"宝泽楼前明烛，琼恩堂后焚香"（《西江月·夫人中秋祭月》）；"宝泽楼前月满，琼恩堂后花明"（《西江月·癸卯元夕》）；"葛溪溪上。绣岭瑶岑簇相向"（《减字木兰花·赠南昌万生世芳》）；类此者甚多。一个作家有偏好的辞章结构本并非坏事，运用得当则有助于作家风格的形成。但若不加节制，随意施用，必然削弱作品价值。夏言词作结构是这样，其选辞用语亦多如此。例其信州诸作以"如君海内名魁"称许方思道，又以"如君海内名流"称许李龙洲，至于"天上归来"之语也反复在词中出现，他者类是。

其四，创作态度的差异。王兆鹏师认为辛弃疾是唐宋词史上最具有用词来表现自我个性形象、抒发自我英雄情怀的自觉而明确的创作观念的词人。认为"他的行藏出处、人格个性、精神风貌、丰富复杂多样多变的心灵世界全写在稼轩词中。艺术家的生命，往往不在他的传记里，而在他的作品中。辛弃疾的英雄个性、生命情怀，正在他的词作里。"①数年后，王师进一步说："在词史上，他是唯一的一位把自己的全人格、全生命融注在词作中的词人。"②辛弃疾是用生命在书写，在吟唱抱负不能施展的苦闷。夏言虽在词中说"却把平生诸翰墨，留记名山石室"（《醉江月·次韵答顾东桥翁见四阕》），但他又说："文章论议。有意求名终小技。此道难传"（《减字木兰花·柬费民悦二阕》其二）。在传之名山和文章小道的价值判断间徘徊的，正是夏言。前述辛、夏词艺水平的差异实在不仅仅是个技艺问题，也有创作态度的问题。夏言词失之随意，若稍加修改其反复使用的辞藻必不至如此杂滥，而稼轩作词却常反复修改，如岳珂《桯史》即有记载。

其五，就作家禀赋而言，夏氏实长于婉约，而豪放之风格乃是效颦而成。夏氏未入相时便以小词名家，论者多有称之。《柳塘词话》曰："曾见其书《踏莎行》四阕，后题桂洲字。旧刻又嫁名于无名氏，及检《桂洲集》有之。"③可

① 王兆鹏：《英雄的词世界》，文载《河北大学学报》，1993年第4期。
② 王兆鹏：《论宋词的发展历程》，文载《暨南学报》（哲学社会科学），2000年第6期。
③ 沈雄：《古今词话》，《词话丛编》本，中华书局1986年版，第803页。

见夏氏对其婉丽之作的传诵是有所顾忌的，尽管他并未如五代和凝一般，拜相后便将其未遇词作尽数销毁，但终究担心会有损"大臣体统"。前引"（夏言词）草稿未削，已传布都下，互相传唱"，这些备受传唱的词恰恰是夏氏所顾忌的婉约之作。龙榆生先生批点夏词，于其《阮郎归》（小楼临苑）一阕云："有些欧气"，但对其豪放词不作评价①。张仲谋先生言及其婉约词就说："置入宋人集中亦可乱真。欣赏明词，这也是一种类型的佳词"②。从词作风格特色的角度看，夏言实以婉约见长。夏氏舍所长而学苏辛亦是其淡出文学史视野的重要原因。以后之操选政者多选夏氏仿效北宋婉约风格的词作可证。夏言词虽然也号称雄爽，然不免掩盖其本相，至于要嫁名作艳词。而其诗化之词或故作吞虹吐霓状，这些词风豪放的作品，在当时看来或许很能符合夏氏的身份，尽显汉官威仪，因此唱和者极众。但时过境迁，一般台阁词作故作典重雍容的风格、颂圣酬赠的内容常令人丧失阅读兴趣。王国维"能写真景物、真感情者，谓之有境界。"该非仅为情感而言，置诸作家风格亦然。作者天生禀赋不同，故为文之际亦有所长短。曹丕《典论·论文》云："夫文本同而末异，盖奏议宜雅，书论宜理，铭诔尚实，诗赋欲丽。此四科不同，故能之者偏也；唯通才能备其体。"又云："文以气为主，气之清浊有体，不可力强而致。"盖亦言风格、秉性。夏氏舍己之特长，而故作豪爽语，虽能行乎一时，却终不能不累及身后名。

那么，上述问题是否仅仅存在于夏言一人身上呢？试看历代选本，重明季而略明中期词的现象是相当普遍的。各种词史著作，除个别外，亦详晚明而略明中期。从时代背景的角度看，明季词人与南渡词人和宋季词人一样，皆有黍离之悲。经历颠沛流离的生活，奋起抗争的战斗后，词作时代特色相当鲜明，家国情怀溢于笔端，故而晚明词人拟和稼轩者甚众。③而晚明词人的经历恰恰是明中期词人所缺乏的，所谓"国家不幸诗家幸"诚不我欺！从词作内容题材的深度和广度看，明中期词作关注社会民生的实在是寥寥无几，

---

① 见上海图书馆所藏嘉靖二十年（1541）《桂洲集》。是刻六卷二册，半叶十二行，行二十字，上白鱼尾，白口，左右双边。上册卷首有朱文"龙氏忍寒庐校读章"方印，当是龙榆生先生旧藏。

② 张仲谋：《明词史》，人民文学出版社2002年版，第174页。

③ 程继红：《〈全明词〉对稼轩词接受情况的调查分析》，文载《浙江海洋学院学报》（人文科学版），2006年第1期。

费宏有《解连环·哭巡抚孙公为逆贼所害》《水龙吟·贺提督王公伯安克平逆贼》两阕词述及宁藩之乱，所关注的仍然是社会上层，而对宁藩之乱给江南百姓带来的影响则一概阙如。费宏族弟费宷与宁王宸濠有连襟之好，但在宁藩谋逆期间铅山费氏一直与之相抗，费宏数度有不测之险。或许是由于与该事件有直接关系，故述诸词作。而平定宁藩之乱，与宁王妃的祖父上饶娄谅有师弟之谊的王阳明却并无词作言及斯事。又，嘉靖海警虽频，其出现在词作中的次数屈指可数。当时世人对此多不反映在词作中，这使本来就缺乏社会深度的明代中期词在内容上显得更加单薄。从作家所长看，效颦者亦不仅夏言一人，例如正德间的陈铎，他走得比夏言还远。陈铎有《草堂余意》追和唐宋49位词人的词作，其中虽然不乏佳构，但拟和本身要求拟而似其所拟之作，故而每每摒弃自我，遂使自身创作风格不能凸显。这一点时人就有所体认，陈霆《渚山堂词话》说：

> 凡此颇婉约清丽，使其用为己调，当必擅声一时。而以之追步古作，遂蹈村妇斗美毛施之失。盖不善用其长者也。

善哉斯评！以上述诸端看来，"明词不振"的判断实在不无道理！

总而言之，夏言之于稼轩，犹烛炬之于大明。辛、夏退居之地理空间相同，得江山之助既一；退居之抑郁心态相类，有大鹏应风之准备，述诸简端，溢于宫商，而其时代背景、内容取材、词艺水平、创作态度的差异等使得其成就有天壤之别。窃观明代中期词作，夏氏并非特例，则"明词不振"固非虚言，尽管明词作者、词作数量庞大，但数量不能顶替质量；尽管明朝词学理论颇有可称，而理论不能取代创作。后世作者学一流大家而未得其实，夏氏可为一例；明中期词几近乏善可陈，夏氏亦可为一例。长期以来，我们的研究习惯于看成就，而少说不是。小子不敏，虽欲说其不是，却不能言其精，只愿借二位乡先贤词作比较略为尝试，以祈方家指正云。

（作者简介：汪超，上饶人，上海大学文学院古代文学博士生，武汉大学文学院副教授）

信州风物好，倦旅亦开颜

——朱彝尊游信州诗作考略

双子力

有清一代文坛，尤以康熙一朝论，能与载誉南北、领袖骚坛的王士祯一较短长者，且身兼学者、诗人、词人于一身、开浙西派诗词正醇、博雅风气之先的朱彝尊，当不做第二人选。薛生白《一瓢诗话》云："朱王两公，南北名家，骚坛宗匠"。赵伸符《谈龙录》亦云："王才美于朱，而学足以济之；朱学博于王，而才足以举之。是真敌国矣。"

朱彝尊，字锡鬯，号竹垞，又号醧舫，行十，晚号小长芦钓鱼师，又号金风亭长。先世江苏吴江人，明景泰四年迁于浙江嘉兴府秀水县，遂为秀水人。曾祖朱国祚，万历十一年进士第一，乃盛秀水朱氏于科甲。明清易代，国事飘零，家道中落，少逢丧乱的朱彝尊愤懑于清兵之侵凌，频与反清集团声气往来，谋泄，远走避祸，乃启游幕生涯，载酒江湖。以时文浇漓，遂舍之，着力于古。邃经淹史，贯穿诸子。析理论事，考古证今。元元本本，颇穷其旨。年齿阅历既长，笔力渐雄，著述亦丰，得交天下耆儒遗老，而名声日高，唯"徇人之指，为之唯恐不及"的幕僚生涯，令其常生寄人篱下的落魄之感。加以清代中华人民共和国成立之初，颇以明末弊政为戒，列圣宵衣旰食，励精图治，其"蠲恤之优""减赋之仁""力役之宽"，较之历朝历代，皆可圈点。一时间海内生平，国富民康，朱彝尊终于在康熙十八年（1679）一反前辙，举科博学鸿词，以名布衣被征召，得授翰林院检讨，旋充日讲官，知起居注。且于康熙

朱彝尊像

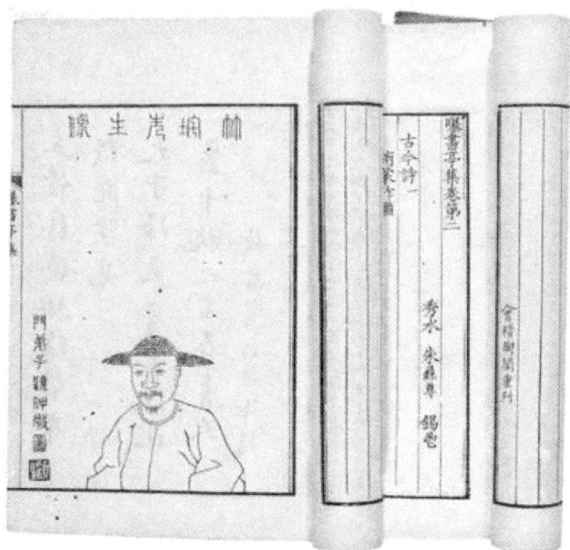

朱彝尊曝书亭集书影

朱彝尊印

二十年出典江南乡试，继入南书房，可谓一时风光无两。康熙二十三年（1684），与修《明史》时"以楷书手王纶自随，录四方经进书"，被劾谪官。六年后复官，二载再罢。是年（1692），几经宦海、意兴阑珊的朱彝尊乃决意于专力著述之余放情山水，流连光景，先后赴广东、福建游历并来往于吴越之间，寻幽吊古，流连酬和，乐以忘忧，快意江湖。

本文特就其行旅中道，两历上饶地界之经历及其诗文，做一征考。

康熙三十一年，官场失意、思子心切的朱彝尊决意南下广州，探望时幕于广东巡抚朱宏祚府中的独子朱昆田（长子德万早夭）。九月十八日启程，经杭州，泛富春江，过衢州，十一月朔日，抵常山，初二，舟发玉山乃入江西地界。途经玉山，当地民风淳朴，士人清雅，君子亢言厉行而小人少械寡求，朱乃兴起赋《玉山》诗云：

三衢山历尽，桥影跨通波。十室居城少，千家负郭多。

启颜津市酒，随意榜人歌。且免书驴券，邮签次第过。

玉山境内为怀玉山脉和武夷山脉两大山脉所贯，名山胜水不绝于目，当地人不喜城居，多围郭落户，民俗古野，朱彝尊欣然悠游，率性施为，入乡随俗，纵情歌酒，与民同乐。

次经广信，信之为郡，山奇而廉，水清而驶，其人涵养于灵山秀水之间，矜名而喜节，善慧而好修，加以原隰平衍，而山泽楮莽，陶冶之利，聊足谋生。其民唯爱土物而心臧，其地牙闽、控越、襟淮、面浙，历朝历代皆指为"要冲之会"，于此名流辈出、商贾云集之繁会之所，朱彝尊耳濡目染，神摇意夺，亦赋诗云：

> 信州风物好，倦旅亦开颜。滩响层层石，林疏面面山。
> 狎鸥飞不去，放犊饮初还。夜火浮桥外，连船当户闩。

其诗于钟灵毓秀、川淳岳崎、比屋而封之广信府，勾画点描，淡泊从容间，一派天机自动、道法自然、淳厚淋漓之民生气象既已扑面而来，颇得严仪卿论诗之大概中言"优游不迫"之旨。

再次铅山，铅山境内水系发达，其干流信江自东向西横跨县境北部，支流复有铅山河、陈坊河、石塘河，水产河鲜品类繁多，县同知驻地河口镇，当信河铅河二水交会之冲，货聚八闽川广，语杂两浙淮扬。舟楫夜泊，绕岸灯辉。市井晨炊，沿江雾布。明清时商业盛极一时，号称"八省码头"，为江西四大名镇之一。南宋朱熹、陆九渊鹅湖约会之地，辛弃疾客居终老之所，明代状元、内阁首辅费宏、江右三大家蒋士铨故里，更是为铅山覆上了一抹浓重的人文光晕！士习自宋时四先生讲学倡道、涵育熏陶，文物衣冠彬彬称盛，富贵家不惜重俸延师，贫贱家亦云不可失教，故城乡处处可闻诵读声。朱彝尊走马其间，优哉游哉，品鉴鱼鲜，大快朵颐，凭吊古贤，幽古崇先，乃赋诗云：

> 不远江城路，舟师指点迟。穴山巢鹳鹊，编竹坐鸬鹚。
> 晚饭惟三板，朝醒藉一瓻。鹅湖酬和地，百世起人思。

穿山过水，推杯换盏，睹物思人，无限怅惘，寥寥数笔间将铅山之水乡特色和书香传统跃然烘于纸上。

复抵历史悠久的古镇弋阳。据《今县释名》记载，因其县治位于弋水之阳乃得名弋阳，曰弋者，以水形横斜似弋也。本后汉之葛阳县，隋开皇中，因失印改名弋阳，西周时弋阳县境属楚番地，后经战火曾分属吴、越，宋亡举家殉节的著名爱国诗人谢叠山即为弋阳人士，百世以下，训习相仍，遗风未泯，其人皆俭朴浑素，勤于艺作，朱彝尊慨而留诗云：

城小斜依壁，门开近面江。陂仍仙令迹，歌换楚人腔。

辣阘山无树，峥嵘石满泷。多情砖塔影，十里逐篷窗。

于其史地人文，不胜怀想，钦慕有加！

朱彝尊书法扇面

值得一提的是，自诩为美食家、有《食宪鸿秘》一书传世的朱彝尊于玉山至安仁（今余江）期间，对当地惯用鸬鹚捕鱼致鱼肉食之不鲜甚是不快，于诗文中大发牢骚云：市酒难为醉，罾鱼难解馋。直至余干县瑞洪镇，渔人以渔网打捞之鱼方叫其食欲大开，一快朵颐，当地烹饪河鲜之手段高超，更是让其赞不绝口。余干美食自古即有嘉名，元末朱元璋与陈友谅尝于余干康郎山大战，对康郎酒、流浪鸡、银鱼藕丝、酒糟鱼、河水煮河鱼、萝卜炒小虾等余干菜肴即亲爱有加。晚近复有清末武进士、二品御前侍卫、太子少保江鸿波曾向慈禧太后推荐余干名菜"辣椒炒肉"，风靡一时。乾隆皇帝游江南时历经余干黄金埠，见交通之便，商贾之盛，且品尝到当地质地软熟、口味鲜美的黄埠豆腐，欣然御笔亲赐"黄金埠"。民国时期余干"一品香""嘉宾楼""天润斋"等有名的老字号餐馆的招牌菜就传自颇为朱彝尊所称道的"河水煮河鱼"，色香味鲜，引来四方食客。

康熙三十七年（1698），古稀之年的朱彝尊老当益壮，梅子黄时，在长孙朱桂孙的陪同下与查慎行同游闽南。查慎行，初名嗣琏，字夏重，号查田；后改名慎行，字悔余，号他山，其族叔查继佐为清初文字狱案庄廷鑨明史案名列参校而得脱罪三人之一，当代著名武侠作家金庸先祖，于朱彝尊去世后继领东南诗坛。查慎行好游山水，喜蓄典籍，与朱彝尊既为中表兄弟，兼以声气相投，得其奖誉，声名昭著。康熙二十八年（1689），于康熙帝生母佟皇后丧期期间涉洪升《长生殿》，充当了南北党争之牺牲品以"国恤张乐"之罪名遭遣，罢黜回籍，在野闲居。乃于三十七年同朱彝尊携行闽南，以求自放山水、诗酒酬唱之乐，一扫胸中之块垒。

一行三人路次常山，择山路而发，朱有感于税卡扰，乃赋《常山山行》诗曰：

> 常山至玉山，相去百里许。山行十人九商贾。肩舆步担走不休，四月温风汗如雨，劝君何不安坐湖口船，船容万斛稳昼眠。

答云此间苦亦乐，且免关吏横索钱。

宦海沉浮、绝意官场之余，尤能为民疾呼，可堪一赞，然就文风而论，此时的朱彝尊已渐趋平易恬淡，较之早期诗文如："阴风萧萧边马鸣，健儿十万来空城。角声呜呜满街道，县官张灯征马草。阶前野老七十余，身上鞭扑无完肤。里胥扬声出官署，未明已到田家去。横行叫骂呼盘飧，阑牢四顾搜鸡豚。归来输官仍不足，挥金夜就倡楼宿。"之格高调响、沉雄悲慨自是不可同日而语，匹之中期诗文如："去岁山川缙方岭，今年雨雪白登台。可怜日至长为客，何意天涯数举杯！城晚角声通雁塞，关寒马色上龙堆。故园望断江村里，愁说梅花细细开。"之刚健温雅、哀婉凄艳亦难是其俦。朱诗早期学王孟，中学晚唐，晚期趋于平易。其于《荇溪诗集序》中亦曾谈及自己诗作的"六变"："予舟车南北，突不暇黔，于游历之地，览观风尚，往往为情所移，一变而为骚诵，再变而为关塞之音，三变而吴伧相杂，四变而为应制之体，五变而为放歌，六变而作渔师田父之语，讫未成一家言。"这"六变"原不只是体格声调之变，而更关键的是情韵心声之变。尽管他始终守持着"六代三唐"的标旨，但愈变逾枯槁衰颓。不是表现为噤若寒蝉，言不及义，就是演化成所谓"渔师田父"式的远离社会现实的感情封闭。于是，以博识入诗的"学人诗"风范，也就成了淡化真情实意的又一种形态，终与王士祯人情寡淡、蕴藉雅致、言近意远而颇得居身涉世之妙要的"神韵"说构成互补之态。

行完山路，复择水道，一路轻舟直下，前来颇为山行所苦的查慎行不禁感慨："渐老惜筋力，得安且同偷"，朱彝尊和曰："来朝放溜去，胜坐青竹

朱彝尊书法对联

兜。"快意清脱之请溢于言表。二人抵铅山河口镇，查慎行见两岸石山狞劣，草木不生，遂作诗嘲之：

铅山山肩排，一一赴湖口。鹘囷象覆釜，巨石坚不剖。

跻攀断僧蹊，左右绝林薮。岂惟质钝闷，兼亦状麀丑。

画师皴法穷，相对俱束手。

岂料百里之内峦壑尽殊，溪回峰奇，山水清佳，老樟古桂，触目皆是，乃复作诗解嘲曰：

美石多自残，斧斤或先受。高者耆作碑，下者洼作臼。

汝以顽得全，庸庸福反厚。喻物材不材，此理本庄叟。

朱彝尊亦唱和道：

昨憎山石钝，今爱山石灵。譬若汉宫女，去尹来者邢。

譬若秦地水，汲渭汰者泾。何期百里内，峦壑殊姿形。

古樟百围绿，幽桂十丈青。东西唤野渡，长短罗溪亭。

沄沄舄下水，浴鸟梳其翎。

铅山城中更有一奇事：城中的三棵老樟树，树干半是空腔，每岁四月，数以百计的白鹭来巢其间，孵化雏鸟乃去。朱彝尊闻之欣然赋题《铅城古樟》诗曰：

县楼高树半空腔，宿鸟飞来什佰双。

说与画师翻旧谱，不须横幅写秋江。

再度紫溪岭，山遥路远，道长日暮，朱暗苦年老力衰，复诗云：

> 征夫就炊烟，我亦治草具。一饭免饥勉，亭午复前路。
>
> 隔溪辨微径，千年树根渡。不知身渐高，下视千年树。
>
> 我行方霁心，我仆已窘步。登顿力苦疲，岩椒且小驻。
>
> 开襟纳凉风，植杖一反顾。却指来处村，茫茫堕云雾。

亦颇得东坡居士"老夫聊发少年狂"之乐！再经车盘驿渐入建州地界，满目茂林修竹引得朱、查二人诗性大发，唱和不迭，具载于《观造竹纸五十韵》一诗中：

> 五行递相贼，伐性力揉矫（彝尊）
>
> 出诸鼎镬中，复受杵臼捣（慎行）
>
> 缅维邃古初，书契始苍皞（彝尊）
>
> 自从史记烦，方防布丰镐（慎行）
>
> 中经祖龙燔，孰敢扑原燎（彝尊）
>
> 漆简及韦编，残灰迹同埽（慎行）
>
> 当时祸得脱，赖尔生不早（彝尊）
>
> 汉代崇师儒，家各一经抱（慎行）
>
> 平生嗜奇古，卷帙事研讨（彝尊）
>
> 秘笈借尔钞，篝金匦我宝（慎行）
>
> 响搨溯籀斯，断碑拓洪赵（彝尊）
>
> 提携白刺史，著录庶可考（慎行）
>
> 由拳法失传，将乐槽苦小（彝尊）
>
> 楚产肌理疏，晋产肤泽槁（慎行）
>
> 物情相倍蓰，美恶心洞晓（彝尊）
>
> 非无云霞腻，爱此霜雪皎（慎行）
>
> 小叠熨帖平，捆载赴逵道（彝尊）
>
> 预恐压归装，又滋征榷扰（慎行）

审音度律，避俗就雅，用典赡博，信手拈来，托物寓怀，形神兼备，纵

朱彝尊务农图

横臧否，豪兴不减！

严羽《沧浪诗话》有云："夫诗有别材，非关书也；诗有别趣，非关理也"，对诗歌创作的理趣和抒情特性提出了很高的要求，认为才学应由诗情所遣，切忌喧宾夺主，然纵观盛唐而后诗坛——若才有不足者，唯赖学以济才，情难见深、借学饰情之风大行其是，古道之不彰亦久矣。有清一代此弊尤甚，究其实质，诗教以"怨而不怒""温柔敦厚"为宗，诗人复乏"赤子之心""浩然之气"，加以中央集权体制下的文字狱横行，终致万马齐喑，诗道于"言志"和"缘情"之大用乃付之阙如。纵观朱彝尊一生亦难免其俗，其随世沉浮之深浅，于诗词创作中展现出从早期的意足情挚、高朗雄健到后期的醇雅中正、平易冲澹乃至噤若寒蝉、言不及义，亦于时代节拍亦步亦趋，分毫不爽，当然，其学识之汪洋恣肆足以济其才情之日渐寡淡，此亦其于清初文坛如鱼得水、应付裕如之傲人资本。论及朱之人品，朱本人对其出仕清廷，曾于黄宗羲八十寿诞上出语自惭："予之出，有愧于先生！"约可见其家国衷肠，另据朱坚不删改早年之绮语艳作，年届不惑出版词集《静志居琴趣》记其与妻妹冯寿常之不伦恋，较之以矫情为能事者，品格可谓正直而不欺世。

朱彝尊头顶"清朝三百年之冠"之荣衔，其鸿篇巨制如300卷《经义考》、42卷《日下旧闻》、80卷《曝书亭集》，编纂集成如36卷《词综》、100卷《明诗综》，更得《食宪鸿秘》三卷刊行于世，既硕孔多、博之大宗的头衔可谓名副其实。作为重学问、详典故之"秀水诗派"鼻祖，朱之诗文素有"史诗""方志诗"之称，其于史地考证记载之详确自不待言，介于其于途次上饶之诗歌创作，对清代当地风土人情物产之如实再现概亦堪略絮，且于兹聊记。

（作者简介：双子力，上饶市文献学会理事，文史学者）

后 记

信州自东汉建安年间设县以来，至今已有1800多年的历史。这里，是明朝宰相夏言的出生地，是世界第一部《茶经》的作者、唐代"茶圣"陆羽、南宋爱国词人辛弃疾的久居之地，方志敏、邵式平等老一辈无产阶级革命家都曾在这里留下战斗的足迹，可谓历史悠久、人文荟萃。

根据全国政协章程有关规定，为策应市政协提出的"上饶历史文脉延伸到哪，政协文史研究就追踪到哪"号召，政协上饶市信州区第五届委员会研究决定，编撰反映信州政治、经济、文化、教育、人文等方面的地方文史资料《信州文史》丛书。

本辑是信州文史丛书的创刊号人物专辑，主要收录自唐代设置信州以来，在这片土地上生活、工作过的历史名人，为更好体现"三亲"（亲历、亲见、亲闻）原则，也收录了部分近现代名人。由于时空变化，涉及到了部分历史人物的区划问题，希望广大读者不违"学术乃天下公器，人皆不可得而私之"的古训，触摸有温度的历史细节，把着力点落在提高历史文化素养上，汲取历史进程中的经验和智慧，以此增强文化自信。因信州的历史人物颇多，不可能仅以一辑收录所有人物，在即将出版的其他专辑中，还会有人物栏目陆续刊出。

本辑文史资料的编撰、出版，得到了信州区委、区政府的大力支持，得到了上饶师院原副院长吴长庚等一批地方文献专家学者的鼎力相助，得到了广大政协委员及各界人士的积极响应，谨表衷心感谢！由于水平有限，加之史实年代久远，不当之处，在所难免，恳请读者批评指正！

《信州文史》编辑部

2018年12月